社会保障前沿论丛·社会保障专业研究生参考文丛

MODERN WESTERN THOUGHTS IN SOCIAL WELFARE: SCHOOLS AND MASTERS

现代西方社会福利思想

——流派与名家

林闽钢　著

中国劳动社会保障出版社

图书在版编目(CIP)数据

现代西方社会福利思想：流派与名家/林闽钢著. —北京：中国劳动社会保障出版社，2012

社会保障前沿论丛·社会保障专业研究生参考文丛

ISBN 978-7-5045-9879-0

Ⅰ.①现… Ⅱ.①林… Ⅲ.①社会福利-西方国家-研究生-教材 Ⅳ.①C913.7

中国版本图书馆 CIP 数据核字(2012)第 206945 号

中国劳动社会保障出版社出版发行

（北京市惠新东街1号 邮政编码：100029）

出版人：张梦欣

*

北京市艺辉印刷有限公司印刷装订 新华书店经销

787毫米×960毫米 16开本 12.25印张 226千字

2012年8月第1版 2017年7月第2次印刷

定价：30.00元

读者服务部电话：(010) 64929211/64921644/84626437/84209101

营销部电话：(010) 64961894

出版社网址：http://www.class.com.cn

社会保障前沿论丛·社会保障专业研究生参考文丛

总　序

回顾百年历史，社会保障是在工业化和城市化的推动下，面对市场经济中的社会风险与社会问题，经过反复抉择才得以确立的一项基本社会制度，它是直接涉及国民基本权益、惠及广大民众的福祉。社会保障作为能够让全体国民共享发展成果的基本制度安排，构成了绝大多数国家社会发展的重要内容，已成为现代社会的主要标志。

中国改革开放30多年来已经创造了举世瞩目的经济增长奇迹。然而，随着社会主义市场经济体制的建立，中国社会主要矛盾和主要问题发生了重大转变，目前中国社会正处于重大的“战略转型期”，其目的是解决社会的核心问题——如何实现社会的“公平正义”。可以预测，未来30年，中国将进入一个“以社会建设为中心”“建立和谐社会”的新的发展时期，这个全新的时期以科学发展，人本主义和公平、正义、共享核心价值观为主要特征。

从社会建设的任务来看，社会建设的核心是建立“良性的社会运行体制”，消除经济持续发展和社会稳定的体制机制障碍，也正是在这个意义上，社会保障成为社会建设的主体性工程。从和谐社会的内容来看，构建和谐社会的社会实践必将为社会保障制度的建立提供难得的历史依据，并对社会保障制度的发展完善及其理性定位产生深远的影响，而社会保障制度的变革与创新也将为社会和谐提供重要的制度支撑。因此，在新起点上的社会保障的改革和完善无疑具有全局性的影响和作用。

现今，中国进入到了中等收入国家行列的新起点上，呈现出快速工业化、城镇化、现代化的状态。新的时代要求中国在科学发展观的指导下，迈入政治民主进步、社会安定和谐、祖国繁荣富强、人民自由幸福的发展之路，在这条必由之路上，通过构建健全的社会保障体系来解除国民后顾之忧，提供稳定的安全预期，并促使社会财富得到合理分配，不仅是人民日益强烈的呼声和社会公正的体现，而且是国民经济由外贸、投资拉动型向居民消费驱动、民生质量改善模式转化并实现可持续发展的必要条件。经过多年努力和发展，我国已初步建立了以社会保险、社会救助、社会福利为基础；以基本养老、基本医疗、最低生活保障制度为重点；以慈善事业、商业保险为补充的社会保障体系框架，但在公平性、流动性和可持续性等方面的问题还没有根本解决。从现代社会保障制度在各国的发展实践来看，世界上并不存在公认的最佳社会保障制度模式，合理的社会保障模式只是与各国所处时代相适应的制度安排。因此，从战略高度和国情角度研究中国社会保障改革与发展之路，尽快促使社会保障改革从试验性阶段步入定型、稳定、可持续发展阶段，客观上已经刻不容缓。

随着民生开始领跑中国的经济和政治，保障和改善民生已成为我国经济社会发展的根本出发点和落脚点，国家明确提出要到 2020 年基本建立覆盖城乡居民的社会保障体系，努力使全体人民学有所教、劳有所得、病有所医、老有所养、住有所居。按“广覆盖、保基本、多层次、可持续”的方针，将城乡居民全部纳入社会保障体系，积极稳妥地实现让人人享有社会保障的发展目标。这种清晰的政治取向，构成了鲜明的时代发展背景，中国迎来了社会保障发展，同时也是社会保障研究的最佳时期。

近 10 年来，有关社会保障的研究成果大量涌现，时代的发展和社会的需求孕育产生了一批高质量、有影响的代表著作，直接推动了中国社会保障事业的发展。在中国发展新时期、新背景下，“社会保障前沿论丛”的推出立意有两点：一方面，社会保障前沿论丛将形成一个交流平台，反映国外社会保障领域最新的研究成果；另一方面，社会保障前沿论丛将形成一个研究平台，总结中国社会保障历史发展经验和当前改革实践，为逐步形成社会保障的“中国经验”和“中国模式”作出应有的贡献。

从 1998 年国家审批社会保障专业至今，据不完全统计，全国已有 110 多所高校招收社会保障本科专业，30 多所高校招收社会保障硕士研究生，10 多所高校招收社会保障博士研究生。学科和专业的超常规发展，时不我待。教材和教参是学科和专业建设的重要组成部分，从全国社会保障学科教材建设来看，近年已有大量的社会保障本科生教材出版，可以说进行了非常好的探索，在本科生教学课程体系基础上，已形成了多种教材体系。但研究生教材和教学参考资料建设还相对滞后，作为国内首套“社会保障研究生参考文丛”定位有三点：一是填补国内社会保障专业研究生教材和教学参考资料的空白；二是逐步摸索中国社会保障研究生教学课程体系；三是推出国内著名教授有关课程的教学讲稿。

为了展示近年来学界最新的学术研究成果，推动全国社会保障研究生教学，在中国劳动社会保障出版社大力支持下，我们共同推出“社会保障前沿论丛·社会保障研究生参考文丛”，衷心希望这套丛书积极回应时代的发展和现实的需要，进一步推动社会保障知识传播、理论研究的发展。

林闽钢

2011 年 10 月 1 日于南京大学

目录

第七章　社会发展主义社会福利思想

第一章 导论

人的一切努力都是为了增进个人的福利或他所认同群体的福利。进入现代社会以来，人们增进福利的这一行动不仅反映在社会行动之中，还反映在社会福利思想的研究和传播上。现今“福利”如此流行，已成为与民主、自由和公平一样重要的概念，成为了政党竞选的口号和民主社会的基石。巴里（Norman Barry）在《福利》一书中开门见山地指出：“当代社会和政治思想为福利概念所主导，这也许会让上个世纪的评论家感到惊讶，而那个时候并不缺乏这样的话语，事实上还远非如此，因为当前政治争论中所用的一些思想至少二百年前就开始形成了，真正的差别是现在把它置于中心地位。”①

第一节　社会福利概念

社会福利是社会科学研究与分析的核心概念之一，它对理解纷繁复杂和千变万化的现代社会具有举足轻重的作用。但由于社会福利是抽象与具体、理想与现实、个体与集体的多维度概念，同时社会福利不仅要直接或间接回应社会需求，而且它还是一种社会意识形态的价值追求，也是一种人们日常生活中的现实事务，又是一种国家的政治立场和制度安排，所以，社会福利概念通常被认为边界模糊难以界定，表现多样充满争议。

① 诺曼·巴里. 福利. 储建国译. 长春：吉林人民出版社，2005. 1

一、理解社会福利

人类对幸福美好生活的向往是社会福利产生的最初冲动，一个人的需要得到满足，就会有幸福感，这就是人们在通常意义上所理解的福利的状态。“当人类免于主要的生活风险时，即营养、健康、居住、安全、收入的基本需求得以满足，社会福利就出现了。”①

美国社会工作协会出版的《社会工作百科全书》对“社会福利”是这样界定的：“社会福利是一个宽泛的和不准确的词，它最经常地被定义为旨在对被认识到的社会问题作出反应，或旨在改善弱势群体的状况的‘有组织的活动’、‘政府干预’、政策或项目。……社会福利可能最好被理解为一种关于一个公正社会的理念，这个社会为工作和人类的价值提供机会，为其成员提供合理程度的安全，使他们免受匮乏和暴力，促进公正和基于个人价值的评价系统，这一社会在经济上是富于生产性的和稳定的。这种社会福利的理念基于这样的假设：通过组织和治理，人类社会可以生产和提供这些东西，而因为这一理念是可行的，社会有道德责任实现这样的理念。”② 可以看出，社会福利被理解为包括理念、道德责任和制度实体等不同层次的含义。

“社会福利”通常可以划分为两个主要层次③：第一层是指社会福利状态。作为状态，社会福利原指人类生活中的幸福和正常的状态。贫困、疾病和犯罪等社会病态是“社会福利”的反义词。为此，梅志里（J. Midgley）把社会福利定义为：“当社会问题得到控制、人类需要得到满足以及社会机会最大化时，人类正常存在的一种情况和状态。”④ 社会福利状态实际涉及人类社会生活非常广泛的方面，包括社会问题的调控、社会需要的满足和实现人的发展潜能，收入维持只是其中的一个重要方面。状态意义上的社会福利相当于广义社会福利。社会福利状态不仅要求满足社会基本需要，而且要求实现人类幸福。第二层是指社会福利制度。社会福利制度是为达到社会福利状态而做出的集体努力。作为制度的社会福利包括两个主要方面：一是社会福利服务，二是社会责任。

① James Midgley，Michelle Livermore（eds.），The Handbook of Social Policy（2nd），Thousand Oaks，CA：Sage Publications，2009. p. 6

② Richard L. Edwards. Encyclopedia of Social Work，19th ed. Washington D. C. NASW Press，1999. p. 2206

③ 尚晓媛．“社会福利”和“社会保障”的再认识．中国社会科学．2001，3

④ James Midgley. Social Welfare in Global Context，Sage Publications，1997，p. 5

二、社会福利制度

社会福利既是社会经济发展水平的一种标志，也是社会制度的一个必要组成部分。尽管福利起源于很早的人类社会，但社会福利作为一种制度却是现代社会发展的产物。

（一）社会福利是一种服务

狭义社会福利往往被具体化为“社会福利服务”，指为帮助特殊的社会群体、疗救社会病态而提供的服务。其服务对象是社会成员中的弱者。从资金和服务的提供者来看，作为服务的社会福利从一开始就不是国家垄断的，宗教和慈善组织及邻里和社区在传统上都扮演着重要角色。

（二）社会福利是一种责任

社会福利可以被理解为一种“制度化的集体责任”，即一个社会为达到一定的社会福利目标所承担的集体责任。在现代国家成为社会福利的责任主体后，社会福利便成为“制度化的政府责任”，即一个政府为达到一定的社会福利目标所承担的责任。

社会福利制度的发展和演化，不仅反映了特定社会的价值观和意识形态的变迁，也成为国家或政府治理社会问题策略的集中表现。将社会福利视为一种社会制度，是指在特定的社会中，为促进社会功能的完善，解决社会问题，而提供的一切物质、服务和活动。

三、社会福利主体

社会福利制度既包括社会自发的或各种传统习惯的助人活动，如家庭或邻里互助，也包括政府制定的一系列旨在促进社会公平和发展的社会政策和服务，既包括正规的帮助系统，也包括非正规的帮助系统。社会福利制度涉及六个制度主体，每个主体在不同程度上承担着一定的社会福利功能。①

（一）家庭

家庭一直是提供社会、经济和情感支持的主要社会制度，也是最基本的社会福利单位，作为社会福利的一种手段，家庭还构成了基于血缘和互助关系的援助网络。家庭在长期照料、儿童福利和经济支持方面的作用是举足轻重的。

---

① Neil Gilbert，Paul Terrell. 社会福利政策导论. 黄晨熹，周烨，刘红译. 上海：华东理工大学出版社，2003. 4—15

（二）宗教

宗教的组织形式是教会。宗教在提供社会福利方面的动力来自宗教信仰，其服务范围和形式包括非正式的支持和辅导、医疗、教育和社会服务项目。

（三）工作单位

工作单位包括工厂、农场、大学和服务公司，工作单位的主要作用是提供就业及工资，除此之外，工作单位同时也为自己的职工提供各种基于工作岗位的工作福利和服务。

（四）市场

市场由生产者个体或公司和消费者家庭或个人组成，其主要职能是用商品或服务交换资金。市场在社会福利方面的功能主要是生产和购买商业性福利产品和服务，包括各种营利性社会服务、商业保险和社会工作等。但近年来随着市场介入福利领域的规模不断扩大和方式的多样化，争论的焦点已不再是由市场或公共组织提供福利是否会导致产品或服务的性质发生变化的问题，而是政府如何利用私人的营利性组织达至其公益目标的问题。换言之，更多的是从管理角度讨论政府和市场作为一种满足需求或资源配置的手段的效益和效率问题。

（五）互助

大部分的社会互助是对人们的日常需求产生的自然反应。社会互助的形式各异，如慈善救济、非正式援助或社会支持等。

（六）政府

现代国家的重要功能之一就是为了福利目的筹集和分配资源。在该领域政府活动的作用是如此重要，如此之广，以至于现代国家经常被定义为“福利国家”。

第二节　现代西方社会福利流派

一、社会福利理论流派分类

西方学者对社会福利理论流派分类研究，被认为是始于20世纪60年代，研究的角度是福利制度的价值基础、意识形态与福利的关系。威林斯基（Harold L. Wilensky）和莱博尔（Charles N. Lebeaux）最早在《工业社会和社会福利》（*Industrial Society and Social Welfare：the Impact of Industrialization on the Supply and Organization of Social Welfare Services in the United States*，1958）一书中，将社会福利系统地分为两类，一个是“剩余式福利”，另一个是“制度性福利”，这是经常被研究者引用的社会福利“二分法”。

1974 年，蒂特马斯（R. T. Titmuss）的《社会政策导论》（*Social Policy：An Introduction*）[①] 进而提出残补式模式、工业成就表现模式和制度性再分配模式。

1976 年，乔治（V. George）和威尔汀（P. Wilding）在《意识形态和社会福利》（*Ideology and Social Welfare*）一书中，首次区分了反集体主义、勉强的集体主义、费边社会主义和马克思主义四种福利意识形态，自此开启欧美福利理论流派分类的先河。

1977 年，米什拉（R. Mishra）在《社会和社会政策：福利的理论和实践》（*Society and Social Policy：Theories and Practice of Welfare*）一书中，将社会福利理论分为社会改革、公民权理论、趋同论或是技术决定论、功能主义观点和马克思主义五种理论。

1979 年，平克（R. Pinker）在《福利思想》（*The Idea of Welfare*）一书中，对古典经济理论、新重商主义和马克思主义及其社会主义流派三种福利意识形态作出了区分。同年，鲁姆（G. Room）在《福利社会学：社会政策、分层和政治秩序》（*The Sociology of Welfare：Social Policy，Stratification and Political Order*）一书中，提出了市场自由主义、政治自由主义、社会民主主义和新马克思主义四种福利理论，福利社会学的理论色彩浓厚。

1980 年，乔治（V. George）和曼宁（N. Manning）在《社会主义、社会福利和苏联》（*Socialism，Social Welfare，and the Soviet Union*）一书中，提出了福利理论的补缺型、制度型和规范型。

1981 年，泰勒-顾柏（P. Taylor-Gooby）和戴尔（J. Dale）在《社会理论和社会福利》（*Social Theory and Social Welfare*）一书中，提出了福利理论的个人主义、改良主义和结构主义的三个分类。

1984 年，福尔德（A. Forder）、卡斯林（T. Caslin）、庞顿（G. Ponton）和沃克雷特（S. Walklate）在《福利理论》（*Theory of Welfare*）一书中，区分了新古典微观经济学、宏观经济理论、马克思主义、功能主义和多元主义“福利理论”。

---

① 该书中文版又被译为《社会政策十讲》。见：蒂特马斯. 社会政策十讲. 江绍康译. 台北：台湾商务印书馆，1991

1989 年，威廉姆森（Fiona Williams）在《社会政策——批判导论》（*Social Policy，a Critical Introduction：Issues of Race，Gender，and Class*）一书中，划分了反集体主义、社会改良主义、费边社会主义、激进社会主义、政治经济学、女权主义和反种族主义福利理论。

1990 年，艾斯平-安德森（G. Esping-Andersen）在《福利资本主义的三个世界》（*The Three Worlds of Welfare Capitalism*）① 一书中，明确提出社会民主主义、自由主义和保守主义三种福利体制，并产生了深刻影响。

1992 年，金斯伯格（N. Ginsburg）在《福利分化：比较社会政策批判导论》（*Divisions of Welfare：A Critical Introduction to Comparative Social Policy*）② 一书中提出了社会民主主义、社会市场经济、法人市场经济和自由主义等理论分类。

1994 年，乔治（V. George）和威尔汀（P. Wilding）在《福利和意识形态》（*Welfare and Ideology*）一书中，进一步认为福利理论主要流派是新右派、中间道路、民主社会主义、马克思主义、女性主义和绿色主义。

1995 年，乔治（V. George）和佩奇（R. Page）在其主编的《现代福利思想家》（*Modern Thinkers on Welfare*）一书中，提出了新右派、中间道路、民主社会主义、马克思主义、女性主义、后工业的绿色主义和反种族的福利理论的流派分类。

1998 年，奥布里恩（M. O'Brien）和佩纳（S. Penna）在《福利理论化》（*Theorising Welfare：Enlightenment and Modern Society*）一书中，提出了自由主义、马克思主义、新自由主义、后结构主义、政治经济学、政治生态学、后现代主义的福利理论分类。

1999 年，梅志里（J. Midgley）、特蕾西（M. B. Tracy）和利弗莫尔（M. Livermore）等在其主编的《社会政策手册》（*The Handbook of Social Policy*）一书中，提出了制度性取向、保守主义取向、激进或批判理论、福利多元主义、女性主义、社会发展取向、种族和政治取向的福利理论流派分类。

2002 年，迪肯（A. Deacon）在《福利视角：思潮、意识形态及政策争论》（*Perspectives on Welfare：Ideas，Ideologies and Policy Debates*）③ 一书中，通过对福利视角类型学的建构，对各种社会福利流派的争论进行了梳理和解读。

2006 年，迪安（H. Dean）在《社会政策》（*Social Policy*）④ 一书中，提出一个划

---

① 考斯塔·艾斯平-安德森. 福利资本主义的三个世界. 郑秉文译. 北京：法律出版社，2003

② 诺尔曼·金斯伯格. 福利分化：比较社会政策批判导论. 姚俊，张丽译. 杭州：浙江大学出版社，2010

③ 艾伦·迪肯. 福利视角——思潮、意识形态及政策争论. 周薇等译. 林闽钢校. 上海：上海人民出版社，2011

④ 哈特利·迪安. 社会政策十讲. 岳经纶等译. 上海：格致出版社，2009

分西方福利国家意识形态的理论框架。他从“平等与保守”和“自由与共和”两个维度出发，运用交互分类方法，把西方福利国家的意识形态分为四种类型。第一种意识形态是社会自由主义（平等/自由），第二种意识形态是社会民主主义（平等/共和），第三种意识形态是社会保守主义（保守/共和），第四种意识形态是新保守主义（保守/自由）。

二、社会福利理论发展阶段划分

西方社会福利理论渊源深厚，社会福利理论演进脉络复杂曲折。西方社会经济发展的阶段性决定了社会福利思想发展的阶段性。15 世纪以来的西方资本主义社会从萌芽状态变化到高度发展。

15 世纪到 17 世纪中期，是西方社会从封建社会向资本主义社会的缓慢变化时期，这一时期通常被认为是西方社会福利思想开始出现的时期：文艺复兴使人文主义得以出现，从而为社会福利思想奠定了基础；宗教改革实际上加速了西方社会的世俗化进程，有利于社会福利的发展；而启蒙运动的自然法学说、天赋人权与人民主权说、分权制衡与代议制思想等成为西方近代社会福利思想的重要基础。[①]

现代西方社会福利理论的发展阶段基本可分为六大历史阶段，基本涵盖左、中、右、新兴理论流派形成发展的历史脉络。每个时期均有适应当时社会状况的福利理论流派的形成与发展。

第一阶段：从 17 世纪到 19 世纪中期

这是西方从封建社会过渡到资本主义的转变时期，通过工业革命建立了资本主义的经济和社会制度。在这个大转型时期，福利理论流派主要是自由主义和空想社会主义。

第二阶段：从 19 世纪到 20 世纪初期

随着科学技术的发展，西方资本主义发展无论在组织方式和生活方式上都发生了巨大变化，垄断资本主义开始形成。福利理论流派主要是自由主义与新历史学派的影响最大，另外社会民主主义也有一定的影响。

第三阶段：从第一次世界大战爆发到第二次世界大战结束

这是资本主义经济出现大萧条和社会大动荡的时期，福利理论流派主要是凯恩斯

① 丁建定. 社会福利思想. 武汉：华中科技大学出版社，2009. 6

主义与社会民主主义，理论主题是国家干预社会生活的范围与基本途径、个人主义与集体主义的混合。

第四阶段：从福利国家诞生到20世纪70年初期

这是西方资本主义经济和社会稳定发展的“繁荣时期”。社会福利理论流派主要是社会民主主义占上风，同时新自由主义社会福利思想也开始兴起。

第五阶段：从20世纪70年代初到20世纪90年代初

这是福利国家发生危机、西方资本主义开始进行改革的时期，社会福利理论流派主要是新自由主义，也存在社会民主主义的影响和作用。

第六阶段：从20世纪90年代初至今

进入20世纪90年代以来，“第三条道路”在西方实际上已经不仅是一种新政治运动，而且也是一种新的政治思潮，其主张在传统欧洲社会福利国家与新自由主义之间走第三条道路，并提出了一系列福利国家改革的新思路、新观念。社会福利理论流派主要是“第三条道路”。同时，新自由主义和社会民主主义也仍盛行。

三、现代社会福利思潮概要

现代意义上的社会福利产生于欧洲工业革命之后，是资本主义工业化、城市化及现代化的产物。人们对各种社会福利实践进行了哲学、政治学、经济学及伦理学等方面的探讨，形成了以自由主义、马克思主义、社会民主主义等流派为主的福利思潮，它们围绕着为什么提供福利、谁来提供福利、给谁提供福利、提供什么样的福利、怎样提供福利等问题展开激烈争论。

（一）自由主义思潮（Libertarianism）

自由主义福利理论是西方最早出现的社会福利思潮，具有很长的传统。古典自由主义思想起源于18世纪的启蒙运动，发展和兴盛于19世纪。19世纪中叶以后，个人主义和社会利益之间冲突日趋明显，个人责任与社会责任之间关系，以及国家是否应干预社会经济生活和提供国家福利成为全社会争论的核心议题。

19世纪后期，自由主义重新占上风。第二次世界大战以后，西方开始进入福利国家发展的“黄金时代”。自由主义在20世纪40年代至70年代中期成为一个学术和政治哲学议题。20世纪70年代以来自由主义思潮重新风行一时，以自由主义理念为基础的保守主义政党在英美大选中纷纷上台执政，如1980年在美国当选总统的里根（Ronald

Wilson Reagan）和 1992 年当选的克林顿（William Jefferson Clinton）。西方福利国家制度受到前所未有的批评，世界各国社会福利制度改革浪潮此起彼伏。这种福利制度改革与社会变迁为自由主义福利理论重新成为世人瞩目的议题营造了适宜的环境。与此同时，1973 年石油危机引发世界经济动荡，人们对西方国家公共福利开支迅猛增加普遍担忧，对福利国家社会福利政策成功与不确定性的深切关注也发挥推波助澜的作用。

自由主义思想体系拥有多种多样来源，古典经济学的自由放任和自由市场经济是自由主义最基本和最重要的理论源泉。自由主义主要起源于 18 世纪的英国，具有各式各样的拥护者和多种不同观点。经济自由主义的倡导者亚当·斯密（Adam Smith，1723—1790）提出市场是"看不见的手"，认为个人利益和公共利益会在市场中自然得到协调，每个人追求自己的利益会促成社会总体利益的实现，因此，一个国家最好的经济政策就是对私人经济采取自由放任的政策，完全不加干预。英国 19 世纪对自由放任观念的支持来源于古典经济学，来源于利他主义与自由主义信条的继承者。总体来说，从维多利亚时代的济贫法到自助和慈善，19 和 20 世纪初的福利提供主要依赖个人主义的假设，这意味着福利判断暗含在斯密的自由主义经济学传统之中。

当代西方新自由主义福利理论的代表人物是哈耶克（Friedrich August von Hayek，1899—1992）、弗里德曼（Milton Friedman，1912—2006）等。他们继承了古典自由主义社会福利思想的基本原则，反对国家对经济和社会生活的干预，强调依靠和发挥市场的调节和作用；反对福利国家与集体福利，提倡社会福利市场化和私有化。他们的这些主张已经成为当代西方国家社会福利理论和制度改革的重要基础。

（二）马克思主义思潮（Marxism）

马克思主义是由马克思（Karl Marx，1818—1883）和恩格斯（Friedrich Von Engels，1820—1895）在 19 世纪初创立的理论体系。马克思主义是工人阶级的世界观，是工人阶级认识世界和改造世界的思想武器，是工人阶级争取阶级解放和人类解放的科学理论。

马克思主义社会福利思想是近代西方社会福利思想的重要组成部分，也是有别于西方各种社会福利思想的全新的思想体系。马克思主义倡导建立生产资料公有制，取消私有制，追求自由、平等和公正。马克思不仅关注无产阶级的贫困化，更关注无产阶级的福利的改善。19 世纪中期的西方历史和社会条件使马克思主义社会福利思想表现出鲜明的批判性。

马克思主义对西方社会的冲击很大，在部分国家和地区成为社会革命的指导思想和理论依据。19 世纪末 20 世纪初期，马克思主义产生分裂，形成对立的两派：一派是受马克思主义影响的科学社会主义，宣扬阶级斗争、公有制和集体主义，主张用革命的手段实现无产阶级专政，主要以苏俄的意识形态为代表；另一派是受自由主义影响的社会民主主义，主张走议会斗争和改良主义道路，用渐进的方式实现社会主义。

（三）社会改良主义思潮（Social Reformism）

到19世纪末和20世纪初，改良主义已成为第二国际大多数社会党的主要思想渊源，这种打着社会主义旗号的资产阶级改良主义，又称为社会改良主义。改良主义者反对马克思的阶级斗争理论，宣扬阶级调和、阶级合作，把资产阶级国家描绘成超阶级的工具，他们认为可以不通过无产阶级革命和无产阶级专政，而只需要通过议会道路，通过合法斗争，采用渐进式的改良，资本主义就会被社会主义所代替。在当今世界上改良主义主要是指世界各国社会党、社会民主党、工党所信奉的政治理论。其主要代表人物有伯恩斯坦（Eduard Bernstein，1850—1932）、考茨基（Karl Kautsky，1854—1938）等。

在福利意识形态上介于资本主义与社会主义之间存在一种中间状态的思潮，被称为“不情愿的集体主义”（reluctant collectivist）。[①] 费边社会主义或社会民主主义也可以归纳为这种中间状态的一种表现形式。从意识形态上看，正是福利理念由于具有强烈的社会正义色彩，因而是一种进步的改良主义。它反映在社会福利思想上，同自由主义所主张的反对国家介入、市场主导和个人自由第一不同，改良主义认为，国家对公民的福祉承担着某种责任，政府的角色是为社会中有需要的个人提供资金和服务，只有这样才能维护社会公平。因此，在资源的再分配上奉行平均主义的目标，使改良主义的福利理念具有社会主义的特征，但在社会分析和方法上它却同自由主义有共同之处，在形式上也表现出较大的差异性，这种带有集体主义色彩的福利哲学主张政府采取行动，在经济发展上则采取混合经济和国家干预并行的模式。[②]

社会改良主义思潮中，以费边主义和社会民主主义影响最大。社会民主主义（social democracy）又称为民主社会主义（democratic socialism）。其思想起源于1848—1849年的欧洲革命时期，最初以小资产阶级民主派为代表，提出了社会民主主义的旗帜。1951年，社会民主主义政党在德国法兰克福成立了社会党国际组织，审议通过了《民主社会主义的目标和任务》（《法兰克福宣言》），在宣言中明确宣称“社会主义是一个反抗资本主义社会固有弊端的运动”，主张建立一个“社会公正、生活美好、自由与世界和平的制度”。[③] 在成立大会上，社会党国际把自己的思想体系的名称由社会民主

① V. George and P. Wilding，Ideology and Social Welfare，London：Harvester Wheatsheaf，1994，p. 44

② 熊跃根．论国家、市场与福利之间的关系：西方社会政策理念发展及其反思．社会学研究．1999，3

③ 谢松明．民主社会主义基本价值观的分析与思考．科学社会主义．2008，1

主义改称为民主社会主义。[1]

随着西方经济与社会生活的变化，社会民主主义开始形成系统的社会福利体系。可以说，社会民主主义是20世纪以来西方社会盛行的一种资本主义的改良思潮。它是社会民主党、社会党、工党和社会党国际思想体系的总称，由第二国际社会民主党右翼发展而来，伯恩斯坦是“社会民主主义”基础思想的奠基者。虽然社会民主主义思潮由于时间、地点的不同而表现不一，但其价值观以及政治、经济和社会思潮的基础具有共同性，主要的价值观为平等、自由和互助，福利国家被认为是其社会福利理论与实践的产物。

作为一种社会改良主义思潮，社会民主主义社会福利思想主张在政治上发展社会民主，强调阶级调和与阶级合作，进行有利于劳工利益的改良，社会民主主义尽管是20世纪初就在西欧盛行的一种改良主义思潮，但直到第二次世界大战之后才获得广泛的实践机会。第二次世界大战后到20世纪70年代，是社会民主主义发展的黄金时期，发达国家几乎都是由主张社会民主主义的政党执政。70年代后，由于发达国家资本积累遇到困难，社会民主主义遭遇了来自新自由主义的进攻，从此失去了在资本主义国家的主导地位，从80年代到现在，在发达国家处于主流的政治经济理念已不再是社会民主主义，而是新自由主义。西方国家由此进入了新自由主义主导的资本全球化时期。新自由主义声称，正是社会民主主义推行的高税收、高福利政策使生产投资无利可图，因而导致投资下降，经济停滞。要解决生产停滞问题，必须给资本创造宽松的投资环境，使资本在世界范围内自由流动，寻找最佳的投资机会。新自由主义改革的每一项措施，如减少税收、削减福利、解除管制等都是直接反对社会民主主义的。为了重新获得执政机会，各国的社会民主主义政党主动调整政策，向新自由主义靠拢，所谓的“第三条道路”的成功正是社会民主主义和新自由主义妥协的产物。

事实上，社会民主主义成为西方福利国家的理论和政策的基础。社会民主主义福利国家的思想主要表现在：[2] 在福利国家起源上，认同马克思主义的工人阶级对资本家的反抗及为改善生活的斗争是福利国家得以扩展的主要成因；工业化带来了大量的经济和社会问题，使得政府有必要也要有能力介入社会福利政策的制定和执行；社会福利是消除不平等、实现社会公正的途径等。在福利国家的功能方面，认为有五个方面

① 20世纪50年代，社会党人把其思想体系的名称由社会民主主义颠倒成为民主社会主义，其目的在于凸显它的“民主”。在苏联解体、东欧剧变以后，社会民主党人又把其思想体系的名称再次颠倒成社会民主主义。这就意味着，它并不是一种（民主）“社会主义”，而是一种（社会）“民主主义”。

② V. George and P. Wilding, Ideology and Social Welfare, London: Harvester Wheatsheaf, 1994, pp. 74—75

的功能[①]：消除社会问题及改善弱势群体的困境，刺激经济和推动经济的发展，通过提供公平教育机会来建立更平等的社会，有助于利他主义的发扬和社会的整合，弥补社会弱势群体付出的社会成本。

社会民主主义是福利国家最有力的支持者，对福利国家的形成和发展发挥了重要作用。但社会民主主义也存在明显的缺陷：缺乏坚固的理论基础；未能有效解决资本主义和福利国家的矛盾；社会民主主义中资本主义特色多于社会主义特色，资本主义改变社会民主主义的信念多于他们改变资本主义的原则。[②]

第三节　现代西方社会福利价值观和关键词

社会福利是一个充满了价值判断的领域。作为人类价值观体系的重要内容，福利价值观是以人类社会福利实践为基础，以人的精神能动为动力，反映人对社会福利中的物性与人性、现实与理想的认知和表达，它们之间的冲突和对抗、矛盾和交织。

一、功利主义、社群主义

功利主义（Utilitarianism）最早可追溯到古希腊伊壁鸠鲁学派对幸福的理解。后经中世纪和文艺复兴，直至18世纪末，边沁（Jeremy Bentham）出版《政府片论》和《道德与立法原理导论》，才第一次系统地论述功利及功利主义基本原理，并且将功利主义理论彻底世俗化。边沁一方面将个人行为置于快乐和痛苦的统治之下，置于人的自私自利之下；另一方面又将最大多数人的最大幸福作为个人和政府行为的原则，并且个人幸福与最大多数人的幸福两方面能够达成最终的一致。

对于边沁而言，幸福是道德的根本标准，他认为“自然把人类置于两位主公——快乐与痛苦——的主宰之下。只有它们才指示我们应当干什么，决定我们将要干什么。是非标准，因果关系，俱由其定夺”。[③] 这样他不仅肯定了追求快乐的合理性，而且也把快乐、痛苦作为判断行为正确与否的唯一标准。但是和前人有所不同的是，边沁认为苦乐的感觉只有量的区别，而没有质的不同，并且为比较量的多少，边沁还设计了一种计量的方法。认为通过这种计算，人们就会发现每一个行为所导致的苦乐值的大小，从而追求最大化的快乐。基于这样的认识，边沁明确提出人们的行为是为谋求

① V. George and P. Wilding, Ideology and Social Welfare, London: Harvester Wheatsheaf, 1994, pp. 84—86

② V. George and P. Wilding, Ideology and Social Welfare, London: Harvester Wheatsheaf, 1994, p. 101

③ 边沁. 道德与立法原理导论. 时殷弘译. 北京：商务印书馆，2000. 57

"最大多数人的最大幸福"这一功利原则，认为"最大多数人的最大幸福是正确与错误的衡量标准"。[①] 边沁曾明确断言："共同体的利益是道德术语中所能有的最笼统的用语之一，因而它往往失去意义。在它确有意义时，它有如下述：共同体是虚构体，由那些被认为可以说构成其成员的个人组成。那么，共同体的利益是什么呢？是组成共同体的若干成员的利益总和。"[②] 换句话说，社会利益是个人利益的简单相加，只要个人利益实现了最大化，社会利益也就实现了最大化。

穆勒（John Stuart Mill）在继承边沁理论的同时，又对边沁的功利思想进行了改造。他认为快乐不仅有量的差别，而且有质的差别，"我们估计一切其他东西的价值的时候，都把品质与分量同加考虑；偏偏以为快乐只按分量估价，这就未免荒谬了"。[③] 穆勒认为根据快乐的不同的质，可以将快乐划分为肉体梦（物质）的快乐和精神的快乐，并认为后者要高尚于前者，对此他形象地比喻道："做一个不满足的人比做一个满足的猪好；做一个不满足的苏格拉底比做一个傻子好。"[④] 至于如何判断快乐的质，穆勒则认为要借助大多数人的意见，"假如那些人之中意见也有不同，那么，我们就不得不承认他们大多数人的判断是最后的答案"[⑤]。而为什么质量高的快乐会胜于数量大而质量低的快乐？穆勒认为这是依据人的高度感受力，认为具有高度感受能力的人，自然而然会去选择那些能充分发展他们较高感受力的快乐。

此外，在利己与利他的关系上，穆勒也与边沁不同。他认为："我必须再说明，功用主义所认为行为上是非标准的幸福并不是行为者一己的幸福，乃是与这个行为有关的一切人的幸福（这是攻击功用主义的人很少能公平地承认的）。例如，功用主义需要行为者对于自己的与别人幸福严格地看作平等，就像一个与本事无关而仁慈的旁观者一样。从拿撒勒的耶稣的黄金律内，我们见到功用伦理学的全部精神。待人像你期望人待你一样，爱你的邻人像爱你自己，做到这两件，那就是功用主义的道德做到理想的完备了。"[⑥] 同时，穆勒还倡导一种牺牲精神，认为"只是在世界的组织很不完善的状况之下，绝对牺牲自己的幸福才会是任何人促进别人幸福的最好方法；但是，在这个世界还在那个不完善状况的期间，我完全承认甘心做这种牺牲是人类的最高的美德"。[⑦] 穆勒提出功利主义目的论并不否认德性牺牲的价值，但它的前提是这种牺牲一

---

① 边沁．政府片论．沈叔平等译．北京：商务印书馆，1997．92

② 边沁．道德与立法原理导论．时殷弘译．北京：商务印书馆，2000．58

③ 约翰·穆勒．功用主义．唐钺译．北京：商务印书馆，1936．8

④ 约翰·穆勒．功用主义．唐钺译．北京：商务印书馆，1936．10

⑤ 约翰·穆勒．功用主义．唐钺译．北京：商务印书馆，1936．11

⑥ 约翰·穆勒．功用主义．唐钺译．北京：商务印书馆，1936．18

⑦ 约翰·穆勒．功用主义．唐钺译．北京：商务印书馆，1936．17

定要带来其他人或人类整体的利益。穆勒所提出的自我牺牲，似乎避免出现功利主义目的论的利己主义倾向，但实际上反而更加剧了边沁功利主义目的论理论内部关于个人利益和社会利益的逻辑矛盾。

在古典功利主义的基础上，新功利主义又有所发展。20世纪50年代末60年代初出现了行动功利主义理论和准则功利主义理论。澳大利亚著名哲学家斯马特（J. J. C. Smart）是行动功利主义的代表，美国伦理学家布兰特（R. B. Brandt）是准则功利主义的代表。

纵观功利主义，它试图寻求个人与社会利益的统一，强调从个人利益出发去追求实现利益最大化，而它的最终目标是实现最大多数人的最大幸福，也就是说社会利益最大化。功利主义以其自己特有的方式让人们认识到人的一切行为最终都会返璞归真，回到自身上来。所以，人们在追求自己别样的幸福之时便有了一种价值选择的参考。从这点上说，功利主义思想的目的论本身就反映了人们的根本利益，如果失去了人们追求自身的幸福，那么其任何价值所谓的合理性都会因此而毫无意义。功利主义目的论并不是利己主义，甚至他们还努力避免被人们看做是利己主义。但是，从功利主义目的论原则出发，也就是从趋乐避苦的这种利己天性出发，则无法避免走向利己主义。

社群主义（Communitarianism）是当代西方最有影响的政治思潮之一，又称为“社区主义”“共同体主义”“社团主义”“合作主义”等。它产生于20世纪80年代后期，是在批判新自由主义的过程中发展起来的，其主要代表人物是麦金太尔（A. C. MacIntyre）、华尔泽（M. Wazler）、桑德尔（M. J. Sandel）、贝尔（D. Bell）等人。社群主义反对新自由主义把自我和个人当做理解和分析社会政治现象和政治制度的基本变量。而是认为个人及其自我最终是他或他所在的社群决定的。因此，社群才是政治分析的基本变量。用公益政治学代替权利政治学是社群主义的根本主张。

社群主义反对用个人主义和集体主义二分法的方法去分析和解释社会各种现象。社群主义强调个人权利和社会责任必须相平衡，这两者之间的关系是构成健康、稳定社会的基础。社群主义主张善优先于权利。正如泰勒所说，如果我们这里讨论的是高级意义上的善，即公共的善，那么，“在这个意义上，善总是优先于权利。其所以如此，并不在于它在我们早先讨论的意义上提供着更基本的理由，而在于，就其表达而言，善给予规定权利的规则以理由”[①]。

善优先于权利引申出一个重要结论，就是公共利益优先于个人权利。“社群主义政治要求公民应该成为促进共同的利益的民族成员，而不是为增进个人利益从事政治活

---

① 查尔斯·泰勒. 自我的根源：现代认同的形成. 韩震等译. 南京：译林出版社，2001. 134

动”。[①] 社群主义还特别强调的是公共利益和普遍的善，认为个人的自由和个人利益都离不开个人所在的社群，只有公共利益的实现才能使个人利益得到最充分的实现。社群主义者认为社群的善有两种形式，一种是在现实生活中可以用各种物化形式来表现的为所有人服务的公共利益；另一种是指导人们积极向善的各种美德。社群主义提出社群的善优先于个人利益，它倡导的是一种在社群中每个人为维护和服务于公共利益而作出牺牲的价值追求。在社群中每个人为了维护和实现个人利益必须互相信任、相互合作，维护公共利益的实现，公共利益是人们个人利益的集中表现，是实现个人利益的基础保障，公共利益为每个人的健康发展提供了稳定的社会环境和物质保障。

社群主义认为善优先于权利，国家也不可能在价值问题上保持中立。“一个由中立原则支配的社会之理想乃是自由主义的虚假允诺。它肯定个人主义的价值，却又标榜一种永远无法企及的中立性。”[②] 社群主义者希望通过“大国家”广泛的职能来为个人和社会谋求更多的公共利益，并认为这是有益于人类生存和发展的行为。社群主义坚定地认为国家对公民和社会不仅仅应该承担起最基本的保障功能，更应该积极主动地为大多数的公民争取到更为广泛的利益，甚至有时为了公共利益的获取还必须不得已地侵犯少数者的权益，因为在他们看来，这是必要的牺牲。

二、社会需求、社会权利

人类在生存的过程中，首要的就是在生理与心理上要获得满足，在这一个过程当中就会产生需求的问题。从人本主义出发，马斯洛（Abraham H. Maslow，1908—1970）提出了需求层次理论，说明人类的需求是有层次性的，首先是最底层的“生理的需求”，当需求逐渐得到满足以后，最后会寻求最高层次的“自我实现的需求”。[③] 也就是说，生存之道就是先要满足生理需求，当生理需求（physiological needs）满足以后，就会去追求心理需求，包括安全的需求（security needs）、归属感的需求（social needs）、尊重的需求（self-esteem needs），以及自我实现的需求（self-actualization needs）。

布拉德肖（Jonathan Bradshaw）将需求分成四种形式：规范性需求（normative needs），以专家或专业人员在某一既定情境时所界定的需求。感觉需求（felt needs），个人依其欲望所感觉的需要。比较性需求（comparative needs），当人们获得产品和服务少于同类其他人时，就会产生需求的感觉。表达性需求（expressed needs），感觉到

---

① 丹尼尔·贝尔．社群主义及其批评者．李琨译．北京：生活·读书·新知三联书店，2002．139

② 迈克尔·J.桑德尔．自由主义与正义的局限．万俊人译．南京：译林出版社，2001．14

③ 马斯洛．马斯洛人本哲学．成明编译．北京：九州出版社，2003．1—4

的需求转化为实际行动的结果，即转变成为需要的需求。[1]

在对于需求的界定上，有两种不同的方法：一是主张基本需求的客观诠释，如维持个人生存的能力以及可以在社会中表现人的行为的能力。二是主张需求应该是由个人本身、专家、政府机构和其他服务机构来主观认定的。[2] 需求如果涉及不只是个人而是有相当比例的人群，则需求是社会性的。社会需求本质上是个人需求，社会需求是个人需求的综合体。

社会需求的概念是现代福利国家的重要构成基础，而社会福利的核心问题是社会需求的存在，以及如何来满足的问题。从需求到社会需求的满足，社会福利被认为是需求满足的状态。

权利基本上是一个法律概念，指个人主张的合法性。马歇尔（T. Marshall）认为，权利可以分为公民权利（civil right）、政治权利（political right）和社会权利（social right）三个方面，即公民资格的三个要素。公民资格的公民方面是个人自由所必不可少的权利——人身自由，言论、思想自由，财产权和获得公正的权利。公民资格的政治方面是指参与行使政治权力的权利。公民资格的社会方面指从公民的经济福利与安全到“充分享有社会遗产并依据社会通行标准享受文明生活的权利等一系列权利”[3]。

在西方国家，权利有一个渐进的发展过程。首先得以实现的是公民权利，以18世纪末、19世纪初个人的言论自由、迁徙自由已经获得了法律保障为标志，而且这种保障是以法律面前个人的充分平等为基础的。以这种公民的自由权利为基础，19世纪末、20世纪初以投票权和政治参与为标志的公民的政治权利得以实现。虽然最初只是少数有财产的男性公民得到了这种权利，但是，作为发展的开端，选举权的范围逐步扩大，最终成为公民普遍拥有的政治权利。以公民权利和政治权利为基础，20世纪公民权利实现了其最终的形式，即公民的社会权利。公民的社会权利的制度化是通过失业保险、教育和健康服务的提供等社会政策体现的。马歇尔认为以公民的社会权利为基础的社会政策，可以提高公民的福利水平，减少资本主义社会阶级制度产生的内在的社会不平等。社会权力观念的确立，是西方社会福利思想的一个重大变革。

在福利领域，合法化权利可以有多种方式，最重要的有两个，一是以需求为本（need-based），强调人类的需求是可以区别出来的，一个合理化政府有义务满足人们的这些需求。二是以应得为本（desert-based），强调某些特定团体的特质和行为，自然而

---

① J. Bradshaw. The Concept of Social Need, New Society, 1972, Vol. 30: 640－643

② Pete Alcock, Angus Erskine, Margaret May. 解读社会政策. 李易骏等译. 台北：群学出版有限公司，2006. 57

③ T. H. 马歇尔. 公民身份与社会阶级. 郭忠华，刘训练编. 南京：江苏人民出版社，2008. 10－11

然就需要社会为它们义务提供一些服务。[①] 随着社会权利的扩展，社会福利及其服务的提供不应针对特殊群体的特殊需要，而是基于人们的普遍需要，因此，在这一原则的要求下社会福利及其服务的对象范围应不断扩大。至今获取社会福利已经成为现代国家中公民的一项重要社会权利，无论职业、身份、贫富和政治倾向，每一个公民均有此权利。这一权利是不可剥夺、不可侵犯、不容漠视的。正因为社会福利保障涉及基本人权的落实，所以，社会福利问题实质上是一个涉及全体公民权利的国民待遇问题。

三、社会平等、社会正义

平等是一个历史的范畴，是历史的产物，它也是随着社会发展变化而逐渐发展变迁的。在西方思想史上，平等思想源远流长。在古希腊时期，毕达哥拉斯派认为公民间的平等是真理和正义所要求的平等；柏拉图（Plato）尽管认为每个人天生适合于某种分工，不同等级的人由不同元素构成，持不平等的自然正义观，但在他的理想国中，妇女在权利与机会上是与男子平等的；亚里士多德（Aristotle）是明确提出平等思想的学者，他认为正义是某些事物的平等（均等）观念，正义是相等的人就该派给到相等的事物，也就是说，平等就是正义。

文艺复兴和宗教改革后，平等观念和平等思想得到了进一步发展。"天赋人权论"便是较为系统的、全面的平等思想体系。霍布斯（Thomas Hobbes）作为自然法和社会契约论的创始人之一，认为在自然状态下，"自然使人在身心两方面的能力都十分相等"[②]，每一个人都应当承认他人与自己生而平等。洛克（John Locke）继承了霍布斯某些政治上"平等"的主张，他认为，自然状态是一种平等的状态，"自然状态有一种为人人所应遵守的自然法对它起着支配作用；而理性，也就是自然法，教导着有意遵从理性的全人类：人们既然都是平等和独立的，任何人就不得侵害他人的生命、健康、自由或财产"[③]。

从洛克开始，平等开始被真正赋予每一个人，但这种平等还是被限制在政治领域。卢梭（Jean-Jacques Rousseau）作为18世纪法国启蒙运动的杰出代表，他是平等权利最重要的辩护者。卢梭认为，"我们可以断言，在自然状态中，不平等几乎是不存在的"[④]；"每个人都生而自由、平等，他只是为了自己的利益，才会转让自己的自由"[⑤]。

---

① Pete Alcock，Angus Erskine，Margaret May. 解读社会政策. 李易骏等译. 台北：群学出版有限公司，2006. 66

② 霍布斯. 利维坦. 黎思复等译. 北京：商务印书馆，1986. 92

③ 洛克. 政府论（下篇）. 瞿菊农，叶启芳译. 北京：商务印书馆，1964. 5

④ 卢梭. 论人类不平等的起源和基础. 李常山译. 北京：商务印书馆，1962. 149

⑤ 卢梭. 社会契约论. 何兆武译. 北京：商务印书馆，2005. 5－6

在人类中有两种不平等，“一种，我把它叫做自然的或生理上的不平等，因为它是基于自然，由年龄、健康、体力以及智慧或心灵的性质的不同而产生的；另一种可以称为精神上的或政治上的不平等，因为它是起因于一种协议，由于人们的同意而设定的，或者至少是它的存在为大家所认可的。第二种不平等包括某一些人由于损害别人而得以享受的各种特权，譬如比别人更富足、更光荣、更有权势，或者甚至叫别人服从他们”[①]。由此，卢梭所提出的人民主权说，在西方世界的平等理论和实践中发挥了积极作用。

20 世纪伦理学中最重要的人物罗尔斯（John Rawls）在平等问题上提出了他的看法，在罗尔斯看来，“正义是社会制度的首要价值，正像真理是思想体系的首要价值一样，一种理论，无论它多么精致和简洁，只要它不真实，就必须加以拒绝或修正；同样某些法律和制度，不管他们如何有效率和有条理，只要它们不正义，就必须加以改造或废除。每个人都拥有一种基于正义的不可侵犯性，这种不可侵犯即使以社会整体利益之名也不能逾越”[②]。

罗尔斯的基本观点是：人们所享有的基本权利必须是平等的；在现实中人们享有社会价值的份额可以是不平等的，但这种不平等必须符合最少受惠者的利益，并且尽可能缩小这种不平等的差距。他试图将“机会均等”和“结果均等”统一协调起来，主张“公平的机会均等”。他提出：“第一个原则：每个人对与所有人所拥有的最广泛平等的基本自由体系相容的类似自由体系都应有一种平等的权利。第二个原则：社会和经济的不平等应这样安排，使它们：（1）在与正义的储存原则一致的情况下，适合于最少受惠者的最大利益，并且，（2）依系于在机会公正平等的条件下职务和地位向所有人开放。”[③] 这两个正义原则处于一种“词典式次序排列”即先后顺序之中，其中第一个正义原则优先于第二个正义原则，而第二个正义原则中的机会公正平等原则又优先于差别原则。这两个正义原则的要义是平等分配各种基本权利和义务，同时尽量平等分配社会合作所产生的利益和负担，坚持各种职务和地位平等地向所有人开放，只允许那种能给最少受惠者带来补偿利益的不平等分配，任何人或团体除非以一种有利于最少受惠者的方式谋利，否则就不能获得一种比他人更好的生活。

罗尔斯限定了上述这些原则主要运用于社会的基本结构。它们要分配基本的权利和义务，调节社会和经济利益的分配。这些原则预先设定了社会结构能够划分为两个大致明确的部分。第一个原则适用于公民的基本自由部分，包括公民的政治自由及言

① 卢梭．论人类不平等的起源和基础．李常山译．北京：商务印书馆，1962．70

② 约翰·罗尔斯．正义论．何怀宏等译．北京：中国社会科学出版社，1988．1

③ 约翰·罗尔斯．正义论．何怀宏等译．北京：中国社会科学出版社，1988．292

论和集会自由、良心的自由和思想的自由，以及保护个人财产的权利。第二个原则大致适用于收入和财富的分配，以及对那些利用权力、责任方面的不平等或权力链条上的差距的组织机构的设计。罗尔斯的正义原则所要求的是，所有的社会价值——自由和机会，收入和财富，自尊的基础都要平等地分配，除非对其中的一种价值或所有价值的一种不平等分配适合于每一个人的利益，那么，不正义就仅仅是那种不能使所有人都得益的不平等。在罗尔斯所生活的西方社会，自由问题已基本解决，平等就显得更为重要。因此，第二个正义原则强调的是经济领域的平等。第二个正义原则，尤其是差别原则是罗尔斯社会正义理论的核心。

而诺齐克（R. Nozick）从捍卫个人自由权利出发提出了“持有正义理论”，与罗尔斯针锋相对。其持有正义理论的一般纲要是：“如果一个人按照获取和转让的正义原则，或者按矫正的正义原则（这种不正义是由两个原则确认的）对其持有是有权利的，那么，他的持有就是正义的。如果每个人的持有都是正义的。那么持有的总体（分配）就是正义的。为了把这些纲要转变成一个具体理论，我们必须规定这三个持有的正义原则，即持有的获取原则、持有的转让原则和矫正前面两个原则的侵犯的原则的细节。”[①] 诺齐克提出三大正义原则的目的就在于，他力图说明，凡是符合这三个原则的“持有”都是正当的、合理的，而任何旨在建立一个“功能更多的国家”的行为及其主张的分配原则都将会违背“获取的正义原则”与自由、自愿的“转让正义原则”，都会侵犯个人神圣不可侵犯的自由权利。

无论是罗尔斯有顺序的两个正义原则，还是诺齐克的个人至上正义原则，他们对于正义与平等的理解都属于自由主义观念。沃尔泽（M. Walzer）站在与自由主义相对的社群主义立场，对他们的正义原则和平等观进行了反思，进而提出了他以多元正义为基础的复合平等理论。

沃尔泽的正义论致力于达到和维护复合平等，要求恰当地使用国家权力，国家必须回到它正当的领域中。沃尔泽还指出：“无论必要的限制是什么，我们同样需要一个能够充分发挥积极作用的国家。”[②] 无论何时，在诸善的分配领域中，如果内部努力不能实现正义，国家就会介入其中。沃尔泽强调：“尽管我更喜欢一种多元化的非中央集权的政治……我也仍然是一个社会民主主义者，对强权国家和对民主公民资格的强烈理解有着坚定的立场。”[③] 国家必须为全球市场对公民的影响设定界限，它必须保卫它自己的福利、教育和政治过程。

由此可见，沃尔泽心中的国家与社会其他物品一样，是一种待分配的善物，同时

① 罗伯特·诺齐克．无政府、国家与乌托邦．何怀宏等译．北京：中国社会科学出版社，1991．159

②③ 迈克尔·沃尔泽．正义诸领域——为多元主义与平等一辩．褚松燕译．南京：译林出版社，2002．4

又具有很多社会功能，在分配公平方面能够发挥重要作用。由于作为分配执行者的国家的角色是双重的，决定了分配的方式和原则应该是复杂的，至少不是唯一的。沃尔泽指出简单平等不足的同时，希望将分配正义所抨击的中心问题由垄断转移到支配，这也体现了自由主义与社群主义的分歧所在。从支配的角度考虑，沃尔泽多元正义的目标是实现相对平等、相对公正的社会，即不受支配的社会——在这个社会中没有一种物质与社会资源如金钱、地位、权力等可以统治支配一切，即没有一种社会物品充当或能够充当支配的原则和手段。这样，是否垄断其实就不再重要了。

对于社会平等还可以有多种理解：有起点平等与机会平等，终点平等与结果平等的不同；有形式平等与实质平等、主观平等与客观平等的不同，等等。平等所代表的不仅是人类的一种心理渴求，还是社会福利的原始动力。如果说社会福利是满足人们美好生活的需要，那么平等的存在就是其中关键的一环。

但对社会平等与社会正义有不同的视角和判断：一种认为人应当按照自身之体力、智慧、财富、出身等各种因素的发挥，来决定各自在社会中的地位及各自的生活内容，即使这样可能形成在某些方面弱势之人的贫穷和不平等，也是正义的。而那种以富人或强者的资源来支撑其他穷人或弱者生活的做法是不正义的，并且其造成的结果可能是社会发展的停滞和人之懒惰的养成。

另一种认为社会平等是正义的，也符合社会福利的价值取向。德沃金（R. Dworkin）就以个人主义之重要性平等原则来论述平等，“从客观的角度讲，人生取得成功而不被虚度是重要的，而且从主观的角度讲这对每个人的人生同等重要”①，从伦理意义上对平等理念予以支持。德沃金认为，“重要性平等的原则确实要求人们以平等的关切对待处在某种境况下的一些群体”②。进而在国家生活中，“平等的关切是政治社会至上的美德——没有这种美德的政府，只能是专制的政府”③。换句话说，平等本身包含着对弱者的关怀，只有这样的社会才算是真正意义上具有美德的社会。而弱者保护的问题，明显属于社会福利的范畴。

关于平等的这些争论并不仅是理论上的，上述两种观点在不同阶段都不同程度地影响了政治现实，当然也对社会福利制度产生了深刻影响。人们一般对平等从形式平等和实质平等两方面来加以理解。形式平等是起点的平等、机会的平等、规则的平等，其主旨是尊重个人在现实中个性的发挥和自由的享有。实质平等是终点的平等、结果的平等，强调的是从人类生活的现实状态来判断，从而追求人们生活的最终平等。在

① 罗纳德·德沃金．至上的美德——平等的理论与实践．冯克利译．南京：江苏人民出版社，2003．6

② 罗纳德·德沃金．至上的美德——平等的理论与实践．冯克利译．南京：江苏人民出版社，2003．7

③ 罗纳德·德沃金．至上的美德——平等的理论与实践．冯克利译．南京：江苏人民出版社，2003．1

现今社会，国家通常负有保证形式平等的义务，从而公民得以在其中发挥自身的特长与优势，追求自己的幸福生活。

但是，仅有形式平等是不够的，形式平等一方面不能保证有公正的结果；另一方面，单纯强调机会平等实际上也是做不到的。正因如此，不仅要关注形式意义上的平等，对于实质平等也须加以注重，尤其是对于那些纯粹依形式平等无法达致幸福生活而处于劣势的人，必须以社会公正、实质平等为准据，给予弱者以特别的保护。实质上正是因为形式平等导致现实的不平等，起点平等不足以使人们过上美好生活时，实质平等便成为人们对国家和社会的期望。由此，从人们对平等之渴望，产生了现实中对社会正义之追求，也衍生了社会福利的观念。

社会正义是以公共生活领域作为思考重点，有关社会中各种权利、义务、资源分配，以及社会制度、结构建立的合理性等方面，都是社会正义的范畴。其通过有关制度性的安排将各种社会资源公平地分配给每一个社会成员，以保证每个社会成员都能得到公正的待遇，实现其权利，更是社会公正的题中之意。即通过平等的社会机制，保证社会资源的公平分配，正是要建立一个福利的社会，使人们能够过上满足的生活。

为此，罗尔斯认为："正义的主要问题是社会基本结构，或更准确地说，是社会主要制度分配基本权利与义务，决定由社会合作产生的利益之划分的方式。"[①] 由此，强调分配对社会正义的重要性。德沃金曾以"资源平等"对分配之重要性予以强调，"一个分配方案在人们中间分配或转移资源，直到再也无法使他们在总体资源份额上更加平等，这时这个分配方案就做到了平等待人"。[②]

总之，社会正义包含着社会平等，为社会福利制度的建构提供了伦理基础。社会正义包含如此广泛的内容，其实施几乎包括整个社会系统，但其中必然包含资源分配的正义，及一定程度的"资源平等"。这种平等同样可以从形式平等和实质平等两个方面来加以理解。在现代市场经济国家，首先市场的基础地位必须牢固，即保证形式上的平等、规则的平等。市场的基本特征之一是竞争，那些在体力、知识、出身等方面处于劣势的人们，便可能成为竞争中的失败者，并且其失败的原因并不能仅仅归因于其能力和懒惰，社会也负有责任。此时对其生存和发展担负责任的国家和社会便以行政、法律等手段实现资源的再分配，而这当中，社会福利起着基础性的作用。在现实中，虽然关于市场和福利之争论从未停息，各国政治对其关系的调整理念及政策也有不同之处，但此二者已经共同成为人们幸福生活的必需。

---

① 约翰·罗尔斯．正义论．何怀宏等译．北京：中国社会科学出版社，1988．5

② 罗纳德·德沃金．至上的美德——平等的理论与实践．冯克利译．南京：江苏人民出版社，2003．12

深度阅读

1. 诺曼·巴里. 福利. 储建国译. 长春：吉林人民出版社，2005

2. 尚晓媛. "社会福利"和"社会保障"的再认识. 中国社会科学. 2001，3

3. Neil Gilbert，Paul Terrell. 社会福利政策导论. 黄晨熹，周烨，刘红译. 上海：华东理工大学出版社，2003

4. 约翰·罗尔斯. 正义论. 何怀宏等译. 北京：中国社会科学出版社，1988

5. 罗伯特·诺齐克. 无政府、国家与乌托邦. 何怀宏等译. 北京：中国社会科学出版社，1991

6. 迈克尔·沃尔泽. 正义诸领域——为多元主义与平等一辩. 褚松燕译. 南京：译林出版社，2002

7. 艾伦·迪肯. 福利视角. 周薇等译，林闽钢校. 上海：上海人民出版社，2011

8. V. George and P. Wilding. Ideology and Social Welfare，London：Harvester Wheatsheaf，1994.

第二章 新自由主义社会福利思想

西方自由主义和资本主义在 19 世纪达到繁荣的顶峰后，在向 20 世纪跨越的过程中，经历了经济大萧条和两次世界大战，给自由放任的资本主义带来了沉重的打击，西方发达国家再经历凯恩斯主义的国家干预后，出现了向福利国家发展的趋势，创造了 25 年前所未有的繁荣。① 由此，曾作为近现代西方社会主流意识形态的自由主义一度陷入低潮。但随着凯恩斯主义经济政策的实效性渐渐丧失，福利国家在面对新问题、新矛盾陷入发展困境之时，主张减少国家干预与市场复位的新自由主义思潮开始成为影响世界经济和社会政策的主流。

第一节　新自由主义社会福利思想的发展脉络

自由主义（Liberalism）是西方国家社会思想源泉、主流文化和社会理论的重要基础。从内涵来看，它极为丰富，涵盖政治、哲学、经济和社会的庞大恢宏的思想体系。自由主义思想最初形成于 17 世纪的英国，它是在古希腊等古代西方思想的基础上产生的。以亚当·斯密为代表的古典政治经济学的自由主义思想被称为古典自由主义(Classical-liberalism)。古典自由主义从经济自由出发，强调市场机制是推动经济发展的“看不见的手”，反对封建制度和重商主义的国家干涉政策。而新自由主义（Neo-liberalism）被认为是“在古典自由主义思想的基础上建立起来的一个新的理论体系，

① 保罗·皮尔逊. 拆散福利国家：里根、撒切尔和紧缩政治学. 舒绍福译. 长春：吉林出版集团有限责任公司，2007. 3

亚当·斯密被认为是其创始人，该理论体系也被称为‘华盛顿共识’，包含一些有关全球秩序方面的内容”①。

一、新自由主义思潮的兴起

新自由主义的兴起首先表现为新自由主义经济思潮的兴起，也被称为新保守主义的经济思潮，是 20 世纪 30 年代后在反凯恩斯主义过程中逐渐形成和发展起来的当代西方经济学说。

1929—1933 年，资本主义世界经济危机对古典自由主义经济学形成了巨大的冲击，古典自由主义经济学的统治地位被凯恩斯主义所取代。到了 20 世纪 70 年代，特别是在 1974—1975 年的经济危机以后，资本主义国家普遍出现了失业与通货膨胀并存的“滞胀”局面，使凯恩斯主义陷于重重矛盾的境地。正是在这样的背景下，新自由主义的经济思潮又重新抬头。

新自由主义真正在英、美等西方国家占据主流经济学地位始于 20 世纪 80 年代初期。其直接原因有两条：一是当时的主流经济学理论——英国经济学家凯恩斯的国家干预主义，无法解决西方经济长期陷入“滞胀”的难题，这为新自由主义的兴起提供了契机；二是随着撒切尔夫人（M. H. Thatcher）出任英国首相，里根（R. W. Reagan）出任美国总统，新自由主义成为英美政府的施政理念，并在国内外得到大力推行。当然，新自由主义的兴起，还迎合了国际垄断集团抢占国际市场、向发展中国家扩张的需要，推行的措施是必须放松政府对经济的干预，解除外汇管制，消除贸易壁垒，使国有企业私有化，最大限度地开放市场等。正是由于这样的背景，新自由主义在兴起的同时，学术理论开始政治化、意识形态化，成为资本主义向外输出的意识形态和制度价值，其显著标志就是“华盛顿共识”（Washington Consensus）②。

新自由主义包括众多学派：伦敦学派、现代货币学派、理性预期学派、供给学派、弗莱堡学派、公共选择学派、产权经济学派。其中，影响较大的是以英国哈耶克为代表的伦敦学派、以美国弗里德曼为代表的货币学派和以卢卡斯（Robert Lucas）为代表的理性预期学派。概括新自由主义学派的共同点，有以下三个方面：

---

① 诺姆·乔姆斯基. 新自由主义与全球秩序. 徐海铭等译. 南京：江苏人民出版社，2001. 3. 在英文中，New Liberalism 和 Neo-Liberalism 代表两个有着截然不同主张和诉求的思想流派，且分属政治哲学和经济学不同的学科语境。由于它们都被翻译成“新自由主义”，导致有很多误解。

② “华盛顿共识”指的是以市场为导向的一系列理论，它们由美国政府及其控制的国际组织所制定，并由它们通过各种方式实施——在经济脆弱的国家，这些理论经常用做严厉的结构调整方案。其基本原则是贸易自由化、价格市场化和私有化。见：诺姆·乔姆斯基. 新自由主义与全球秩序. 徐海铭等译. 南京：江苏人民出版社，2001. 4

1. 推崇个人自由主义，反对国家干预。新自由主义主张个人自由主义，认为个人自由主义是自由市场制度存在的基础，也是经济自由的基本出发点。个人有了自由选择的权利，才能保证社会的进步和创造。尊重个人自由，就要让个人在市场中自由选择，国家不应该进行干预。

2. 推崇竞争市场经济，反对国家引导或计划经济体制。新自由主义强调，经济活动是有规律的，国家调控是造成经济不稳定的主要根源。管得最少的政府是最好的政府。主张市场经济是民主的基本堡垒，借助财产所有权的分散，防止权力集中于少数人手中。同时认为，在自由市场制度下，个人在为自己利益进行努力的同时，可以自动为别人和社会的利益作出贡献。

3. 主张私有化，推进全球自由化。新自由主义经济学家认为私有制经济具有自身内在的稳定性，在市场这只"看不见的手"的调节下，私有制经济能够自动实现经济的均衡。新自由主义还认为，私有制经济的最大好处在于它保证了个人的自由。由此，为了提高公司的效率，新自由主义强烈反对最低工资等劳工政策，以及劳工集体谈判的权利。

在新自由主义看来，各国取消经济保护，实现生产要素、贸易和金融的完全自由化与国际化，最有利于资源的高效配置和比较优势的充分发挥。同时，新自由主义支持通过国际组织和条约对他国施加多边的政治压力，来推进全球自由化。

二、新自由主义社会福利思想

在社会福利领域，传统或古典的自由主义思想最早可以追溯到洛克（J. Lock）、穆勒（J. S. Mill）、斯密和近代的霍布豪斯（L. T. Hobhouse）等人的思想。新自由主义则以哈耶克（Friedrich August von Hayek）和弗里德曼（M. Friedman）最为著名，他们主张"反集体主义"（anti-collectivist）的社会政策。

自由主义福利思想的核心价值是个人主义、自由、不平等和社会公平。[①] 自由主义者推崇个人主义而非集体主义。他们认为完全平等是不可能的，相反某些不平等还有利于社会运作。自由主义思想的重要特征是强调市场在增进人类福祉中的主导作用与基础地位。自由主义者对福利国家的态度是否定的，他们认为福利国家与健康的自由市场经济相抵触。自由主义者对待福利国家的态度与他们对待国家的态度一脉相承，他们从根本上反对国家干预和国家福利，主张市场竞争、个人责任、家庭互助和让其他非正式照顾体系发挥更大的作用。

新自由主义者以自己的经济学和哲学理论为基础，对国家干预下的福利国家的社

---

① V. George and P. Wilding. Ideology and Social Welfare. London：Routledge and Kegan Paul，1985，p. 19.

会福利政策提出批评，并诠释自己的福利思想，试图向人们展示只有在自由得到保障的情况下，人们才可以实现自我的价值，使生活得到真正的保障。新自由主义的福利思想和主要政策可以概括为：

（一）否定福利国家

新自由主义认为社会福利是国家控制和干涉个人自由的一种隐蔽手段。通过福利的供给，国家逐步转变成一个无所不能的控制者；通过福利的获得，个人却在不知不觉中丧失了自己的独立与自由，对个人自由构成了威胁。[①] 新自由主义者则认为经济增长是最好的社会福利政策，解决贫困和社会不公平不能依靠政府的再分配，社会福利政策作为一种宏观调控的手段，使人们对信息的接受和解读产生偏差，以致误导市场行为，对经济产生负面影响。总之，新自由主义坚持对制度化的社会福利持强烈的否定态度，反对福利全面由国家和政府提供，主张实行残补式的社会福利模式，极力推行志愿主义（voluntarism），并突出市场和职业福利的作用。

（二）主张减少过度扩张的社会福利政策

新自由主义主张消减国家主导的收入转移支付政策，同时对市场竞争失败者所实施的收入保障要尽可能最小化，对于作为劳动代价的收入保障，必须维持工作福利（workfare）。应缩减福利国家提供的各种福利项目和降低各种项目的水平，实现福利多元主义（welfare pluralism）。[②]

如果说福利国家的基本目标是实现劳动的“去商品化”，而新自由主义者则要把劳动放入市场规律下进行“再商品化”。[③] 放弃完全就业，放松之前为保护劳动和维持福利国家而制定的各种劳动规则，由市场决定失业率，按市场的原则来实现劳动市场的需求和供给。

第二节　米尔顿·弗里德曼的社会福利思想

一、米尔顿·弗里德曼的主要生平

米尔顿·弗里德曼（Milton Friedman，1912—2006），1912 年 7 月 31 日出生于纽

① 蔡文辉．社会福利．台北：五南图书出版公司，2002．45－50

② 林闽钢．福利多元主义的兴起及其政策实践．社会．2002，7

③ 林闽钢．社会政策：全球本地化视角的研究．北京：中国劳动社会保障出版社，2007．18－19

约市布鲁克林（Brooklyn）地区的一个犹太人家庭，父母是从奥匈帝国（今乌克兰一带）移居到美国的新移民。弗里德曼是家中第四个孩子，弗里德曼的父亲在他 15 岁时就因心脏病而去世了，全家曾住在母亲开设的服装店楼上。[①]

弗里德曼刚满 16 时，就从拉维中学高中毕业，1928 年凭奖学金入读罗格斯大学（Rutgers University），原打算成为精算师的弗里德曼最初主攻数学，但后改修经济学[②]，1932 年获得经济学学士。翌年他到芝加哥大学攻读硕士学位，老师在上第一堂经济学课时，为了认识学生，要求座位以姓氏字母编排，弗里德曼由此认识了一名叫罗斯・迪雷克托（Rose Director）的女生，两人由此结缘，由于经济上都不宽裕，6 年后才结婚，从此终生不渝。[③]

弗里德曼在 1933 年获得了芝加哥大学经济学硕士学位。毕业后，他曾为罗斯福新政工作以求糊口。辗转间他到哥伦比亚大学继续修读经济学，研究计量、制度及实践经济学。他返回芝加哥后，获亨利・舒尔茨（Henry Schultz）聘任为研究助理，协助完成需求曲线统计学专著的修改和编辑工作。[④]

弗里德曼于 1937—1940 年，担任哥伦比亚大学经济学讲师，1940—1941 年，任威斯康辛大学（University of Wisconsin System）经济学客座教授。1941—1943 年，他出任美国财政部顾问，研究战时税务政策。1943—1945 年，在明尼苏达大学（University of Minnesota）任职，为武器设计、战略及冶金实验分析数据。弗里德曼于 1946 年获得哥伦比亚大学博士学位，随后回到芝加哥大学教授经济理论，其间再为国家经济研究局（National Bureau of Economic Research）工作。1946—1963 年，任芝加哥大学经济学教授。1963—1982 年，担任芝加哥大学罗素杰出服务经济学教授。弗里德曼在芝加哥大学经济系创建成了紧密而完整的经济学派，力倡自由经济，被称为芝加哥经济学派。1963—1964 年，为剑桥大学富布赖特访问学者。1964—1965 年，担任哥伦比亚米契尔客座研究教授，1967 年冬，担任加州大学洛杉矶分校（UCLA）客座教授，1967 年，他当选美国经济学会主席。1972 年冬，担任夏威夷大学客座教授。1976 年 10 月，弗里德曼获得诺贝尔经济学奖，由于“他在消费分析、货币历史和理论领域研

① 米尔顿・弗里德曼，罗斯・弗里德曼．两个幸运的人：弗里德曼回忆录．韩丽等译．北京：中信出版社，2003．26，27，31

② 米尔顿・弗里德曼，罗斯・弗里德曼．两个幸运的人：弗里德曼回忆录．韩丽等译．北京：中信出版社，2003．38

③ 米尔顿・弗里德曼，罗斯・弗里德曼．两个幸运的人：弗里德曼回忆录．韩丽等译．北京：中信出版社，2003．2

④ 米尔顿・弗里德曼，罗斯・弗里德曼．两个幸运的人：弗里德曼回忆录．韩丽等译．北京：中信出版社，2003．66

究所取得的成就，以表彰他在稳定性政策复杂性方面的证明”①。1977 年，他正式从芝加哥大学退休，后一直担任斯坦福大学胡弗研究所的研究员。2006 年 11 月 16 日弗里德曼在旧金山家中因心脏病突发逝世，享年 94 岁，他被誉为 20 世纪最重要的经济学家之一。

主要代表著作有《实证经济学论文集》（*Essays in Positive Economics*，1953）、《消费函数理范》（*A Theory of the Consumption Function*，1957）、《资本主义与自由》（*Capitalism and Freedom*，1962）、《价格理论：初稿》（*Price Theory：A Provisional Text*，1962）、与施瓦兹（Anna J. Schwartz）合著的《1867—1960 年美国货币史》（*A Monetary History of the United States*，1867—1960，1963）、与罗斯·弗里德曼（Rose Friedman）合著的《自由选择》（*Free to Choose：A Personal Statement*，1980）等。

二、米尔顿·弗里德曼的主要思想

（一）弗里德曼的经济自由主义

弗里德曼的经济自由主义理论具有两个重要特点：坚持经济自由，强调货币作用。

1. 在政府作用方面

弗里德曼对政府的作用进行过如下论述：“它的主要作用必须是保护我们的自由以免受到来自大门外的敌人以及来自我们同胞们的侵犯：保护法律和秩序，保证私人契约的履行，扶植竞争市场。在这些主要作用以外，政府有时可以让我们共同完成比我们各自单独地去做时具有较少困难和费用的事情。然而，任何这样使用政府的方式是充满着危险的。我们不应该，也不可能避免以这种方式来使用政府。但是在我们这样做以前，必须具备由此而造成的明确和巨大的有利之处作为条件。”②

他进而认为：“自由市场的存在当然并不排除对政府的需要。相反，政府的必要性在于：它是‘竞赛规则’的制定者，又是解释和强制执行这些已被决定的问题范围，从而缩小政府直接参与竞赛的程度。”③ 他只主张政府作为规则的制定者，而不是规则的实施者，只主张政府充当裁判员，而不主张它介入比赛。政府所做的就是通过制定秩序和法律，承担公共服务和社会管理，惩戒不遵守市场规则的人，从而维护人们的

① 库尔特·利尤伯．序言．载：米尔顿·弗里德曼．弗里德曼文萃．胡雪峰等译．北京：首都经济贸易大学出版社，2001．7

② 米尔顿·弗里德曼．资本主义与自由．张瑞玉译．北京：商务印书馆，1988．4、36

③ 米尔顿·弗里德曼．资本主义与自由．张瑞玉译．北京：商务印书馆，1988．16

正当自由竞争的权利。他主张“自由人既不会问他的国家能为他做什么，也不会问他能为他的国家做什么。他会问的是：‘我和我的同胞们能通过政府做些什么’，以便尽到我们个人的责任，以便达到我们各自的目标和理想，其中最重要的是：保护我们的自由”①。

由此可见，弗里德曼认为政府只是国民自由权利的一顶保护伞，把对内保护作为个人自由权利，对外为自由人提供自由发展的良好环境，仅此而已。如果政府的职责范围没有限度，政府的权力不分散，他就认为这样会侵害个人自由。而个人自由是由政治自由和经济自由组成的，经济自由是政治自由的前提，即“作为获得政治自由的一个手段，经济安排是很重要的。直接提供经济自由的那种经济组织，即竞争性资本主义”②。这种资本主义是不受政府干预的自由资本经济。政府干预经济，不但不会有助于经济的健康发展和良性循环，反而会有害。

2. 在经济政策方面

首先，在货币方面，他提倡建立一个自由社会的货币管理制度，主张政府在制度上对货币履行职责，同时又要限制政府的权利，使其不能对自由社会形成危害。如“那次大萧条像大多数其他严重失业时期一样，是由于政府管理不当造成的，而不是由于私有制经济的任何固有的不稳定性”③。这说明弗里德曼认为政府在货币方面的不适当干预是导致“大萧条”的罪魁祸首。其次，在财政方面，他主张政府要详细制定国家的开支方案，以免遇到意外情况，如国际形势的突变，使经济遭到重创。最后，在收入分配方面，他认为根据市场竞争规则，由于职业和其他方面的差异，要使人们的收入不均等，才是社会平等分配的体现，那种提倡“净利益”相同的均等，其实是社会不公平的体现。

3. 在社会政策方面

他认为应将市场竞争机制引入教育系统，包括教师的工资，私立学校的创办，不主张政府开办公立学校，提供教育费用，如果这样不但不能提高教育质量，反而是在浪费纳税人的钱财。同时，弗里德曼还认为政府颁发执照是对人们进行自由经济活动的限制，执照的颁发形成了对职业的硬性分配方式，形成了职业壁垒。这种方式不考虑社会的需求量，有可能造成社会人力资源的浪费。

总之，在对自由市场经济的辩护上，弗里德曼超越了他的前辈。在他之前，论证市场制度的合理性和优越性不外乎是从两个方面：或者是从先验的伦理角度出发，强

---

① 米尔顿·弗里德曼. 资本主义与自由. 张瑞玉译. 北京：商务印书馆，1988. 3

② 米尔顿·弗里德曼. 资本主义与自由. 张瑞玉译. 北京：商务印书馆，1988. 11

③ 米尔顿·弗里德曼. 资本主义与自由. 张瑞玉译. 北京：商务印书馆，1988. 38

调市场制度符合追求自由的人的天性，维护了人的自由选择的权利，因而是最符合人性的、最合理的制度；或者是从功利主义的立场出发，论证市场经济可以利用价格机制反映资源的相对稀缺程度，利用竞争机制给经济主体施加足够的激励和约束，从而能够实现资源的最优配置，保证社会利益的最大化，因而是最有效的制度。与资源配置有关的所有问题都可以通过市场得到有效解决，政府干预市场活动是不合理的，也是不必要的，这只能破坏市场的正常运行。弗里德曼则不同，他承认市场调节有时并不能很好地解决所有问题，也不完全拒绝政府干预，但他强调政府的干预必须有限度。①

（二）弗里德曼的社会福利思想

1. 负所得税（negative income tax）与贫困问题

弗里德曼认为高经济效率来自于自由竞争，没有竞争就没有效率。给低收入者发放固定的差额补贴不利于激发他们的进取心，有损于自由竞争，从而有损于效率。但是，对穷人的补助是政府应尽的职责，为了既能消除贫困，又不会有损于效率，弗里德曼主张采用负所得税的办法。负所得税即负值的所得税，指个人不但不向政府交所得税，反而政府向个人支付所得税来代替社会福利补助的一种形式。

在《资本主义与自由》中，弗里德曼举例说明了他所提出的负所得税②：

从纯粹的执行机制的理由上看，应该建议的安排是一种负所得税。按照联邦所得税的规定，我们现在每人收入600美元可以不纳税（加上最低限度10%的统一扣除）。假使1人得到100美元应纳税的收入，即超过免税和扣除的100美元收入，那么，他得纳税。按照负所得税的建议，假使他的应纳税的收入为负数值的100美元，即比免税加上扣除的总额少100美元，那么，他得纳付负数值的税，也就是，得到一笔津贴。例如，假使津贴的比例是50%，那么，他将获得50美元。假使他一点也没有收入，并且为了简单化起见，没有扣除额，而税率仍然不变，那么，他将获得300美元。假使他有扣除，他可能获得的比这个数量还要多。例如，医疗费用，甚至在减去免税额以前，他的收入减去扣除以后是负数。津贴的百分比当然可以是累进的，正像超出免税额的税率那样。以这种方式，可以规定一个任何人的净收入（现在的定义包括津贴在内）都不会低于这一最低限度——在上述简单的例子中是每人300美元。规定具体的最低限度将取决于社会是否有负担的能力。

这一安排具有明确的好处。它是专门针对贫穷问题的。它向个人提供最有用的形

① 彭五堂．弗里德曼和他的新自由主义经济学．当代经济研究．2007，3

② 米尔顿·弗里德曼．资本主义与自由．张瑞玉译．北京：商务印书馆，1988．207－208

式的帮助，即现金。它是一般性的，从而能代替现在已经实施的很多的特殊措施。它明白地表示出社会所负担的费用。它在市场之外发生作用。

随后弗里德曼还比较全面地分析了负所得税的优点，弗里德曼认为：它使公共基金集中用于穷人；它将贫穷的人当做认真尽责的人来对待，而不是当做无能的、受国家保护的人来对待；它使穷人具有自助的动力；与目前的计划相比，它的耗费较少，然而却可以更多地帮助穷人；它将消除官僚主义及政治贿赂等。[①]

在负所得税的反对意见上，弗里德曼逐条进行分析和反驳[②]：

1. 负所得税排除了发放失业救济金前举行的生活状况调查。……这不过是一种误解。负所得税仍然保留着生活状况调查，但是这一调查是一种简单的、一目了然的、数字性的收入状况调查，而不是目前这种复杂的调查。负所得税在决定谁将获得援助时所依据的生活状况调查，与我们现在在决定谁将支付政府开销时所依据的调查，是完全一样的。同样，负所得税计划并没有引入任何新原则。正如一开始时所指出的那样，我们现在事实上（尽管还没有在法律上）拥有了政府确保的最低收入。

2. 负所得税破坏了积极性。有保障的年收入计划的某些支持者，实际上是在建议税率为100%的负所得税。他们提出：政府填平了某一特定的收入水平与每一家庭的实际收入之间的鸿沟，从而使收支平衡收入与确保的最低收入相一致。这样的计划才真正会破坏积极性。它们保留了目前的直接援助计划的最大缺点，然而却又需要更大的耗费，原因在于它们消除了现行计划所具有的、不鼓励福利申请者的种种特点。我对这类计划的看法是：完全不负责的，不可取的，而且是不切实可行的。尽管这样的计划表面上与负所得税计划相类似，但实际上它们之间有着根本性的不同——正如一项以100%的税率课征的正所得税根本不同于一项以分数税率课征的正所得税一样……

3. 负所得税无法按照每一贫困家庭的特定需要来进行调查。毫无疑问这一点是完全正确的。问题是这一点是否构成了一种反对意见。一项联邦负所得税计划正在被作为一种普遍的、全国范围的计划而提出，旨在为那些生活条件不好的人的收入设立一个最低限度。但是，州与州之间，甚至是一州内部之间，情况都各不相同。价格是各不相同的，所以要求要有不同的货币数量来达到相同的生活水平，平均收入是各不相同的，所以被作为贫困水平来看待的生活水平也各不相同，而且各社会用来援助少数生活条件不好的人的经济能力也各不相同。这些不同之处反映在目前州与州之间，按照现行计划所给予的援助水平方面的悬殊差异上面——在我看来，这些差异似乎太悬殊了。税率为50%的负所得税，将建立一种全国范围内的最低标准，而这一最低标准

① 密尔顿·弗里德曼．弗里德曼文萃．高榕等译．北京：北京经济学院出版社，1991．73－75

② 密尔顿·弗里德曼．弗里德曼文萃．高榕等译．北京：北京经济学院出版社，1991．76－83

将高于目前许多州（也许是大多数州）所达到的水平，但却略低于目前某些较富裕的州所实现的水平……

4. 负所得税计划将造成分裂。这一反对意见有时是这样阐述的：负所得税计划使社会分裂为从政府那里得到支票的人及送出支票的人两部分，从而肢解了社会。很明显，如果将负所得税计划与现行的那些计划作一番比较，那么这一反对意见就毫无说服力了……

5. 负所得税计划将是这百宝囊中的另一没有价值的东西。我一直极力主张要将负所得税计划作为对那些现存计划的替代物。但是，据说，在实际生活当中，负所得税计划将仅仅是与其他计划罗列在一起，而不是对其他计划的替代。这样一来，我刚才用以反对家庭津贴的那些理由，也同样适用于负所得税计划。很明显，无法轻易地摆脱这一反对意见，而且的的确确在我看来，这是我所列出的这些反对意见当中最有分量的一个。……在目前的情况下，与这种一般性的回答相比，我认为存在着另一种更为令人满意的、对这一反对意见的答案。虽然负所得税计划不能像我希望的那样，被作为对所有福利计划的替此物而得到采纳，但是，在我看来，它的确很有可能被作为对直接的公共援助计划的替代物而得到采纳。我之所以这样认为，是出于两个方面的考虑……

6. 负所得税将鼓励政治上的不负责任。……当我最初在著作中提出负所得税计划时，我写道：与其他计划相比，它可能更易于招致那些危险。然而，随着我对这一问题更进一步的考虑，以及我对关于这一建议的公开讨论的参加，我开始转变了这种看法。现在我认为，有着充足的理由相信：与其他建议相比，负所得税较不容易招致这些政治危险。

由于负所得税与总的所得税体系是紧密相连的，所以，就税收计划而言，无法提高收支平衡收入而不提高免税额；而这明显地要求对免税额之外的收入部分课以更高的税率。这些支付的费用包括在这样一个总额当中：这一总额是可以计算出来的，而且对于每个纳税人都明显令人痛苦。用于负应纳税收入的税率方面的每一提高，都将使这一费用增大，这一点是不言而喻的。最后，实行负所得税并不会像其他福利计划那样，产生出一个感兴趣于扩大这一计划的、庞大的官僚机构，而且它不可能用于政治贿赂……

可以说，这些都是负所得税的消极优势。而负所得税的积极的好处，也同样有力。“它是专门针对贫穷问题的。它以最有用的形式来向个人提供帮助，即现金。它是一般性的，从而可以用来替代现在业已实施的那一系列特殊的计划。它明确表示出社会所负担的费用。它在市场之外发生作用。像任何意在减轻贫困的其他措施一样，它也降低了那些受帮助的人自助的积极性，但是，正像一种对收入补贴到某一固定的最低额度的制度所应有的那样，它并没有完全消除这种积极性。”而且，与现已实施的其他措施相比，或与现已提出的其他措施相比，它对这种积极性的削弱程度较小。最后，它同等对待社会所有成员，将一种单一的不具人格的生活状况调查形式应用于所有的人，不论是对于那些在某一特定的年份中需要缴税的人来说，还是对于那些在该年份中得到补贴的人来说，情况都是如此。

总之，负所得税是试图将所得税的累进税率结构进一步扩展到最低的收入阶层去。通过负所得税手段对那些纳税所得低于某一标准的人提供补助，补助的依据是被补助人的收入水平，补助的程度取决于被补助人的所得低到何种程度，补助的数额会随着其收入的增加而逐步减少。由此可见，弗里德曼所提出的负所得税实质上不是一种税，而是政府对个人转移支付的一种方式，它通过负所得税来解决贫困问题，提高低收入者的福利水平，从而实现财政分配的公平性原则。

2. 教育券（school vouchers）

1955 年，弗里德曼在《政府在教育方面的作用》（*The Role of Government in Education*）一文中，首先提出了教育券的思想，此文收录在其 1962 年出版的《资本主义与自由》一书中。此后，弗里德曼在 1980 年与其夫人罗斯·弗里德曼合著的《自由选择：个人声明》一书第六章《学校的问题在哪里》中对教育券进行了更深入、完整的阐述，对美国教育券实践中遇到的问题及反对者的批评进行了分析与驳斥。

教育券的提出，一方面是针对当时兴起的凯恩斯理论导致行政垄断的不断扩张，经济效率的急剧下降和社会福利的巨大损失，造成严重的政府失灵；另一方面，美国的公立学校占到学校总量的 80%～90%[①]，由于这些公立学校都是靠政府教育经费运营的，学生就近入学，所以公立学校无需担心没有经费和学生，教育质量也就难有所提高。1971—1976 年的 5 年间，美国公立学校的教职员工的总额增加了 38%，每个学生费用增加了 11%，而学校学生人数下降了 4%。[②] 弗里德曼认为，公立学校中所存在的这一切问题的原因就在于政府在教育中干涉过多，而家长和学生的选择自由却太少，如同市场中的企业，必须要生产出消费者喜欢的质高价廉的产品才能生存与发展。在学校教育中，家长和儿童是消费者，教师与管理人员是生产者，公立教育的集中与规模扩大，意味着消费者的选择能力越来越小，生产者的权力增加，垄断体制下生产的效率必然低下。

要使美国教育事业健康发展，首先就要减少政府对教育事业的干预，让学校自筹办学资金，让教师自由选择教育方法。因为“政府在资助和管理学校方面作用的不断

① 张璇．教育券：教育领域的双赢政策——美国教育券实例分析．外国教育研究．2004，11

② 米尔顿·弗里德曼，罗斯·弗里德曼．自由选择：个人声明．胡骑等译．北京：商务印书馆，1982．159

加大，不仅导致纳税人金钱的巨大浪费，而且导致比自愿合作继续起较大作用所能产生的教育制度远为落后的制度”。“政府的接管降低了教育质量，减少了教育的多样性”①。其次，让学生和家长自由选择学校。② 再次，对高等教育实行交费上学，每个青年男女，无论其父母收入、社会地位、居住地区和种族怎样，只要愿意现在交付学费或愿意毕业以后挣得的较高工资来补缴学费，都应得到受高等教育的机会。③ 最后，在学校之间展开竞争。不仅公立学校之间要展开竞争，而且还要同私立学校展开竞争。④

他主张减少政府对教育的过多干预，认为政府资助教育并不意味着一定要直接提供教育机会，两者完全可以分开。教育凭证正是使两者分离的一种可行性方案，在弗里德曼看来，教育券及其制度是指⑤：

为了对政府所规定的最低限度学校教育提供经费，政府可以发给家长们票证。如果孩子进入“被批准的”教育机关，这些票证就代表每个孩子在每年中所能花费的最大数量的金钱。这样，家长们就能自由地使用这种票证，再加上他们所自愿添增的金额向他们所选择的“被批准的”教育机关购买教育劳务。教育劳务可以为以营利为目的的私营教育机关或非营利的教育机关所提供。政府的作用限于保证被批准的学校的计划必须维持某些最低标准，很像目前对饭馆的标准，要求保证最低的卫生标准那样。

从操作层面上看，教育券转变了公共教育经费的传统分配方式，把原来对公办学校直接分配教育经费转变为向每一个家庭直接发放等量的有价凭证。赋予学生（家长）自由择校权，如果学生进入政府批准的学校，那么这笔教育经费就随同该学生进入该学校。也就是政府把原本应投入到教育中的资金经过折算以教育券的形式发给每一位学生（家长），学生（家长）凭教育券可以自主选择任何一所政府认可的学校（无论是公立学校或私立学校）就读。学校在收到教育券后，可以凭教育券从政府那里兑换与券值等额的教育经费。

教育券政策设计成功之处在于：教育券的实施可以根本改变政府在体系内对公共物品的投入方式，而转向体制外（市场化）对公共物品的购买，购买提供服务的对象可以是公立也可以是私立教育机构，形成公共物品的服务提供方、服务购买方、需方三方关系，通过把体制外竞争机制引入到体制内来，增大需方的选择权，尤其是可以“用脚投票”的方式，实现需方对供方的约束和引导。它能转换教育服务领域的供方主

① 米尔顿·弗里德曼，罗斯·弗里德曼. 自由选择：个人声明. 胡骑等译. 北京：商务印书馆，1982. 160
② 米尔顿·弗里德曼，罗斯·弗里德曼. 自由选择：个人声明. 胡骑等译. 北京：商务印书馆，1982. 195
③ 米尔顿·弗里德曼，罗斯·弗里德曼. 自由选择：个人声明. 胡骑等译. 北京：商务印书馆，1982. 190
④ 米尔顿·弗里德曼，罗斯·弗里德曼. 自由选择：个人声明. 胡骑等译. 北京：商务印书馆，1982. 165
⑤ 米尔顿·弗里德曼，罗斯·弗里德曼. 自由选择：个人声明. 胡骑等译. 北京：商务印书馆，1982. 87

导体制，使政府和学生（家长）通过教育券实现需方和买方的策略联合，这样需方能主动地在教育资源市场的配置上发挥积极作用。

第三节　弗里德里希·哈耶克的社会福利思想

一、弗里德里希·哈耶克的主要生平

弗里德里希·奥古斯特·冯·哈耶克（Friedrich August von Hayek，1899—1992），1899年5月8日出生于维也纳一个知识分子家庭中，哈耶克是家中的长子。[①]他的父亲奥古斯特是一位卫生局雇用的医生，同时也在维也纳大学兼任植物学的讲师。在学校读书期间，哈耶克很聪明，但却没有兴趣学习，14岁他的拉丁语、希腊文和数学都不及格，不得不留级，而他的兴趣在植物学。[②] 1917—1918年，他成为一名军官，被派往意大利前线。1918年年底，他进入维也纳大学，鉴于就业和经济方面的考虑，他选择了经济学。在学习期间，他受到了奥地利经济学派思想的影响。1921年他获得了法学博士学位。[③] 1923年，他又拿到了政治科学博士学位。1923年3月，他到了美国，其推荐人是约瑟夫·熊彼特，他开始熟练运用英语和统计学方法。1924年5月，他回到了维也纳。哈耶克热衷于参加米塞斯自发组织的研讨活动，在哈耶克的学术发展经历中，米塞斯扮演了重要角色。1927年，在米塞斯的支持下，他成立了奥地利事业周期研究所，并担任所长。

1928年4月，他结婚成家。1929—1931年，哈耶克担任维也纳大学的讲师。1931年他在伦敦经济政治学院（LSE）的系列演讲所产生的影响，使他能在1931进入伦敦经济政治学院任教，担任托克经济科学和统计学教授。在奥地利被纳粹德国侵吞后，哈耶克于1938年成为英国公民。1944年3月在英国出版了《通往奴役之路》，并获得广泛好评，随后在美国的出版也获得了好评。[④] 1947年4月哈耶克帮助建立了朝圣山学社（Mont Pelerin Society）。1949年他结束了第一段婚姻，并于1950年开始了第二段婚姻。1950—1962年，成为芝加哥大学社会思想委员会（Committee on Social Thought）的社会和道德科学教授，这也标志着他正规经济学家职业生涯的结束[⑤]，其间，他出版了《自由宪章》一书。1962—1974年，他担任了德国弗赖堡阿尔伯特·路

---

① 阿兰·艾伯斯坦. 哈耶克传. 秋风译. 北京：中国社会科学出版社，2003. 11
② 阿兰·艾伯斯坦. 哈耶克传. 秋风译. 北京：中国社会科学出版社，2003. 19—20
③ 阿兰·艾伯斯坦. 哈耶克传. 秋风译. 北京：中国社会科学出版社，2003. 33—35
④ 阿兰·艾伯斯坦. 哈耶克传. 秋风译. 北京：中国社会科学出版社，2003. 154—158
⑤ 安德鲁·甘布尔. 自由的铁笼：哈耶克传. 王晓冬等译. 南京：江苏人民出版社，2005. 3

德维希大学经济学教授。1974年，哈耶克获得诺贝尔经济学奖。1984年，在英国首相撒切尔夫人推荐下，他获得伊丽莎白二世授予的名誉勋位（Order of the Companions of Honour），以表扬他对经济学研究的贡献。之后，哈耶克又担任了萨尔斯堡大学（University of Salzburg）的客座教授。1992年3月23日去世。

哈耶克是20世纪最伟大的自由主义学者，他的学术贡献远远超出经济学的范围。他毕生发表了130篇文章和25本专著，涵盖的范围从纯粹的经济学到理论心理学，从政治哲学到法律人类学，从科学哲学到思想史。其主要代表作为《货币理论与商业周期》（*Monetary Theory and the Trade Cycle*，1929）、《价格与生产》（*Prices and Production*，1931）、《利润、利息和投资》（*Profits，Interest and Investment：And other essays on the theory of industrial fluctuations*，1939）、《通往奴役之路》（*The Road to Serfdom*，1944）、《自由宪章》（*The Constitution of Liberty*，1960）[①]、《致命的自负》（*The Fatal Conceit*，1989）等。

二、弗里德里希·哈耶克的主要思想

（一）哈耶克的自由主义思想

哈耶克的自由主义思想继承了发源于希腊的自由精神与17世纪以来英国法治之下的个人主义自由传统。为了与英国功利主义的自由相区别，哈耶克自称“老辉格党人”，由此可以看出，他所承继的古典自由主义乃是17世纪、18世纪的自由主义，而非19世纪的自由主义。

哈耶克思想主要源于其中的两个观念，即“自然观”和“宪政观”。哈耶克的自发秩序受亚当·弗格森（Adam Ferguson）的影响。他在展示社会进化哲学时，常引用弗格森的名言：“民族和国家乃是因偶然缘故而形成的，但是他们的制度则实实在在是人之行动的结果，而非人之设计的结果。自由人经由自发的合作而创造成就，往往要比他们个人的心智所能全部理解的东西更伟大。”[②] 哈耶克宪政观受到了洛克和休谟等人的影响。另外，休谟将人类一切行为的最终原因归于“情绪”的影响所致，否认理性建构人类行为的原因，并因此而要尊重社会传统和习惯等思想，这些都对哈耶克产生过影响。事实上，英国古典自由主义强调自然与强调宪政观从根本上是一致的，它们都根源于英国经验主义传统，这些经验主义对古典自由主义和宪政观影响至深，也决

① 中文版为：弗里德利希·冯·哈耶克．自由秩序原理（上、下）．邓正来译．北京：生活·读书·新知三联书店，1997

② F. A. 哈耶克．个人主义与经济秩序．邓正来译．北京：生活·读书·新知三联出版社，2003. 12

定了其发展理路，即重自然，轻人为；重法治，轻人治。[①]

哈耶克与米塞斯一样，主张个人主义和自由最大化，但他认为这并不代表无政府主义，也不等于政府无所作为。“政府应当仅限于要求个人遵循他们所知道的并且能够在他们进行决策的时候加以考虑的那些原则。”[②] 他认为，“真个人主义并不否认强制性权力的必要性，而是希望对这种权力施以限制——亦即把这种权力局限在那些必须凭靠其他人来阻止强制的领域之中，并且期望把强制现象减少到最低限度”。[③] 哈耶克主张终结国家的强制性行动，或至少要把国家对社会生活和经济活动的调控管制限制到最低限度，但实际上还是支持某种程度上的国家干预。

哈耶克曾明确指出：“在现代，不曾有过任何政府将自己的活动仅限于有些人偶尔主张的‘个人主义式的最小范围’之中，而且对政府活动的这种限制也不曾为‘正统的’古典经济学家所主张。”[④] 正因如此，哈耶克认为，政府之行动可以分为强制性与纯粹服务性的活动，“只有政府的强制性措施才需要加以严格的限制”[⑤]，而政府在广泛的非强制性服务中的活动，不仅应该加以肯定，而且还应该以税收的方式来加以支持。哈耶克进一步认为[⑥]：

实际上，所有的现代政府都对贫困者、时运不济者和残疾者进行了救济，而且还对健康卫生问题和知识传播问题予以了关注。我们没有理由认为，这些纯粹的服务性活动不应当随着财富的普遍增长而增加。此外，也的确存在一些只有通过集体行动才能满足的公共需求，而且通过这样的方式来满足公共需求，也不会限制个人自由。我们同样不能否认的是，随着我们日趋富有，社会为那些无力照顾自己的人所提供的最低限度维系生计的标准（而且它能够通过市场以外的手段加以提供），也将逐渐随之提高；而且我们亦无从否认，政府有可能以极有助益的且不会造成任何损害的方式，推进甚或领导这方面的活动。我们也没有任何理由说政府不应当在诸如社会保障和教育之类的领域中发挥某种作用甚或进行领导，或者说政府不应当暂时资助某些试验性的发展工作。因此，需要强调指出的是，我们在这里所关注的问题，与其说是政府行动的目标，不如说是政府行动的手段。

---

① 王立平，韩广富. 个人责任与有限保障——论哈耶克的社会保障思想及其理论渊源. 内蒙古大学学报. 2009，6

② F. A. 哈耶克. 个人主义与经济秩序. 邓正来译. 北京：生活·读书·新知三联出版社，2003. 25

③ F. A. 哈耶克. 个人主义与经济秩序. 邓正来译. 北京：生活·读书·新知三联出版社，2003. 23

④⑥ 弗里德利希·冯·哈耶克. 自由秩序原理（下）. 邓正来译. 北京：生活·读书·新知三联书店，1997. 9

⑤ 弗里德利希·冯·哈耶克. 自由秩序原理（下）. 邓正来译. 北京：生活·读书·新知三联书店，1997. 8

（二）哈耶克的社会福利思想

1. 对福利国家的全面批判

哈耶克从其认识论和自发秩序理论出发，认为市场最能为个人自由创造基本条件，因而任何试图修正市场交换所产生的自发秩序的企图，都将损害市场交换关系所促进的自由，从而削弱个人甘冒风险去追求他所能见到的最佳生活的愿望，也就是在这个意义上，哈耶克展开了对福利国家的全面批判。

首先，哈耶克认为福利国家不仅违背了自发秩序，违反了正义原则，而且“社会正义”或“分配公正”的施行，必然扼杀个人自由，滋长社会特权，带来政治上随意专断的统治。哈耶克明确指出：“所有保证‘公正’分配的努力，必然导致把市场的自发秩序变成一个组织，或换言之，变成一种极权主义秩序。”[①] 也就是说，试图利用政府的强制权达到“实际的”（即“社会的”或“分配的”）正义，这种理想及相关社会政策的推行必然导致政府权力掌握了人们收入、财产和自由的主动权，它不仅将破坏自发市场秩序的基础，而且必然导致对个人自由的践踏，建立起一个至高无上的由精英集团控制的集权国家。

哈耶克进一步认为，正义与否只能应用到普遍公平规则下的行动者的有意行动，而社会并不是一个“人”，所以说社会的行动是否合乎正义是一件荒谬的事。“‘社会正义’是一种彻头彻尾且毫无意义的胡言，就像‘一块道德的石头’这种说法毫无意义一般。”[②] 而在哈耶克看来，“干预本身就是一种独立的强制行为”，它“始终是一种不正义的行为”；“干预必然会干扰整体秩序并阻止整体秩序之各个部分进行相互调适的行为，而自生自发的秩序正是以各个部分的相互调适为基础的”。[③] 因此，干预必然导致市场信号的扭曲，甚至导致市场秩序的毁灭。

其次，福利国家破坏经济发展。哈耶克认为经济发展才是根除贫困的根本途径，再分配不过是短视行为。市场经济和法治社会是促进经济增长和机会公平最理想的手段，国家干预会破坏市场秩序。一方面，国家的福利支出是建立在高税收的基础上，这会抑制企业和个人创造财富的积极性；另一方面，福利给付也会扭曲个人行为，当不是因为自己努力而可以获取政府援助的意外之财时，这必然会增加个人对政府的依

---

① 弗里德里希·冯·哈耶克. 经济、科学与政治——哈耶克思想精粹. 冯克利译. 南京：江苏人民出版社，2000. 403

② 弗里德利希·冯·哈耶克. 法律、立法与自由（第2卷）. 邓正来等译. 北京：中国大百科全书出版社，2000. 139

③ 弗里德利希·冯·哈耶克. 法律、立法与自由（第2卷）. 邓正来等译. 北京：中国大百科全书出版社，2000. 220

赖，助长了人的惰性。

最后，对社会保障政策决策的质疑。社会保障制度非常复杂，从而很难为一般人所理解。制度性专家于是在这一领域中占据了支配地位，然而他们虽拥有专门知识，却未必掌握该制度价值。他们普遍倾向于支持其拥有专业知识的这种制度，这导致许多政策不论是否合理都趋于自我膨胀。而且福利政策的最大受益者往往不是服务使用者，而是政策的制定者和执行者，因为这些制度性专家和执行社会政策的官僚并非利益中立者，会利用其知识和权力追求自我利益。“如果政府不是运用它所控制的有限资源以提供某种特定的服务，而是运用它的强制性权力以确使人们得到某类专家认为他们需求的东西，又如果人们因此不再能够就生活中一些最重要的问题（如健康卫生、就业、居住、老年救济等）进行抉择，而是必须接受某个被任命的权力机关根据其对他们的需求的评价而为他们作出的决定，又如果某些服务变成了国家排他性控制的领域，而且整个职业——医疗、教育或保险等——也渐渐只是作为统一行政等级的机构而存在，那么人们便会发现，真正决定人们将得到什么东西的，已不再是自由的竞争性试验，而是权力机关所做的决策。”[①] 同时，在福利国家下，福利政策会变成一种讨价还价偏袒徇私的不良后果。哈耶克认为在福利国家下，民主方法（如多数票决等）的运作以及民主政体为了继续维持多数统治的策略性考量下，必然会出现以某些特殊利益为诱饵来换取相关利益团体支持的情况，于是，在民主的运作下就产生了不少与民主本意以及自由理念相悖的东西。实际上，在选举制度中政党竞争的运作下，福利政策所显示出的是仅仅有利于比较富裕的人。换言之，福利国家不仅未能实现所得与财富再分配的效果，相反，它使再分配流向了中产阶级。

总之，以哈耶克为代表的新自由主义认为，不论何种类型的福利制度，特别是以追求社会正义为宗旨的福利国家制度，福利国家构成了对个人自由的威胁。它以整齐划一的生活剥夺了个人在诸多问题上的选择权。福利国家实际上是一个“家长式国家”。“家长”控制着社会大多数人的收入，并根据自己对社会成员需要的判断分配财富，这使政府的权力增大，个人的自由和责任日益削弱，将使政府的干预程度扩大，并形成市场自由的绊脚石、经济发展的桎梏以及自由体制运转的羁绊，因此他们坚称凯恩斯主义福利国家具有明显的重大弊病。

2. 区分“有限度的保障”和“绝对的保障”，否定“绝对的保障”

哈耶克认为：“这个称谓（福利国家）实际上是有许多不尽相同甚至彼此冲突的要素的混合，它们当中一部分要素会使自由社会更具有吸引力，而另一些要素则与自由

① 弗里德利希·冯·哈耶克. 自由秩序原理（下）. 邓正来译. 北京：生活·读书·新知三联书店，1997. 13

社会不相融合，或至少会对自由社会的存续构成潜在的威胁。”[①] 因此，哈耶克认为：“不分青红皂白地彻底否定福利国家的所有行动，显然不是我们所应持有的态度；因此，我们必须对那些较为妥当且正当的目标与那些应当否定的目标作出明确的区别。”[②]

在这个意义上，哈耶克区分了两种类型的社会保障：一种是“有限度的保障”，即防止严重的物质匮乏的保障，确保每个人的维持生计的某种最低需要，“它是大家都能够获得的，因而，不是什么特权，而是人们可以期望的正当目标”[③]。有限度的保障是哈耶克所提倡的，“没有理由认为在一个达到了像我们这样的普遍的富裕水平的社会中，不应向所有人保证提供第一种保障，而无须危及普遍的自由。……实际上在英国人口中有很大一部分早已获得了这种保障”[④]。另一种是“绝对的保障”，某种生活水准的保障，唯有特权群体才能享受，通过控制市场才能实现。

福利国家从“有限的保障”迈向“绝对的保障”目标的时候便威胁到自由社会了，“我们越试图用干涉市场制度的方法来提供更充分的保障，有些人就越缺乏保障；并且，更糟的是，在作为一种特权而得到保障的那些人的保障和没有这种特权的人日益增加和无保障之间的对立也变得越大。并且保障越具有特权的性质，而没有特权的人所面临的危险越大，保障就越为人们所珍视”[⑤]。

3. 对社会保障措施提出了独到的见解

在社会救济方面，哈耶克倡导市场竞争的意义，但竞争也会带来风险，一部分人因能力不足或运气不佳而陷入失业和贫困，再加上我们生活的现实世界中总是存在不确定性的社会风险，人们难以预测从而也无法为之做好准备。特别是进入工业社会，城市化及人口的流动使原来的家庭关照和邻里相助难以维持，地方的制度安排也不合时宜，需要国家在全社会来统筹安排。现代国家的职能应当对社会环境的这些变化作出回应：“在现代，不曾有任何政府将自己的活动仅限于有些人偶尔主张的‘个人主义式的最小范围’之中，而且对政府活动的这种限制也不曾为‘正统的’古典经济学家所主张。实际上，所有的现代政府都对贫困者、时运不济者和残疾者进行救济，而且

---

① 弗里德利希·冯·哈耶克. 自由秩序原理（下）. 邓正来译. 北京：生活·读书·新知三联书店，1997. 10

② 弗里德利希·冯·哈耶克. 自由秩序原理（下）. 邓正来译. 北京：生活·读书·新知三联书店，1997. 15

③ 弗里德里希·奥古斯特·哈耶克. 通往奴役之路. 王明毅等译. 北京：中国社会科学出版社，1997. 116－117

④ 弗里德里希·奥古斯特·哈耶克. 通往奴役之路. 王明毅等译. 北京：中国社会科学出版社，1997. 117

⑤ 弗里德里希·奥古斯特·哈耶克. 通往奴役之路. 王明毅等译. 北京：中国社会科学出版社，1997. 125－126

对健康和知识传播问题予以关注。”[①] 政府实施公共救济是需要的，但必须遵循：保障的目标是防止贫困者堕入生活绝境，接受救济需要经过资产调查，倡导自力维持。即是传统意义上的济贫法在当代社会的继续。

在社会保险方面，社会保险日益成为福利国家的主要内容，哈耶克并不反对社会保险，因为大量存在的社会风险需要保险机制来分散化解，“一方面是个人力图保护自己以免受其他人因极端贫困而导致的结果的牵累，另一方面则立基于要求个人采取更为有效的手段以自力地解决自身需求的愿望”[②]。哈耶克反对强制性保险且由国家集权垄断经营，垄断性的强制保险制度都会异化为收入再分配的工具。哈耶克认为“社会保险”虽名为保险，但现在已经和保险的实质相背离了，现今的制度应当由国家推行的垄断式的、强制性的社会保险转变为人们自由地向竞争性私营机构购买保险。

在养老保险制度方面，哈耶克认为当前养老保险存在的问题主要有：政府难以兑现的养老金的通货膨胀的压力；因为退休金来源是即时的税收，所以年轻人负担会加重；政府致力于对所有的老年人不仅发放一种最低限度的津贴，还尽量提供“适当”的津贴，而不论个人的实际需求和贡献；养老保险制度演变成为一种政治工具，即政客为拉选票而使用的一种筹码；政治家为换取老年选民的支持不断提高养老金许诺；由于有较高的退休金还会鼓励人们提早退休等。

在健康保险制度方面，哈耶克认为强制性健康保险是有道理的，没有该项制度，则许多人可能成为一种公共负担。“但是，人们也有充分的理由反对单一的国家健康保险方案；而对于为所有的人提供免费健康服务的方案，人们似乎有着更为充分的理由予以反对。”[③] 哈耶克批评英国免费健康服务体制的主要缺陷是：医疗需求没有客观标准，随着医学的进步，医疗花费是没有限度的；当由政府来提供医疗服务时，充其量也是那种水平较差的平均服务；具有充分工作能力的人所得的不具危险的暂时伤病，通常都会得到迅速的治疗，并在一定程度上以忽视老年人的疾病和绝症为代价，在自由制度下，这符合所有人的利益，“在实行国家医疗制度的地方，我们通常都会发现，那些本能够通过及时医治而使全部工作能力得以迅速恢复的人不得不等待很久而无法工作，其原因只是那些不可能再对所有其他人的需求作出贡献的人占用了医疗设备”[④]。

---

① 弗里德利希·冯·哈耶克. 自由秩序原理（下）. 邓正来译. 北京：生活·读书·新知三联书店，1997. 9

② 弗里德利希·冯·哈耶克. 自由秩序原理（下）. 邓正来译. 北京：生活·读书·新知三联书店，1997. 46

③ 弗里德利希·冯·哈耶克. 自由秩序原理（下）. 邓正来译. 北京：生活·读书·新知三联书店，1997. 61

④ 弗里德利希·冯·哈耶克. 自由秩序原理（下）. 邓正来译. 北京：生活·读书·新知三联书店，1997. 63－64

在失业保险制度方面，哈耶克认为要消除失业，必须做到，一是工资必须具有弹性，二是工人本身也必须具有流动性；但是不无遗憾的是，那种确保所有的失业者都能够根据其原有所得获得一定比例的救济制度，却不仅减低了工资的弹性，而且还阻碍了工人的流动性。哈耶克进一步认为："所谓强制性的失业保险方案的用途，却始终在于'矫正'不同群体间的相对报酬，以稳定行业为代价去补贴不稳定的行业，并支持与高就业水平不相协调的工资需求。"① 哈耶克认为这种强制性的失业保险方案从长远来看，"只可能恶化它原本力图救治的弊端，而不可能对这种弊端作出整治"②。

深度阅读

1. 米尔顿·弗里德曼，罗斯·弗里德曼．两个幸运的人：弗里德曼回忆录．韩丽等译．北京：中信出版社，2003

2. 米尔顿·弗里德曼．资本主义与自由．张瑞玉译．北京：商务印书馆，1988

3. 布鲁斯·考德威尔．哈耶克评传．冯克利译．北京：商务印书馆，2007

4. 弗里德利希·冯·哈耶克．通往奴役之路．王明毅等译．北京：中国社会科学出版社，1997

5. 弗里德利希·冯·哈耶克．自由秩序原理（下）．邓正来译．北京：生活·读书·新知三联书店，1997

①② 弗里德利希·冯·哈耶克．自由秩序原理（下）．邓正来译．北京：生活·读书·新知三联书店，1997．67

◆ 第三章 马克思列宁主义社会福利思想

马克思列宁主义简称马列主义。马克思主义是马克思和恩格斯创立的学说，马克思主义是完整的科学体系，它包含三个主要组成部分：马克思主义哲学、政治经济学和科学社会主义，这三个组成部分不是彼此割裂的，它们构成一个相互联系的有机整体。马克思主义是无产阶级认识世界和改造世界的思想武器。列宁主义被认为是“帝国主义和无产阶级革命时代的马克思主义”①。

马克思列宁主义社会福利思想是近代西方社会福利思想的重要组成部分，是根据当时社会生产力发展的状况，从广义的角度，并依据不同时期、不同侧重点来阐述社会化大生产所必需的社会救济、社会保险等主要内容的全新的社会福利思想。实现人的全面而自由的发展思想，是马克思列宁主义社会福利思想的核心和终极目标。

第一节　马克思列宁主义社会福利原理

马克思（Karl Marx，1818—1883）、恩格斯（Friedrich Von Engels，1820—1895）和列宁（Vladimir llyich Lenin，1870—1924）有关社会福利的思想，是直接贯穿在对资本主义社会特殊矛盾的剖析，以及对社会主义社会本质特点分析这一基础之上的，在这个意义上，他们的社会福利思想具有革命性和批判性。同时，在他们的时代，资本主义的社会保障作为一项制度还没有完全确立，社会主义社会形态还未诞生，因此，他们关于社会福利的思想是较为原则性的。

① 斯大林．论列宁主义基础．载：斯大林全集（第六卷）．中央编译局译．北京：人民出版社，1956．63

一、资本主义实施社会保障制度的必然性

资本主义创造了人类历史上最高的生产力，但是，资本主义生产方式又是在极为矛盾、毫无出路之中运动着，这不仅表现为资本主义社会已无法支配生产力的发展，其狭窄的生产关系已容纳不了它本身所创造的财富，而且表现为社会两大阶级的利益矛盾与对抗越来越尖锐，整个社会一极是财富的增长，另一极则是工人失业率和贫困的增加，甚至生活条件也没有保证。在这种必然的对立状况中，工人既要为物质生活资料而斗争，也要为谋求工作而斗争，不管社会财富处于衰落状态还是处于增长状态，给作为资本的奴隶的工人带来的都是苦难。

工人随着他们所创造社会财富的增长，越来越依附于资本家，成为资本的附属物，一切提高社会劳动生产力的方法都是靠牺牲工人的利益、健康甚至生命来实现的。资本越积累，工人劳动强度越大，失业也就越多，使得本来就十分贫苦的生活雪上加霜。在资本主义生产方式下，过剩人口不仅是资本积累的必然产物，而且反过来又成为资本主义积累的杠杆，甚至成为资本主义生产方式存在的一个条件，过剩人口实际上为资本提供了庞大的产业后备军。

在资本主义社会化大生产条件下，资产阶级掌握生产资料，劳动者依附于资本，成为资本的附属物，处于被奴役的地位。资产阶级的本性决定了他们不会去管工人的死活，但是他们从维护资本主义政治统治和社会稳定，维持人类社会发展的一般要求和资本主义社会生产的外部条件出发，同时也是为了缓和社会矛盾，更是为了掩盖资本主义工资对工人剥削这一事实，才不得不救济处于赤贫的社会阶层，采取社会保障措施救济贫民、抚恤伤残等。但是这些保障措施仅仅是在资本力量薄弱时的暂时措施。因而，资本主义的社会保障是国家用来帮助资本家迷惑工人阶级的一种手段，同时也是工人阶级长期斗争的结果。在一定时期内，它缓和了劳资矛盾，延缓了资本主义体系的崩溃。

二、资本主义社会保障基金的来源

从表面上看，资本主义制度下建立的社会保障基金的费用是资本家提供给工人的，事实上，资本家无论如何都不可能把这项费用加到自己身上，他们一定会将其转嫁到工人阶级身上。一部分剩余价值，作为总利润的一部分，必须形成一个生产保险基金，这个保险基金是由一部分剩余劳动创造出来利润的一部分，即剩余价值的一部分，从而只体现新追加劳动剩余产品（从价值方面来看）的一部分，必须充当保险基金。用一定量的剩余劳动建立社会保障与社会保险后备基金，形成社会生产过程中行之有效的补偿制度，在现代化大生产中是一个科学、合理的措施。

总之，资本主义社会保障基金的来源是剩余价值的一种扣除。在资本主义社会，工人阶级所得到的社会保障是自己剩余劳动的一部分，而不是源于资本家的恩惠。

三、社会主义社会保障的作用和实质

马克思在社会再生产理论中论述了两个方面的重要思想。一是物质资料的再生产是社会再生产的重要内容；二是劳动力再生产是社会再生产的必要条件。在论述劳动力再生产的过程中，马克思认为，物质资料再生产是人类生存和发展的物质基础，它是劳动者和劳动资料结合的过程，在进行物质资料再生产的同时，进行着劳动力的再生产，只有在再生产中将劳动力源源不断地再生产出来，社会再生产才能不断进行下去。劳动力再生产的基本手段是消费，在商品经济条件下，消费的条件主要从两方面得到满足：一是由个人通过提供资本或劳动从市场上获取；二是通过社会保障来满足他们的基本消费需求。在社会化大生产的条件下，劳动者的劳动风险逐渐增加，失业、工伤、疾病等都使家庭保障越来越无法应对新的风险，为了确保劳动力扩大再生产以适应现代经济发展的需求，必须通过社会保障来减轻劳动力在其生命历程中经受的各种风险，保证社会再生产的顺利进行。

社会保障是一切社会生产方式所共有的基础。社会保障基金在不同社会都存在，但其根本出发点是完全不同的。社会主义社会保障基金是劳动人民创造的社会财富，它是通过社会总产品的分配和再分配最终形成的。为了实现国民收入的合理分配，国家政府应当参与分配，通过社会保障制度在分配机制上的特有功能，缓解社会分配的不公正状态，从社会道德和人类文明所要求的公正目标出发，为一部分特殊的社会成员提供基本物质生活需要，以求得国民收入分配的公平性。社会主义社会保障基金是国民收入的分配与再分配，是取之于民、用之于民的。

四、社会保障实施的国家责任

只有通过国家政府的权威性以及立法的形式来实施，才能保证社会保障制度的统一性、平等性和有效性。国家在举办社会保障制度中的责任有：一是建立统一的组织来经办各种社会保险事务，在社会保障实施与组织管理中承担主要责任；二是国家通过立法建立社会保障并强制实施，把社会保障由民间、自发、分散发展到政府、自觉、完备；三是政府负担主要资金来源，是法定社会保障项目资金的主要提供者，政府资金主要来源于国民收入分配的扣除；四是工人由于更新换代劳动力，或因失业失掉工资时，国家应给予保障，以维持这些人员的基本生活需要。

总之，社会保障是社会发展过程中的重要内容，是社会进步的表现，在不同的社会形态，特别是在资本主义社会与社会主义社会，社会保障既有本质属性各不相同的一面，也有某些具体方面相类似的一面。社会保障是社会发展过程中极为重要的一环，即使在资本主义社会，无产阶级与资产阶级处于不可调和的阶级对抗之中，资本家一方面不顾工人死活竭力攫取工人的剩余价值，另一方面为了劳动力的再生产，为了维护政治统治和社会稳定，也不得不考虑采取一些社会保障措施。而社会主义不仅要创造出高于资本主义的生产力，还要建立比资本主义更为完善、科学的社会保障制度。①

第二节　马克思、恩格斯和列宁的社会福利思想

一、马克思的社会福利思想

（一）社会保障基金的来源：六项扣除

资本主义社会劳动和资本的对立，使其社会保障并不能根本改变劳动人民的生活、工作状况，马克思认为，在生产资料归社会占有的社会主义社会，由于消灭了人剥削人的经济基础，使得生产的社会化成为真正的事实。通过社会生产，不仅可以保证一切社会成员有富足的物质生活，而且还可以保证他们体力和智力获得充分自由的发展，加强和完善社会主义的社会保障乃是社会主义社会的题中应有之义。与资本主义的社会保障相类似，社会主义的社会保障同样要从剩余劳动中积累保障基金。按马克思的设想，这一基金是通过社会总产品进入分配之前的扣除来实现的。

马克思在《哥达纲领批判》中提出，社会总产品不是如拉萨尔主义者所言的“不折不扣”，而是通过一些“在经济上是必要的”扣除，“有折有扣”地进入分配领域。因此，马克思在阐述社会产品分配时，指出在分配之前应作三项扣除：“第一，用来补偿消费掉的生产资料部分。第二，用来扩大再生产的追加部分。第三，用来偿付不幸事故、自然灾害等后备基金或保险基金。”②

剩余的社会总产品是作为消费资料的，但在进行个人消费品分配之前还必须进行三项扣除：“第一，和生产没有关系的一般管理费用。……第二，用来满足公共需要的部分，如学校、保健设施等。……第三，为丧失劳动能力的人设立的基金。总之，就

---

① 周沛．论社会保障的阶级属性、资金来源及建立原则——马克思主义社会保障观初析．南京大学学报．1999，2

② 马克思．哥达纲领批判．载：马克思恩格斯全集（第十九卷）．中央编译局译．北京：人民出版社，1963．19

是现在属于所谓官办济贫事业的部分。”①

根据马克思的这一思想，在国民收入的初次分配当中要进行扣除，用来应付不幸事故、自然灾害等的后备基金和保险基金，以满足社会生产的正常运行。在再分配的过程中进行扣除“为丧失劳动能力的人设立基金”以满足社会稳定的需要。马克思的这一论述从社会产品分配概括了社会保障制度的性质和内容，提出了建立社会保障基金的必要性及其基金来源。

接着马克思又指出：“从一个处于私人地位的身上扣除的一切，又会直接或间接用来为处于社会成员地位的这个生产者谋福利。”②在这里马克思是结合按劳分配来说明的，马克思看到了按劳分配事实上的不平等，为了弥补这一不平等和贫困差距，必须从消费资料中进行一些扣除，建立社会保障后备基金，一方面满足社会成员的公共福利；另一方面给丧失劳动能力的贫困者提供援助和救济。

关于社会保障基金的来源问题，马克思在《资本论》中也作了阐述，在分析各种收入及其源泉时，马克思指出：“利润的一部分，即剩余价值的一部分，从而只体现新追加劳动的剩余产品（从价值方面来看）的一部分，必须充当保险基金。”这部分基金“甚至在资本主义生产方式消灭以后，也是必须继续存在的唯一部分”；“这种基金是收入中既不作收入来消费，也不一定用作积累的唯一部分”。③ 在这里，马克思主要说明了社会保障基金在不同生产方式条件下都是存在的，而且这部分基金具有专门的用途。

同时，这些基金要作多大比例的扣除，则应当根据“现有的资料和力量来确定，部分应当根据概率论来确定”④，即根据生产规模、生产力水平、社会需要和可能来确定。

（二）建立社会保险基金的必要性

马克思不仅从分配环节上论述了社会保障问题，而且还从社会再生产运行的角度说明了社会保险基金是社会再生产得以正常运行的基本条件。他指出：“不变资本在再生产过程中，从物质方面来看，总是处在各种使它遭到损失的意外和危险中（此外，从价值方面来看，由于劳动生产力的变化，这个不变资本有可能贬值）。因此，利润的一部分……必须充当保险基金。”⑤这主要是从不变资本再生产的角度来说明建立保险基

①② 马克思．哥达纲领批判．载：马克思恩格斯全集（第十九卷）．中央编译局译．北京：人民出版社，1963．20

③⑤ 马克思．资本论．载：马克思恩格斯全集（第二十五卷）．中央编译局译．北京：人民出版社，1974．958

④ 马克思．哥达纲领批判．载：马克思恩格斯全集（第十九卷）．中央编译局译．北京：人民出版社，1963．19

金必要性的。

同时，马克思还从可变资本，即人的再生产角度论证了建立基金的必要性。他指出："如果我们再把剩余劳动力和剩余产品，缩小到社会现有生产条件下一方面形成保险基金和准备金，另一方面为了按社会需求所决定的程度来不断扩大再生产必要的限度；最后，如果我们把那些有劳动能力的人必须为社会上还不能劳动或已经不能劳动的成员而不断进行的劳动，包括到必要劳动和剩余劳动中去，也就是说，如果我们把工资和剩余价值，必要劳动与剩余劳动的独特的资本主义性质去掉，那么，剩下的就不再是这几种形式，而只是它们的为一切社会生产方式所共有的基础。"①

马克思在这里主要说明了在社会再生产过程中，劳动者的劳动一方面为自己的养老、疾病和各种福利性质的享受做好物质准备，另一方面为社会上丧失劳动能力的人做好物质准备，从而为人类社会人与人之间的相互依存创造条件，为社会再生产过程中劳动力的再生产创造条件。因此，社会保障是社会再生产的必备条件。②

马克思认为，在资本主义条件下资产阶级掌握生产资料，劳动者依附于资本，成为资本的附属物，处于被奴役的地位。资产阶级的本性决定了他们不会去管劳动工人的死活，但是他们从维护资本主义政治统治和社会稳定，维持人类社会发展的一般要求和资本主义社会生产的外部条件出发，同时也是为了缓和社会矛盾，更是为了掩盖资本主义工资对工人剥削这一事实，才不得不救济处于赤贫的社会阶层，采取社会保障措施救济贫民、抚恤伤残等。但是这些保障措施仅仅是在资本力量薄弱时的暂时措施，"一旦资本感到自己已强大起来，它就抛开这种拐杖，按它自己的规律运动"③。因而，资本主义的社会保障是国家用来帮助资本家迷惑工人阶级的一种手段，同时也是工人阶级长期斗争的结果。在一定时期内，它缓和了劳资矛盾，延缓了资本主义体系的崩溃。从表面上看，资本主义制度下建立的社会保障基金的费用是资本家提供给工人的，事实上，资本家无论如何都不可能把这项费用加到自己身上，他们一定会将其转嫁到工人阶级身上。"'人们所说的总利润，往往不仅包括这个余额（指纯利润），而且也包括补偿这种意外损失后保留的部分。'这不过是说，一部分剩余价值，作为总利润的一部分，必须形成一个生产保险基金，这个保险基金是由一部分剩余劳动创造出来的，就这一点来说，剩余劳动直接生产资本，就是说，直接生产那种要用在再生产上的资金。"④

---

① 马克思．资本论．载：马克思恩格斯全集（第二十五卷）．中央编译局译．北京：人民出版社，1974．990

② 任保平．马克思主义的社会保障经济理论及其现实性．当代经济研究．1999，4

③ 马克思．政治经济学批判．载：马克思恩格斯全集（第四十六卷下）．中央编译局译．北京：人民出版社，1980．160

④ 马克思．资本论．载：马克思恩格斯全集（第二十四卷）．中央编译局译．北京：人民出版社，1972．404

马克思认为，资本主义社会保障基金的来源是剩余价值的一种扣除。在资本主义社会，工人阶级所得到的社会保障是自己剩余劳动的一部分，而不是源于资本家的恩惠。资本家也通过建立国家工厂，保证所有工人都有生活资料，并且负责照顾丧失劳动力的人，实行普遍的免费的国民教育来缓和与工人阶级的矛盾，但所有这些努力都是在为资本主义的发展创造必要的条件。因此，资本主义的社会保障不是为了改变工人阶级的工作和生活状况，而仅仅是为了缓和阶级矛盾，掩盖资本主义剥削工人工资的本质。资本主义的社会保障具有欺骗性，它不能从根本上解决资本主义社会固有的阶级矛盾，这是由资本主义社会的根本制度本身决定的。

二、恩格斯的社会福利思想

（一）无产阶级的贫困化

恩格斯在《英国工人阶级状况》中通过对英国资本主义发展的深刻分析，真实地描写了英国工人难以忍受的生活状况和劳动条件，重点考察了产业革命前后工人地位与身心发展的变化情况，指出产业革命的机器大工业所产生的是对人性威胁与摧残的最终结果。

在资本主义社会里，随着工业革命的发展，资产阶级越来越富有，他们不仅获得了坚实的物质生活保障，而且还运用立法获得法律的保障；而工人阶级却随着工业革命的发展而越来越贫困，他们的健康和生存受到了严重威胁，甚至人性也受到了极大践踏。恩格斯通过对工人阶级的生存权、发展权和受教育权的关注，指出当英国工业垄断一旦破产时，工人阶级就要失掉这种特权地位，整个工人阶级，连享有特权和占据领导地位的少数工人在内，将跟其他各国工人阶级处于同一水平上。工人们生活在社会最底层，他们没有最起码的生活保障，没有最基本的社会权利，更谈不上通过教育来提高自身的发展。

“工人阶级处境悲惨的原因不应当到这些小的欺压现象中去寻找，而应当到资本主义制度本身中去寻找。……产生这个结果的，并不是某些小的欺压现象而是制度本身，——这个事实现在已经从英国资本主义的发展过程中十分鲜明地显示出来。”① 恩格斯在这里就是强调，工人阶级的这种悲惨生活状况是由资本主义制度本身造成的，无产阶级的贫困从本质上说就是一种“制度性贫困”。

恩格斯针对拉萨尔的“铁的工资规律”也进行了批判。“我们的人已经让别人把拉

① 恩格斯. 英国工人阶级状况. 载：马克思恩格斯选集（第四卷）. 中央编译局译. 北京：人民出版社，1995. 274

萨尔的‘铁的工资规律’强加到自己头上，这个规律的基础是一种陈腐不堪的经济学观点，即工人平均只能得到最低的工资，而所以如此，是因为按照马尔萨斯的人口论工人总是太多了（这就是拉萨尔的论据）。”[①]“接受拉萨尔的‘铁的规律’，那也就是承认一个错误的论点和它的错误的论据。”[②]恩格斯在此强调，工资绝对不是简单的铁的规律，而是有弹性的，因为调节工资的规律是复杂的，各种规律在不同情况下分别占优势。拉萨尔并不懂得什么是工资，只是歪曲一些资产阶级经济学家的理论而得出所谓的“铁的工资规律”，认为平均工资始终停留在一国人民为维持生存和繁殖后代按照习惯所要求的必要的生活水平上。恩格斯认为，要废除工资制度连同铁的工资规律和任何形式的剥削，消除一切社会和政治的不平等。

（二）社会主义社会保障基金来源与建立原则

为了筹集社会保障基金而进行的扣除，不论在资本主义还是在社会主义社会都是必需的。恩格斯认为：“劳动产品超出维持劳动的费用而形成的剩余，以及社会生产基金和后备基金从这种剩余中的形成和积累，过去和现在都是一切社会政治的和智力的继续发展的基础。”[③]恩格斯在这里不仅说明社会保障后备基金的来源，而且着重指出社会保障后备基金对未来社会的稳定发展、政治安定、国民教育有基础性的作用，因此，在社会生产中建立社会后备基金是非常必要的。

所不同的是，这种通过扣除而成的社会保障基金在资本主义社会是“官方济贫事业的部分”，是特权阶级——资产阶级的财产，资产阶级政治上对人民的统治是和这一财产联系在一起的。而“即将到来的社会变革将把这种社会生产基金和后备基金，即全部原料、生产工具和生活资料，从特权阶级的支配中夺过来，把它们转交给社会作为公共财产，这样才真正把它们变成社会的基金”。[④]从而在生产者身上扣除的一切，又会直接或间接地用来为处于社会成员地位的生产者谋福利。这说明，任何社会形态的发展都要有相应的由剩余劳动构成的保障基金，但社会主义社会保障基金与资本主义社会保障基金的性质是不一样的。

① 恩格斯．致奥古斯特·倍倍尔．载：马克思恩格斯全集（第三十四卷）．中央编译局译．北京：人民出版社，1972．121

② 恩格斯．致奥古斯特·倍倍尔．载：马克思恩格斯全集（第三十四卷）．中央编译局译．北京：人民出版社，1972．122

③ 恩格斯．反杜林论．载：马克思恩格斯选集（第三卷）．中央编译局译．北京：人民出版社，1972．233

④ 恩格斯．反杜林论．载：马克思恩格斯选集（第三卷）．中央编译局译．北京：人民出版社，1972．233—234

三、列宁的社会福利思想

（一）最好的工人保险形式是国家保险

列宁认为工人在资本主义生产和分配方式下，“以工资形式取得的那一部分自己创造的财富，非常之少，刚满足最迫切的生活需要”[①]，无产者根本不能从工资中拿出一些钱来储蓄，以备在应付各种劳动风险，以及与资本主义生产方式紧密联系的失业时的需要。

列宁提出工人阶级的社会保障制度应为“国家保险”[②]，这才是一种“合理化的保险制度”。他说：“工人在年老和完全或部分丧失劳动能力时，得享受国家保险，国家向资本家征收特别税作为这项支出的专用基金。”[③] 要实行完全的国家社会保险，即由国家负担全部费用，而职工无须缴纳保险费的设想。

在1912年1月俄国社会民主工党第六次“布拉格”全国代表会议的决议中，列宁提出的“国家保险”基本原则是，“最好的工人保险形式是国家保险，这种保险是根据下列原则来建立的：第一，工人在下列一切场合（伤残、疾病、养老、残疾，还有怀孕和生育，养育者死后所遗寡妇和孤儿的抚恤）丧失劳动能力，或因失业失掉工资时国家保险都给工人以保障；第二，保险要包括一切雇佣劳动及其家属；第三，对一切保险者都要补助全部工资的原则予以补助，同时一切保险费都由企业主和国家负担；第四，各种保险都由统一的保险组织办理；这种组织应该按区域或被保险者完全自理的原则建立。”[④]

列宁进一步明确指出，无产阶级国家保险制度只能在推翻资本主义制度的前提下才有可能建立起来。列宁认为，在无产阶级政权下实施社会保障是无产阶级专政国家义不容辞的责任，任何个人和团体都无法使社会保障实现其功能的社会化，只有通过无产阶级专政国家政权的权威性以及立法形式来实施，才能保证社会保障制度的统一性、平等性和有效性。他强调了国家的责任，认为举办社会保障是一项政府行为，是国家义不容辞的责任，任何个人或团体都难以且无法替代。这一思想在十月革命后得到不同程度的贯彻和实施。

列宁在领导俄国社会主义革命和建设过程中，继承马克思恩格斯的社会保障思想，

---

① 列宁．俄国社会民主工党第六次“布拉格”全国代表会议．载：列宁全集（第十七卷）．中央编译局译．北京：人民出版社，1959．448

②④ 列宁．俄国社会民主工党第六次“布拉格”全国代表会议．载：列宁全集（第十七卷）．中央编译局译．北京：人民出版社，1959．449

③ 列宁．修改党纲的材料．载：列宁全集（第二十九卷）．中央编译局译．北京：人民出版社，1985．489

积极探索社会主义国家建设中社会保障制度的地位、作用、意义、指导思想和基本原则，为建立世界上第一个社会主义国家的社会保障制度做出了贡献，为其他社会主义国家建设社会保障做出了表率。

在社会保障法律制度建设方面，十月革命胜利后，“苏维埃政权通过立法手续对一切不剥削他人劳动的劳动者实行了充分的社会保障，凡丧失劳动能力的人以及——世界上破天荒第一次——遭到失业的人，都由雇佣者和国家给予生活保障”[①]。

仅在革命胜利后的头两年内，苏维埃政权就颁布了一系列关于职工患病、失业问题的社会保险法令以及关于社会保险机构展开工作的程序法令，在 1917 年 11 月到 1922 年的 5 年内，列宁亲自审批和签署的有关劳动者社会保障问题的重要法令就有 100 多条。如 1917 年 1 月 14 日苏维埃政府发布公报，宣告新的保险制度毫无例外地扩大到所有雇佣工人与城乡贫民，适用于各种丧失劳动能力的人（患病、残废、年老、产期）以及鳏寡孤独和失业者，全部保险费用完全有企业主承担，在失业和丧失劳动能力期间偿付全部工资；保险者在一切保险机构享有自治的权利。1917 年 12 月，苏联政府又批准和实施失业保险和疾病保险细则。1918 年 11 月，人民委员会又在《关于俄罗斯共和国建立保险事业》的法令中宣布对各种类型和形式的保险事业实行国家垄断。后来相继开展国家财产保险、个人保险。到 1922 年底，逐步形成一种全新的、以国家保险为主、各阶层群众广泛享受的社会保险制度。[②]

在社会保障管理体制建设方面，改组并建立了新的社会保障机构，把最初成立的国家救济人民委员会改组为社会保障人民委员会，使机构的名称更加符合其工作的性质，负责各种形式的社会帮助，支付残疾金以及负责残疾者的职业培训，失业者的物质保障，帮助红军家属等。1921 年，在重建工人和职员的国家社会保障制度时，政府在恢复国家保险的同时，又组织了农民互助。对于非雇佣工作者个人（农民、手工业者、自由职业者）的社会保障实行互助方式，主要通过农民社会互助委员会全面帮助红军战士家庭、贫农和力量单薄的农户。

在社会保障制度实施范围方面，十月革命胜利后不久，苏维埃政权就发表了《关于社会保险的政府通告》，指出：俄国无产阶级在自己的旗帜上写上了对雇佣工人以及城乡贫民实行完全的社会保险，依靠工农兵代表苏维埃工农政府通告俄国工人阶级以及城乡贫民，它将立即着手颁布建立在工人保险口号基础上的完全的社会保险的法令。苏维埃政府宣告新的保险制度毫无例外地扩大到所有雇佣工人与城乡贫民；适用于各

---

① 列宁．俄国共产党（布尔什维克）纲领．载：列宁全集（第三十六卷）．中央编译局译．北京：人民出版社，1985．422

② 梅哲．列宁的社会保障思想研究．马克思主义研究，2007（8）

种丧失劳动能力的人（患病、残疾、年老、产期）以及鳏寡孤独和失业者；全部保险费用完全由企业承担，在失业和丧失劳动能力期间偿付全部工资；保险者在一切保险机构享有自治的权利。

《劳动者社会保障条例》中规定，凡是失去劳动能力（不管其原因如何，疾病或其他）而暂时失去生活资料来源者：因伤残、疾病、年老及其他原因丧失劳动能力而永久失去生活资料来源者，因失业失去生活资料来源者，都有权享受社会保障。社会保险资金运行贯彻了列宁国家保险思想的核心，即社会保险由国家承担责任主体，这是根据当时国内困难的经济形势做出的考虑。

苏俄政府在列宁国家社会保险思想的指导下，利用无产阶级专政的政权力量，继续主张应当由国家承担全部费用，而职工无须支付社会保险费用，较好地处理社会保险基金的筹集问题，解决了社会保险政策实施的物质保障。从 1918 年 8 月起，苏俄政府就规定所有国有企业都必须缴纳社会保险费，规定社会保险适用于所有职工及其家属；集体农庄社员与职工统一保障制度；保险费用由企业和单位支付，不从职工工资中直接扣除社会保险费；社会保险费用由社会总产品中扣除并由国家实施，建立统一的机构办理业务等。1921 年 11 月，俄罗斯联邦人民委员会通过了共和国的《社会保险决议》。决议规定：工人和职员的社会保障是通过劳动人民委员会由社会保险金负担，退伍的伤残军人和其他类别公民的社会保障是通过社会保障人民委员会由国家用于此目的的资金负担。到 1922 年年底，全国逐步形成了一种全新的、以国家保险为主要内容的、各阶层群众广泛享受的社会保障制度，在人类发展史上，首次实现了工人阶级及其广大的劳动者享受社会保障并得到自己阶级专政政权下的制度保障。①

（二）保障和满足人民的基本生活

列宁认为，当生产力水平处于比较落后的阶段，只能优先对广大困难群众实现社会保障制度中最基本层次和底线保障，保障和满足人民的基本生活要求，是社会主义国家最基本的任务。

十月革命胜利后，列宁更加明确地指出："在一个经济遭到破坏的国家里，第一个任务就是拯救劳动者"②；"我们主要的基本任务就是维持工人的生活，拯救工人"③；

① 梅哲．列宁的社会保障思想研究．马克思主义研究，2007（8）

② 列宁．关于用平等的口号欺骗人民．载：列宁选集（第三卷）．中央编译局译．北京：人民出版社，1972．843

③ 列宁．关于用平等的口号欺骗人民．载：列宁选集（第三卷）．中央编译局译．北京：人民出版社，1972．844

"如果我们能拯救工人，熬过这几年，我们就能拯救国家、社会和社会主义"[①]。列宁认为，为了弥补分配中的不公平必须从消费品中"拿出一部分作为管理费以及学校、医院、养老院等的基金"[②]。在共产主义来临之前，还需要"社会主义者要求社会和国家对劳动的标准和消费标准实行极严格的监督"[③]。在列宁领导下的苏联社会主义实践中，苏维埃政府1917年10月发布了《关于八小时工作制》；1919年3月发布了《关于消费公社》；1919年3月发布了《劳动保护和社会保证纲领》等重要法令，为全国劳动人民和丧失劳动能力的人的基本物资生活保障确立了法律依据。列宁认为，保障并不断提高人民的基本生活水平，是社会主义国家不可推卸的责任，但社会主义国家社会保障的发展水平和人们需要的满足程度要受社会财富积累程度和生产力发展水平的制约。

1918年，列宁对考茨基提出的"苏维埃共和国成立9个月，不仅没有推广普遍福利，反而不得不说明发生普遍贫困的原因"的攻击时指出，社会主义福利的改善程度要根据不同环境确定，像俄国这样的一个经济落后的国家，在经过4年战争之后，在国内外资产阶级继续进行破坏活动的情况下，认为新生的苏维埃政权成立9个月没有推广社会福利，纯属别有用心。这种指责与反革命资产者"实际上没有丝毫差别，连一点差别的影子也没有。他们用'社会主义'做招牌的甜言蜜语，不过是重复俄国科尔尼洛夫分子、都托夫分子和克拉斯诺夫分子露骨地、直截了当地、毫不掩饰地说出来的话罢了"[④]。因此，他坚信经济落后国家的社会福利只能随着生产发展和社会进步逐步积累，不能幻想社会主义制度开始建立就能实现普遍而完善的福利。

在新经济政策时期，苏维埃政府努力改善工人的生活状况，提高工资待遇和福利，导致了工资增长速度大大超过生产的增长速度，社会保险费用急剧增加已远远超出生产发展的承受能力。列宁对此变化异常关注。1921年，以列宁为首的中央政治局责成有关部门根据新经济政策详细研究有关工人保险问题。为此，全俄苏维埃第九次大会通过的决议和文件中强调，工人的保险、社会保证、医疗等问题应按照新经济政策所造成的条件专门加以研究。改善工人生活必须服从于工业能够迅速、充分地满足农民的需求，这是因为工资的提高和工人生活的改善，直接有赖于在这方面取得的成就的大小。在1923年4月俄共（布）第十二次代表大会决议中又进一步指出，在当时条件下，对劳动法规的实际执行情况，关于劳动力、工资，各种工作日的长度、社会保险

① 列宁．关于用平等的口号欺骗人民．载：列宁选集（第三卷）．中央编译局译．北京：人民出版社，1972．844

② 列宁．国家与革命．载：列宁选集（第三卷）．中央编译局译．北京：人民出版社，1972．249

③ 列宁．国家与革命．载：列宁选集（第三卷）．中央编译局译．北京：人民出版社，1972．254

④ 列宁．无产阶级革命和叛徒考茨基．载：列宁选集（第三卷）．中央编译局译．北京：人民出版社，1972．701－702

费的扣除，文化教育费等一切条例的执行情况，必须进行仔细的检查，其目的一方面是为了在目前工业状况能允许的范围内最大限度地满足工人的需要，另一方面是为了取消或暂时修改在目前经济状况下显然不能实现的各种条例。否则，生搬硬套地采取一些与实际生产力不相称的措施，则是“最亏本、最不合理的社会保证形式”，“是违背工人阶级的将来利益的”。

列宁不再只是对资本主义社会福利进行批判和否定，而是通过正面阐述社会主义社会福利思想的基本主张，以显示无产阶级社会福利思想与资产阶级社会福利思想的不同，从而唤起无产阶级继续进行反对资产阶级的斗争，建立无产阶级的政府。

深度阅读

1. 马克思. 哥达纲领批判. 载：马克思恩格斯全集（第十九卷）. 中央编译局译. 北京：人民出版社，1963

2. 恩格斯. 英国工人阶级状况. 载：马克思恩格斯选集（第四卷）. 中央编译局译. 北京：人民出版社，1995

3. 列宁. 俄国社会民主工党第六次“布拉格”全国代表会议. 载：列宁全集（第十七卷）. 中央编译局译. 北京：人民出版社，1959

第四章 改良主义社会福利思想

马克思和恩格斯在《共产党宣言》中指出："他们公开宣布，他们的目的只有用暴力推翻全部现存的社会制度才能达到。"[①] 列宁在《国家与革命》中指出："资产阶级国家由无产阶级国家（无产阶级专政）代替，不能通过'自行消亡'，根据一般规律，只能通过暴力革命。"[②] 这就是说，暴力革命是无产阶级革命斗争的一般规律。而改良主义通常是指在不触动资本主义制度的基础上，通过渐进的社会改良来代替无产阶级革命的资产阶级和小资产阶级的思潮。到 19 世纪末 20 世纪初，改良主义已成为第二国际大多数社会党的主要思想渊源，这种打着社会主义旗号的资产阶级改良主义，又称为社会改良主义（Social Reformism）。

第一节　社会改良主义福利思想的发展脉络

虽然西方社会改良主义放弃了暴力革命的道路，但是它一直没有放弃对资本主义进行改良的努力，时常高举着社会主义的旗帜，在社会党、工党等一些政党执政后，在资本主义框架内，在经济、政治和社会等方面实行了许多有益于工人阶级和社会中下层民众的政策。例如，在经济方面，实行工人阶级参与经济决策为核心的经济民主；在社会民主方面，社会党人建立了一套完善的福利国家制度，遏制了资本主义贫富分化，因此，可以说社会改良主义是推进西方社会进步的力量。

① 马克思，恩格斯．共产党宣言．载：马克思恩格斯全集（第四卷）．中央编译局译．北京：人民出版社，1995．504

② 列宁．国家与革命．载：列宁选集（第三卷）．中央编译局译．北京：人民出版社，1972．188

一、社会改良主义的兴起：以社会民主主义为例

社会改良主义（Social Reformism）的兴起最早源自德国。1878年，奥托·冯·俾斯麦（Otto von Bismarck）提出《反社会党人法》，逼使德国的社会民主工人党（社会民主党的前身）面临党的瓦解危机，党内也因而对党的生存策略产生分歧。

伯恩斯坦（E. Bernstein）等人开始提出合法理性的改良主义，伯恩斯坦认为："马克思和恩格斯制定无产阶级革命策略时所依据的前提已经改变，资本主义的发展已使阶级斗争的矛盾缓和，作为社会革命前导的经济危机可能性大为减少。在这种情况下，党也应当改变策略。通过革命一举消灭资本主义只能造成大灾难，相反，在目前社会中已经有可能一部分一部分地实现社会主义。"[①] 这一种新的呼声，自然引起了党内考茨基（K. Kautsky）等的反击，引发了论战，不过在镇压时期，这种理论斗争则尚未表面化。1890年，《反社会党人法》取消，德国社会民主工党获得新生，并随即将党名改为"德国社会民主党"，在1891年爱尔福特代表大会通过了《爱尔福特纲领》（*Erfurt Programme*）。

新成立不久的瑞典社会民主工人党，在1891年正式通过以《爱尔福特纲领》为党的首份发展纲领，显示出瑞典的社会民主运动，从一开始便是以改良主义作为行动方针。1895年恩格斯逝世以后，第二国际的机会主义者进行改良主义活动，特别是在伯恩斯坦主义的影响下，社会民主主义演变为社会改良主义。1899年，伯恩斯坦在《社会主义的前提和社会民主党的任务》一书中，提出反对根据客观的历史必然性来论证社会主义，宣称社会民主党应当改变性质，成为一个力求以民主改良和经济改良的手段对社会进行社会主义改造的政党。在伯恩斯坦主义的影响下，第二国际的右派和中派把社会民主主义解释成一种反对无产阶级革命和无产阶级专政，在资本主义范围内通过和平与合法的议会道路来使资本主义进化为社会主义，并把社会民主党变成在资本主义范围内搞社会改良的党。英国的工党在1918年成立时，也是十分明显以改良主义为建党基准，强调通过选举而不是革命的手段来进行改革。即主张在实践手段上，以渐进式的方法，积累改革力量，最直接的方法便是经由选举取得政权后，再进行社会改造的工作。

19世纪中叶，在西方工人运动中进行活动和发挥影响的，不仅有以马克思、恩格斯为代表的共产主义者，还有其他种非马克思主义思潮的代表。1951年，社会民主主义政党在德国法兰克福成立了社会党国际组织，审议通过了《民主社会主义的目标和

① 爱德华·伯恩斯坦. 社会主义的前提和社会民主党的任务. 殷叙彝译. 北京：生活·读书·新知三联书店，1965. 9

任务》（《法兰克福宣言》），在宣言中明确宣称“社会主义是一个反抗资本主义社会固有弊端的运动”，主张建立一个“社会公正、生活美好、自由与世界和平的制度”。① 在成立大会上，社会党国际把自己思想体系的名称由社会民主主义改称为民主社会主义。②

19 世纪 70 年代到 90 年代中期，社会民主主义在思想内容上和马克思主义交叉重叠起来。当时第二国际所属各国的社会民主党，在纲领上都以马克思主义的思想体系为根据，都在党纲党章中阐明自己的社会主义性质，把通过阶级斗争打碎旧的国家机器、消灭资本主义私有制、建立生产资料公有制、以社会主义代替资本主义作为自己的奋斗目标。

随着西方经济与社会生活的变化，社会民主主义开始形成系统的社会福利体系。虽然社会民主主义思潮由于时间、地点的不同而表现不一，但其价值观以及政治、经济和社会思潮的基础具有共同性，主要的价值观为平等、自由和互助，福利国家被认为是其社会福利理论与实践的产物。

作为一种社会改良思潮，社会民主主义社会福利思想主张在政治上发展社会民主，强调阶级调和、阶级合作，进行有利于劳工利益的改良，社会民主主义尽管是 20 世纪初就在西欧盛行的一种改良主义思潮，但直到第二次世界大战之后才获得广泛的实践机会。第二次世界大战后到 20 世纪 70 年代，是社会民主主义发展的黄金时期，发达国家几乎都是由主张社会民主主义的政党执政。70 年代后，由于发达国家资本积累遇到困难，社会民主主义遭遇了来自新自由主义的进攻，从此失去了在资本主义国家的主导地位，从 80 年代到现在，在发达国家处于主流的政治经济理念已不再是社会民主主义，而是新自由主义。西方国家由此进入了新自由主义主导的资本全球化时期。新自由主义声称，正是社会民主主义推行的高税收、高福利政策使生产投资无利可图，因而导致投资下降和经济停滞。要解决生产停滞问题，必须给资本创造宽松的投资环境，使资本在世界范围内自由流动，寻找最佳的投资机会。新自由主义改革的每一项措施如减少税收、削减福利、解除管制等都是直接反对社会民主主义的。为了重新获得执政机会，各国的社会民主主义政党主动调整政策，向新自由主义靠拢，所谓的

① 谢松明．民主社会主义基本价值观的分析与思考．科学社会主义．2008，1

② 20 个世纪 50 年代，社会党人把其思想体系的名称由社会民主主义颠倒成为民主社会主义，其目的在于凸显它的“民主”。在苏联解体、东欧剧变以后，社会民主党人又把其思想体系的名称再次颠倒成社会民主主义。这就意味着，它并不是一种（民主）“社会主义”，而是一种（社会）“民主主义”。在有关欧洲社会主义运动的文件和著作中，“民主社会主义”和“社会民主主义”这两个概念所表述的思想体系的差异性争论一直存在，但由于涉及的历史跨度较大，文献浩繁，对这两个概念的起源、本来意义及其演变、二者之间关系等的理解有时有些模糊，而两者并不存在本质差别，有很多时候两者的使用并没有太大区别。

"第三条道路"的成功正是社会民主主义和新自由主义妥协的产物。

二、社会改良主义的福利观

第一，在福利意识形态上，社会改良主义的社会福利思想同自由主义所主张的反对国家介入、市场主导和个人自由第一不同，社会改良主义主张，国家对公民的福祉承担着某种责任，政府的角色是为社会中有需要的个人提供资金和服务，只有这样才能维护社会公平。因此，在资源再分配上奉行平均主义的目标，使改良主义的福利理念具有社会主义的特征，但在社会分析和方法上它却同自由主义有共同之处。这种带有集体主义色彩的福利哲学主张政府采取行动，在经济发展上采取混合经济和国家干预并行的模式。主张改良主义的思想家和倡导者以理查德·蒂特马斯和托马斯·马歇尔最具代表性。

第二，社会改良主义思潮中，以费边主义和社会民主主义影响最大。社会改良主义把实行社会福利制度看做是资本主义社会的一个极其重要的方面，认为社会福利制度的实行，在一定程度上缩小了贫富之间的差距，缓和了阶级矛盾，维护了社会稳定。但是社会改良主义也承认，这种社会福利制度充其量只是起到社会矛盾"缓冲器"的作用。

三、社会改良主义的福利理论：以费边社为例

（一）费边社的缘起

费边主义是系统化的改良主义。1884年，费边社（Fabian Society）成立于英国的伦敦，费边社的基本成员，是以资产阶级和知识界的人为主①，大都是一些学者、律师、新闻记者、文官、证券经纪人等高级知识分子或职员。主要的代表人物有：韦伯夫妇（Sidney and Beatrice Webb）、萧伯纳（Bernard Shaw）、华莱斯（Graham Wallas）、威尔斯（Herbert George Wells）和艾德礼（Clement Richard Attlee）。这四人也被称为费边社的"四巨头"。他们以对抗汉尼拔（Hannibal Barca）的古罗马名将费边（Fabius Maximus）作为学社的名称。② 费边社的基本理论主张被称为费边主义，或费边社会主义。

费边主义者的基本信念认为由资本主义到社会主义的实现，是一个渐进而必然的

① 玛格丽特·柯尔．费边社史．杜安夏等译．北京：商务印书馆，1984．322

② 费边社采用对抗汉尼拔的古罗马名将费边作为学社名称的来源，意即师法费边有名的渐进求胜的策略。见：玛格丽特·柯尔．费边社史．杜安夏等译．北京：商务印书馆，1984．4

转变过程。他们看到英国民主宪政的扩展以及劳工组织的发达，足以促成必要的社会改革，因此排斥马克思阶级斗争及激烈革命的观点，主张研究社会实况，以民主渐进温和的手段，通过选举投票来解决问题。企图以国家作为推动改革的工具，主张废止土地私有制、工业国有化，以及实现各种社会福利。

费边主义者参与协助英国工党（British Labour Party）的成立，并成为工党中颇具影响力的会员，他们积极在工党内部实现其社会主义改造的理想。工党十分重视公共政策的制定，在当时对英国社会福利体系建立有十分重大的影响，例如英国的国家医疗保健服务体系（National Health Service，NHS），这就是工党执政时通过的一项重大的立法。但其重要的贡献，在于通过各种活动，包括学术的研究出版、演讲、座谈会以及暑期学校的举办①，向社会大众进行社会主义思想的教育与传播，唤起社会良知，鼓吹改革措施，因而对教师、公务员、工会领袖、国会议员等产生很大的影响作用。1889 年起陆续出版《费边论丛》（*Fabian Essays in Socialism*）。

（二）费边主义思想

早期费边主义是一个庞杂的思想体系，直到 19 世纪 80 年代末期它才逐步形成。1889 年出版的由萧伯纳主编的《费边论丛》中，第一次表达了费边主义的基本观点，结合后来的发展，可以归纳为：

在政治思想上，认为社会主义是社会经济发展的必然趋势，费边社认为由资本主义演进到社会主义，在政治上是实行普选制和议会制度，循环渐进和按部就班地实现过渡。② 费边社要求一切重大的社会根本改革，必须是民主主义的、合乎道德的、符合宪法的、和平的变革。认为资本主义社会可以且正在通过点滴改革逐步向社会主义演进，社会主义者的任务是设法把自己的思想“渗透”到各政党和各社会阶层中去，特别是影响那些起关键作用的政治家、公职人员、工会领袖等，使其确信改革的必要性。总之，通过两种形式但实质一样的道路，一种形式是渐进；另一种形式是渗透，主要手段是教育和宣传。

在经济思想上，就是实现市政社会主义和组织合作社。市政社会主义是费边社的重要政策主张，认为只要扩大市政当局对煤气工业、电力工业、自来水工业和其他公用事业的所有权，加强政府对私人企业的管理，就是实行社会主义。费边主义者不主张用直接没收或赎买的方式消除私人占有，而主张由地方政府或公共机关向私有者征收租税，用来创办新的公共事业，与私人资本竞争，而私人企业由于不堪利息与租税

---

① 玛格丽特·柯尔．费边社史．杜安夏等译．北京：商务印书馆，1984．352

② V. George and P. Wilding. Welfare and Ideology. New York：harvesterwheat. 1994，p. 69.

负担而将无利可图以至崩溃，使公有企业在整个经济领域中逐渐占主导地位。[①]

在社会思想上，从斯宾塞（Herbert Spencer）的"社会有机体论"出发，费边社会主义者也把社会看成是一个有机体，他们反对静态的认识社会，认为社会是逐渐成长、发展的，是一个动态的过程，同时认为社会有机体与生物有机体一样，是缓慢进化的，否认社会制度经过一次剧变就能够得到彻底改造。[②]并由此公开声称他们所信仰的费边主义的特点之一就是"自觉的渐进主义"，同时还明确表示，在"并非经过灾难导致社会主义"问题上，费边主义与马克思主义关于阶级斗争、革命和无产阶级专政学说之间存在着严重分歧。对此，韦伯曾经做过系统的阐述。他认为，从一个旧社会到一个新社会，只不过是一个迂缓的演化过程，"在历史上还找不到乌托邦式的和革命的突变例子"[③]。18世纪封建贵族制度的崩溃，在他眼里也并非革命所致，而是工业革命的结果。随着社会的自然进化，政治权力和政治组织将逐渐被使用于工业，社会公共设施将逐渐增加，私人剥削范围将逐渐缩小，这样社会主义就无须进行推翻现存制度的社会革命，而在资本主义内部自然而然地发展起来。为此，韦伯提出了"民主主义的变革""渐进的变革""被人民大众认为合乎道德的变革"和"合乎宪法的与和平的变革"之渐进式社会改造的四大原则。[④] 与韦伯相呼应，萧伯纳也留下名言："暴力同样是混乱的产婆，而混乱却又是戒严令的产婆。"[⑤] 总之，费边社坚信只有循序渐进才是社会变迁的常态和社会进化的正轨，如果采用突然的、变态的手段去改革社会，则肯定会使社会本身受到损害大伤元气。

1918年，通过了由韦伯等起草的《工党与新社会秩序》，作为工党的纲领和新党章，将生产、分配和交换手段的社会化列为自己的目标，并开始吸收个人直接入党。《工党与新社会秩序》阐述了费边主义者重建国家在政治、经济和社会方面的系统和全面的规划，它包括国民最低生活标准的实施、工业的民主管理、国家财政政策的改革、公共福利事业等。这份报告被认为是福利国家建设的最早蓝本。

（三）费边主义福利理论

1. 秉持贫困发生结构观

在费边主义看来，个人无法控制的环境、年老、伤残、疾病、低额工资和失业率上升等问题的出现是导致英国存在较高比例贫困人群，尤其是劳动者处境悲惨的真正

---

①② 徐孝明. 英国费边社会主义产生的历史背景与思想渊源. 杭州师范学院学报. 1997，5

③ 萧伯纳等. 费边论丛. 袁积藩等译. 北京：生活·读书·新知三联书店，1958. 83

④ 萧伯纳等. 费边论丛. 袁积藩等译. 北京：生活·读书·新知三联书店，1958. 87

⑤ 萧伯纳等. 费边论丛. 袁积藩等译. 北京：生活·读书·新知三联书店，1958. 35

原因，而贫困与社会不平等是导致英国社会不稳定的根本原因。贫困是一种非个人的社会现象，一个社会应通过对旧的社会经济结构进行大规模的整体改革，从而铲除贫困的根源。

2. 集体主义的福利观

受边沁主义的功利思想的影响，费边主义者以“追求多数人的最大幸福为目标”。他们对社会弱势群体所持有的社会结构性因素看法，使费边主义者认为，不公平是从个人的不幸与市场经济的结果，因为市场常常强调市场的需要（demand），而不是人的基本需求（needs），一个社会如果过度放任市场的作用，遵从市场运作的法则，不加以节制和改良，很容易造成贫困差距的扩大，以及社会不公的现象，国家或是政府必须运用政策手段来改造这种社会的不平等。

因此，费边主义反对个人主义与国家的自由放任，费边主义者坚持认为，唯有通过人类的互助，国家适时介入社会公共生活，才能有效地消除社会的不公平。费边主义基本上是肯定国家与政府的作用，并认为国家应该要负担其责任，① 使社会的不公平降到最低，主张建立福利制度，实施社会福利制度，发挥人类的互助的美德，让人类生活的幸福与美满。因此，费边主义又被称为费边集体主义（Fabian Collectivism）。

3. 强调全面性的福利制度

费边主义者认为福利国家产生的必然性是因为市场经济的产生的负面效应，福利制度就是用来弥补资本主义产生的不公平，福利制度应由国家来主导，国家介入福利措施的价值在于创造一个稳定而和谐的社会。费边主义者十分肯定福利的价值。认为社会的和谐与进步必须依赖福利的实施，而且国家必须尽量做到极大化的福利措施，政府的责任不仅要用一些选择式（selective）福利措施，而且要用普遍式（universal）的福利制度，如通过国家举办各种社会公共福利，以保障劳动者的基本生活水平，积极的保障并促进全民福利。费边主义者对国家的期待很高，他们认为一切好的政府，就是实施福利制度的政府。费边主义者提出福利国家虽不是最终要实现的目标，但它是资本主义向社会主义社会渐变的阶段性成果。事实上，费边主义在社会改革中所提出的三大目标，即消灭贫困、为社会谋取最大限度福利而使最大多数人的最大效率、强调平等，所反映出的是福利国家的哲学思想，而非社会主义哲学思想。

① V. George and P. Wilding. Welfare and Ideology. New York：harvesterwheat. 1994，p. 99

第二节 理查德·蒂特马斯的社会福利思想[①]

一、理查德·蒂特马斯的主要生平

理查德·蒂特马斯（Richard M. Titmuss，1907—1973）于1907年10月16日出生于英格兰南部的贝德福德郡（Bedfordshire）斯多皮斯利（Stopsley）的一个普通农民家庭，他是这个家庭的次子，从小生活在乡村中。蒂特马斯并没有受过多少正规的学校教育，从学历来看，他仅毕业于在卢顿（Luton）的格雷戈里预备学校（St Gregory's Preparatory School），以及在14岁那年在克拉克商业学院（Clark's Commercial College）上了6个月的簿记课程，也就是说，到他后来成为教授之前，他都没有一张相当于中学的文凭。由于蒂特马斯父亲经营公路运输公司不善，在53岁时就去世了，并留下大笔债务需要偿还的原因，蒂特马斯在14岁时，就退了学去寻找工作，他的第一份工作是在一家电话公司做勤杂工。[②]

1926年，他获得了郡立火灾保险公司（The County Fire Insurance Company）的一份工作，他通过自学统计学，在公司从事保险业务的统计精算，他在这家公司工作了16年（1926—1942年）。在工作中，他精于业务，在32岁的时候，就被提拔到稽查员的位置。[③] 也就是在这一段时间，蒂特马斯在1937年与凯伊·米勒（Kay Miller）结婚。

从20世纪30年代初起，蒂特马斯受到妻子凯伊的鼓励和给予的指点，开始对社会和政治问题越来越感兴趣。而凯伊与蒂特马斯在1934年相遇的时候，她在失业者俱乐部组织方面已相当突出。

在婚后，蒂特马斯利用空余时间，使用他在保险公司中所学习的统计精算知识，开始着手关于公共卫生与疾病、贫穷与人口、移民等方面问题的研究。这些研究经验的累积，促成了蒂特马斯在1938年，即31岁时出版他的第一本书《贫穷与人口》（*Poverty and Population*），之后数年内也陆续地出版与贫穷、人口统计等有相关的研究成果。

在1942年，蒂特马斯辞去郡立火灾保险公司的稽查工作。由于他的《贫穷与人

① 本节内容曾发表于：林闽钢．回到蒂特马斯——社会政策的蒂特马斯立场辨析．中国公共政策评论．2011，5

② Richard Titmuss，http://www.credoreference.com/topic/titmuss_richard_1907_1973

③ Jin Kincaid．理查·提姆斯．载：Paul Barker．福利国家的创建者：十六个英国社会改革先驱的故事．张世雄，洪惠芬等译．台北：唐山出版社，1999．199

口》一书，及其相关的研究成果，蒂特马斯被邀请进入内阁办公室工作，负责撰写战争时期国民历史，同时研究有关健康部门的工作。在1949年，他兼任医疗研究委员会的社会医疗组副主任，也兼任伯明翰市（Birmingham）的社会行政主任。他在这个时期所撰写的文章于1950年集结成册，即《社会政策的问题》（*Problems of Social Policy*），该书一经推出便被推崇为一部巨著，使蒂特马斯在1950年直接受聘于伦敦政治经济学院（LSE），成为英国首位社会行政教授，蒂特马斯此后在伦敦政治经济学院度过了他的一生。

蒂特马斯身兼多职，他曾经是英国优生学会（Eugenics Society）的成员，1965—1971年，他是公共关系委员会的一员；在1965—1968年是皇家医药协会的一员。从1966年到1973年，他还是辅助津贴委员会（Supplementary Benefits Commission）的副主席。在这段时间里，蒂特马斯出版了第三本重要著作《对福利的承诺》（Commitment to Welfare）。

1970年，蒂特马斯最重要的、也是他平生最后的著作《赠与关系》（*The Gift Relationship*：*From Human Blood to Social Policy*）出版。该书的写作耗费了蒂特马斯7年时间，也就在《赠与关系》出版的3年后，于1973年4月6日，蒂特马斯因癌症在伦敦的中米道塞克斯医院（Central Middlesex Hospital）去世。①

蒂特马斯已成为社会政策的代名词，成为社会政策的一面大旗。在蒂特马斯去世后不久，蒂特马斯的个人影响通过他的同事和学生得以传播和倍增。罗伯特·平克为此评论道："很少有学者能像理查德·蒂特马斯那样在一个学术主题的发展中，主导了如此长的时间。"② 玛格丽特·戈英还进一步说："蒂特马斯是他那一代人中极少的、真正原创的社会科学家。他在概念上提出了具有重大意义的问题，而这些问题之前从来没有任何其他人提出过，在这之后更是显而易见。"③

蒂特马斯一生关注和研究的议题非常广泛，从早期对贫穷、人口的研究，到后来对社会行政和福利服务的研究，以及对社会福利道德伦理方面的研究等，他在所涉及的领域都形成了独创的成果。

在《贫穷与人口》（*Poverty and Population*）这本书中，蒂特马斯将其精算统计能力应用于英国人口结构，通过对死亡率与出生率的研究，他发现20世纪二三十年代，大部分工业化国家的出生率大幅降低，而英国出生率下降的情况比其他国家还要

① Richard Titmuss，http://www.credoreference.com/topic/titmuss_richard_1907_1973

② R. Pinker. "Preface"，in Reisman，Richard Titmuss：Welfare and Society，London：Heinemann，1977，p. vii

③ M. Gowing. "Richard Morris Titmuss，1907—1973"，Proceedings of the British Academy，1975，p. 61，p. 401，p. 404

快，出生率下降将会导致人口数减少与扶养老人比率增高、负担增加。另外，死亡率这一方面，如果英国工人阶级的婴儿及产妇死亡率可以降低到与较优等的社会阶级一样少的话，那么将有许多生命可存活下来；根据蒂特马斯的推算，每年有九万个生命是不必要失去的。蒂特马斯希望通过其研究，让英国警觉到人口结构改变的危险，将会威胁英国的领先地位。

在《社会政策的问题》（*Problems of Social Policy*）这本书中，蒂特马斯关注社会政策中的三个论题：将儿童撤出大城市、改善全国的医疗服务以及救助轰炸的受害者。通过这个论题，蒂特马斯表明战时的社会整合与全国士气达到高点。因为战时政府的力量被积极运用来提供全部国民必需的帮助，而不论他们的身份和地位。该书最引人注目的观点是：普遍性的福利供给。蒂特马斯认为第二次世界大战前英国的社会政策有一种原则，就是中产阶级是没有资格领受国家的福利给付。但是，战争对人的伤害是不分贫富的，残酷的战争改变这一原则。所以，蒂特马斯认为政府提供给受害者医疗和经济上的救助应该要平等对待，对每个人都应该要平等提供。

在《对福利的承诺》（*Commitment to Welfare*）这本书中，主要涵盖了蒂特马斯从1961年到1967年所发表的文章与演讲稿，从中可看出蒂特马斯积极将他的福利理念投注到他所从事制定的政策中，同时他也积极参与社会政策的制定，使许多方案得以实施。蒂特马斯在这本书中所关注的领域大致可分四方面：社会行政的教学与研究、健康与福利制度、社会政策的再分配含义和医疗照顾等。

在《赠与关系》（*The Gift Relationship*：*From Human Blood to Social Policy*）这本书中，蒂特马斯首先提出的问题是：血液供给应该依靠市场化方式还是应该依靠国家管理的无偿献血制度？为此，蒂特马斯将英国的国家输血服务（The National Blood Transfusion Service，NBTS）与其他国家的商业化血液市场，尤其是美国的市场运作进行了对比。他重点分析了美国和英国的医用血液供给数据，并比较了第二次世界大战前和战后的日本临床用血收集方式，并证实了志愿献血者供给血液在纯度和供给的可靠性方面远远优于从商业性献血者那里获得。这些发现产生了巨大的影响。《纽约时报》曾将《赠与关系》一书评选为1971年度七大最优秀的书籍之一，它继而成为了最畅销书。

蒂特马斯认为当人们捐血的目的不是为了金钱报酬，而是为了“生命赠与”，献血者在相信自己的血液是健康的前提下会自动到血站捐献。反之，血液买卖市场的出现使得很多人们不愿无偿捐献血液，同时来自有偿收集的血液供应量又不能得到保障，因此血液供给反而比起没有血液买卖市场时减少了。更重要的是，有些患病的有偿供血者为了挣钱会隐瞒自己的病情，使得医用血液带病毒的比例也高于无偿获得的血液。蒂特马斯因此预言：如果美国血液供给模式成为世界样板，那么它不但会造成严重的流行病，而且会大大损伤人类的利他主义精神。对蒂特马斯来说，最重要的是英国那些向国家输血服务献血的人有“不献的自由”。他们可以“采取不同的行为方式”；“他们的决定不由结构或功能所支配，也不受无法逃避的历史之力的操控。他们不是被强迫、威逼、贿赂或付钱提供的”。[①] 他们的行为代表着一种对伙伴关系的“实际和具体的证明”。

这项研究是在检验“利他主义在现代社会中的角色”。之所以选择血液捐赠关系作为研究的对象，一方面，是因为当时血液供应市场化的论调占上风；另一方面，更重要的是自愿把自己宝贵的血液捐赠给互不相识的陌生人，无疑是利他主义的好指标，研究这项行为以及其相关因素，可以解决蒂特马斯长期以来所关怀的社会道德问题。

从蒂特马斯的主要著作中，我们可以感受到，他始终关注现实的社会政策议题。他用两种方式将社会政策的发展塑造为一个学术主题。首先，他拓宽了社会政策的范围。他改变了将当时所有社会行政的课程几乎全部集中在法定社会服务的起源和管理上，并且仅仅是那些想在这些服务领域工作的人才会选修这类的课程，蒂特马斯前所未有地解开了这个联结，并使社会政策自身成为一个主题。其次，蒂特马斯对社会政策的目标和焦点进行了重新定义，最有创建的是他在不断变化的论题中逐步进入社会道德选择问题，力图寻找是何种因素形塑了政策目标的价值。

二、理查德·蒂特马斯的主要思想

（一）蒂特马斯范式

蒂特马斯的社会政策思想深受理查德·托尼（Richard Tawney）[②] 思想的影响。托尼基于基督教有关圣爱或爱的观念提出“以人为中心”“以人为目的”，实现体现社会成员间“平等的伙伴”，后者一般被认为是托尼思想的关键概念。托尼不仅把“人不应当被视为工具，而应当被视为目的”[③]，看做是人的价值基本准则，而且坚决主张人的价值平等与“正义平等”的统一。托尼认为，人虽然天赋各异，但道德价值平等。“一方面，可以断言，就总体来看，人的自然禀赋在特性与才智上都是近似的。另一方面，也可以肯定地说，就个体而言，人们在资质和才干方面又存在着差异，但作为人来说，

① Richard M. Titmuss. The Gift Relationship：From Human Blood to Social Policy，New York：Vintage Books，1972，p. 239

② 理查德·亨利·托尼（Richard Henry Tawney，1880—1962），英国经济史学家，以研究 1540—1640 年英国经济史著称。他从基督教社会主义观点提出了平等的观点，他主张平等式社会主义（egalitarian socialism）。

③ R. H. Tawney. Equality，London：George Allen and Unwin，1931，p. 118

他们又是平等的因而要受到重视和尊敬。”[①] 也就是说，承认人的天赋差异，遵从人的平等原则，乃是人类义务的基础。

从本质上看，伙伴关系代表着源于认同所有人皆平等地拥有价值、所有人皆拥有同等的被尊敬和关怀的社会关系。因此，最强有力的平等是发展共同目标所必需的。缺乏它，社会共同体就不存在。蒂特马斯虽不同于托尼的基督教信仰，但是他和托尼一样，蒂特马斯首要关注的是创造能培育和维持“正确行为”和使伙伴关系活跃的社会及经济条件。[②]

从总体来看，蒂特马斯的社会政策是从利他主义立场出发，他的基本命题是：一个更加公平和整合社会的建立，有助于培养公民间的相互责任感，帮助他们实现其道德潜能。福利的任务在于重新分配资源和机会，由此提供一个鼓励和表达利他主义的机制。[③]

蒂特马斯的社会政策思想和立场由于其独特和鲜明，加上后来极大的影响力，被称为蒂特马斯范式（Titmuss paradigm），其中心论点是：在广义的理解上，福利具备同时实现两个目的的独特潜能。第一，它能够再分配资源，并因此减少不平等；第二，它能够通过过程和制度实现这种再分配，而这样的过程和制度本身能够促进社会整合并鼓励伙伴关系。

为了实现其整合的潜能，福利必须满足两个条件：福利必须是普遍性的，并且必须是非判断性的。仅仅穷人能够获得的那些援助和服务，或者是试图区分应得的和不应得的那些援助和服务，这些都将只适用于对人群以及各类援助进行区分和分离。[④]

蒂特马斯相信，上述判断都已在第二次世界大战中得到证明。特别是在《社会政策的问题》一书，蒂特马斯指出，战争环境导致英国公众舆论的明显转向。共同牺牲和努力的战争经历使人们产生了对特权的强烈愤恨，以及对回归 20 世纪 30 年代的社会分工与不平等的抗拒。在每个人现在都面临入侵和被占领的时候，“假如危险要共同承担，那么资源也应该共同分享。”[⑤] 蒂特马斯进一步认为在战争期间，最显著的转变是“个人苦难”不再被看做是“社会无能的标记”，“更少的约束、更少的歧视范围以

---

① R. H. Tawney. Equality，London：George Allen and Unwin，1931，pp. 46—47

② A. J. Deacon. Perspectives on welfare：ideas，ideologies and policy debates，Open University Press，2002，p. 16

③ A. J. Deacon. Perspectives on welfare：ideas，ideologies and policy debates，Open University Press，2002，p. 1

④ A. J. Deacon. Perspectives on welfare：ideas，ideologies and policy debates，Open University Press，2002，p. 17

⑤ Richard M. Titmuss. Problems of Social Policy，London：Allen & Unwin，1950，p. 508

及战时社会服务的质量”是人民效力于国家的关键。[1]

蒂特马斯范式和后来也有较大影响的准蒂特马斯范式（quasi-Titmuss paradigm）是不尽相同的，迪肯所做的对蒂特马斯范式和准蒂特马斯范式的区分，[2] 可以让我们进一步明确蒂特马斯的社会政策立场。

准蒂特马斯范式的促成被认为有多种原因，从现实来看，是从20世纪70年代中期开始的失业高潮。在没有足够的工作机会提供给失业者的时候，还要担忧失业者的动机问题是多余的。这间接表明试图通过改变人来解决社会问题是无用的。特别是英国在20世纪70年代后期及80年代不平等的增长。正是这种不平等的增长以及伴随着的相对贫困的上升超过了其他任何方面，增强了准蒂特马斯范式对贫困者自身的行为和态度上寻找贫困的原因。

准蒂特马斯范式被认为原则上同意利他主义是“再分配社会关系的最高阶段”。然而，实践中，他们比蒂特马斯更少考虑培育利他主义，并且他们更少关注平等的道德。尽管蒂特马斯曾将更高水平上的平等首先视为转变社会关系的手段，而准蒂特马斯学派却将其看作是一种分配性公正，并在很大程度上将对收入和财富再分配的需要看作是不证自明的。最重要的是，准蒂特马斯范式将蒂特马斯对社会问题的个人主义解释的批判扩展为一种更为发展的考量，即资源和机会如何向人们开放这一点上，并不依赖于人们的态度或行为，而是依赖于他们在社会结构中所处的位置。

准蒂特马斯范式越来越以物质不平等的增长为先决，而相应对利他主义和社会关系质量的关注也越来越少，所以，准蒂特马斯范式对人的行为和活动在多大程度上，代表某些有意义的选择形式的关注也比蒂特马斯少，这一点在后来被逐步认为是主体能动主体问题。

蒂特马斯本人曾坚决拒绝任何以穷人自身的失败或弱点来解释贫困的企图。然而，在准蒂特马斯范式中，这种对个人主义或对贫困的行为因素解释的否定得到了强化，并被扩展为更趋决定论主义的解释取向。因此，准蒂特马斯范式的定义性特征是其对主体能动问题毫无兴趣，并且敌视那些认为福利的目的是塑造福利获得者的操行和志向的观点。[3]

（二）蒂特马斯的社会政策取向

1. 批判残补式的社会政策，主张积极的社会政策

---

① Richard M. Titmuss. Problems of Social Policy, London: Allen & Unwin, 1950, p. 506

②③ A. J. Deacon. Perspectives on welfare: ideas, ideologies and policy debates, Open University Press, 2002, pp. 22—26

蒂特马斯认为社会政策一个极为显著的特点是，从不讳言自己的“价值立场”，蒂特马斯认为：“最低限度，我们有责任清楚说明自己的价值；当我们讨论像社会政策一类科目的时候，我们更有这么做的特别义务；相当清楚，以中立的价值立场讨论社会政策是没有意义的事情。”① 由此，蒂特马斯将社会政策看成是“有关矛盾的政治目的和目标的选择，以及它们的厘定过程”②。

蒂特马斯认为社会政策可以分为两类：一类是机械或剩余的角色，另一类是积极的改革工具。在价值系列的一端是，保守的机械的或剩余的角色，它认为社会体系内有一种趋于均衡和秩序的自然倾向，就像是新古典经济理论所构想的，最能自行调节供求的私有市场，把人和社会看成有固定次序的机械理论，只赋予社会政策次要的小角色；而另一端则是拒绝认为社会政策是机械的或剩余的角色，社会政策被认作积极的改革工具，是完整的政治历程中一个不可预测和不可计算的部分。③ 所以，社会政策不是对社会问题的简单回应。社会政策可以通过一种积极“社会工程”（social engineering）角色来创建“良性社会”（good society）。

蒂特马斯归纳所遇到的社会政策定义，把它们归结有三个主要目标（当然还有价值判断）：第一，其宗旨皆为行善——政策指向为市民提供福利；第二，兼有经济及非经济的目标，如最低工资、最低收入保障标准等；第三，涉及某些进步的资源再分配手段，劫富济贫。④ 总而言之，社会政策被视作是行善的、再分配的，和关切经济与非经济的目标。⑤ 由于社会政策关乎于社会目的及社会选择的问题，而现实社会中有各种可能的社会政策主张，每个群体各自有其偏好的价值体系，蒂特马斯划分了三种社会政策的模型：残补式福利模式的社会政策（The Residual Welfare Model of Social Policy）、工业成就表现模式的社会政策（The Industrial Achievement-Performance Model of Social Policy）、制度化再分配模式的社会政策（The Institutional Redistributive Model of Social Policy）。⑥

---

① Richard M. Titmuss. Social Policy：An Introduction，Edited by Abel-Smith and Kay Titmuss，Allen and Unwin：London，1974，p. 27

② Richard M. Titmuss. Social Policy：An Introduction，Edited by Abel-Smith and Kay Titmuss，Allen and Unwin：London，1974，p. 49

③ Richard M. Titmuss. Social Policy：An Introduction，Edited by Abel-Smith and Kay Titmuss，Allen and Unwin：London，1974，p. 26

④ Richard M. Titmuss. Social Policy：An Introduction，Edited by Abel-Smith and Kay Titmuss，Allen and Unwin：London，1974，p. 29

⑤ Richard M. Titmuss. Social Policy：An Introduction，Edited by Abel-Smith and Kay Titmuss，Allen and Unwin：London，1974，p. 30

⑥ Richard M. Titmuss. Social Policy：An Introduction，Edited by Abel-Smith and Kay Titmuss，Allen and Unwin：London，1974，pp. 30—31

蒂特马斯认为市场回应“需要”，而非回应“需求”；市场关注利润和增长，而不是福利或需求。他还从四个方面对残补式的社会政策进行了批判：一是歧视、排斥和污名（discriminate、exclude、stigma）；二是社会行政与私营企业提供服务的差异，三是社会（变迁）成本的分担与补偿；四是私营保险的批判。

总之，他认为工业社会需要国家福利制度来满足个人和社会需求，因为工业化社会和社会变迁带来纷繁复杂和无处不在的“负福利”与“社会成本”议题。如果国家不予干预，弱势群体将受到不公正待遇，自由市场将扩大社会不平等程度，进而增加社会成本。因此国家干预和国家福利提供是对发达工业社会经济与社会变迁过程的适应和积极回应。① 在蒂特马斯心目中，社会政策不仅功能是积极性的，而且性质根本有别于经济政策。社会政策关注于利他主义的单向转移和社会整合。② 政府不仅应该提供国家福利，而且应该提供普遍性而非残补性的社会福利。

2. 反对仅关注公共福利，提倡福利的社会分工

1905—1914 年，在英国改革派的自由政府领导下，福利服务的发展出现了贝佛里奇的“保险变革”（The Beveridge insurance revolution），社会服务的发展在范围与程度上越来越注重用集体方式来提供某些特殊的需求。③ 意识到社会服务需要有更平等的内涵，服务的范畴除了改革前所包括的贫穷救济、公共环境的处理之外，更扩大到多种不同社会问题的组合。④

蒂特马斯认为国家不仅给穷人、工人阶级或一些弱势群体提供福利，对象还应包括中产阶级，所有国民都应能享受到。蒂特马斯在 1955 年发表了《福利的社会分工：追求平等的回应》的论文中，明确提出三种社会福利：（狭义的）社会福利（social welfare）、财政福利（fiscal welfare）、职业福利（occupational welfare）。蒂特马斯认为，如果不将这三种福利纳入社会政策的视野中，那么将无法理解社会政策带来的再分配的影响力。

社会福利包括一切由国库在“社会服务”名目下支出的直接服务和移转性支付。覆盖范围包括由中央、区域和地方当局所组织及管辖社会服务的各个项目，例如：中

---

① Richard M. Titmuss. Social Policy：An Introduction，Edited by Abel-Smith and Kay Titmuss，Allen and Unwin：London，1974，pp. 61－62

② P. Wilding. “Titmuss”，In V. George and R. Page（eds.），Modern Thinkers on Welfare. London：Prentice Hall，1995，p. 150

③ 曾丽宜. Richard M. Titmuss 的社会福利哲学. 台湾：中正大学社会福利系硕士论文. 1991. 46

④ Richard M. Titmuss. The Philosophy of Welfare：Selected Writings of Richard M. Titmuss，Edit by S. M. Miller，Allen and Unwin：London，1987，p. 44

小学教育、国民保健服务、社会保障给付、由地方当局兴建的公共住房。[1] 财政福利指中央和地方直接税制下的宽减、免征、扣除等措施，以及国民保险（或社会保障）里称为供款的保险费（contributions）。[2] 职业福利一般采取实务或现金给付的方式。它不仅包括职业年金，而且还包括儿童津贴；死亡抚恤金、保健及其福利服务……住房、子女教育费……疾病津贴；医药费、失业给付等。[3]

对于这样的三个福利体系的划分，吉尔伯特和特雷尔指出："蒂特马斯的模型说明了组织化福利的广泛性，以及狭义地将福利等同于政府开支的武断性，在蒂特马斯看来，把目光局限于政府开支的福利分析呈现的是扭曲的、过于乐观的看法，而不是福利国家的真实写照。"[4]

（三）蒂特马斯的关键词

蒂特马斯所倡导的社会政策立场可以有许多关键词，如果从社会哲学的基本逻辑来看，蒂特马斯最为关注的是以下四个关键词：

关键词之一：利他情怀（The Expression of Altruism）。蒂特马斯承认利他情怀或许不是人与生俱来的，但他所研究的英国经验表明表示：利他情怀是可以通过学习而后天培养出来的。如果人们不去培养利他精神，不去实践他们的行动，那么人类社会将成为被市场所操控的、贪婪和冷漠的社会。

市场机制天然将排挤或减弱社会中现有的利他文化，也使人们失去机会学习并发挥利他的情怀。蒂特马斯认为美国由于供血体制的日益市场化、商业化，这种变化才真是美国社会所负担的一项最沉重的社会成本。在蒂特马斯《赠与关系》的最后，他感慨地总结：

通过对美国血液私人市场研究中，我们得出的结论是：血液与供血关系的商业化抑制了利他情怀，逐渐毁坏了共同感，降低了科学标准，限制了个人与专业的自由，认同了医院与临床实验室的牟利做法，使医生和患者之间敌对合法化，让重要的医疗领域受到市场法则的左右，将巨大的社会成本加在社会中最无力负担的人群——穷人、病人和缺乏技能的人群——增加医学和医疗措施各个不同部门中背离伦理的行为的危

---

① Richard M. Titmuss. Social Policy: An Introduction, Edited by Abel-Smith and Kay Titmuss, Allen and Unwin: London, 1974, p. 137

② Richard M. Titmuss. Social Policy: An Introduction, Edited by Abel-Smith and Kay Titmuss, Allen and Unwin: London, 1974, p. 138

③ Richard M. Titmuss. Social Policy: An Introduction, Edited by Abel-Smith and Kay Titmuss, Allen and Unwin: London, 1974, p. 139

④ N. Gilbert, P. Terrell. Dimensions of Social Welfare Policy, Boston: Allyn and Bacon, 2002, p. 48

险。在供血比例上，还导致越来越多的血液供应来自穷人、非熟练工人、失业者，黑人以及其他低收入群体，及受剥削者、经常卖血的人群。血液和血液产品的再分配从穷人移向富人似乎是美国血库体制的一个主要结果。①

由此，在这种社会中，人们将越来越疏远，社会分化不断加剧。在这一意义上，市场关注的是利润和经济增长，而不是福利和需要满足；从社会角度看，市场福利分隔、破坏了社区和社会联系，瓦解了人们的责任感和义务感。② 蒂特马斯极力主张弘扬社会互助精神、关怀他人的社会环境与利他主义行为，强调社会团结与社会整合对提升和确保人类福祉的重要性。

关键词之二：普遍性（Universalism）。在市场经济社会中，通过保险精算原则可以在不同的阶级间确保资源分配能够获得最大程度的平等。但是，蒂特马斯对私有市场能够实际依照精算统计的公正原则来运作十分怀疑。尤其是，对于现在所有福利体系中，最重要的就是平等公正的保证，同时福利给付（福利资源分配）的适当性对需要的人也相当重要。事实上，人并不只希望能够获得较高的给付水平，更期望每个人、团体和阶级都能够获得更平等、公正的对待。③

蒂特马斯认为真正的平等是将每份资源都用在真正有需要的人身上，并且用“社会权利”“普遍式的服务”，以及民主教育的社会投资这三种方法来达到这样的目的。

首先，蒂特马斯认为社会权利是因为市场忽略穷人的需要，剥夺穷人购买服务的权利，造成穷人被排除在市场福利之外，因此，他认为要用社会权利来解决这样的问题。因为社会权利是使有能力的个人与社会整体来帮助社会弱势的人，让这些人有权利表达自己帮助他人的需要。因此，强调所有公民作为有责任感的人的社会权利。④

在蒂特马斯看来，提出普遍式服务是因为过去公共的福利服务（welfare service）被视为残补式的、公共负担、穷人所使用的服务。而蒂特马斯认为福利服务应该要让国民容易获得，并且服务的质量应该要足够让全体人民使用，这样做才不会让使用者有劣等的自卑感、贫穷与污名感，并且没有人会被认为是公共负担。⑤“在我所有其他经历当中，还有一个突出的例子，有一位来自特立尼达（Trinidad）的 25 岁西印度年

---

① Richard M. Titmuss. The Gift Relationship：From Human Blood to Social Policy，New York：Vintage Books，1972，pp. 245－246

② P. Wilding. “Titmuss”，In George，V. & Page，R. （eds.），Modern Thinkers on Welfare. London：Prentice Hall，1995，p. 150

③ Richard M. Titmuss. The Philosophy of Welfare：Selected Writings of Richard M. Titmuss，Edit by S. M. Miller，Allen and Unwin：London，1987，p. 222

④⑤ Richard M. Titmuss. The Philosophy of Welfare：Selected Writings of Richard M. Titmuss，Edit by S. M. Miller，Allen and Unwin：London，1987，p. 154

轻人，患了直肠癌。他的放射性治疗预约的时间和我一样，都是每天早上 10 点钟。有时他先入放射治疗室，有时我先入内。决定谁要等候的标准十分简单，就是那难以预测的伦敦交通情况——不是种族、宗教、阶级或肤色。①

蒂特马斯还进一步指出，普遍式的服务虽然让国民获得接近使用服务的机会平等，但这并不代表会获得结果的平等；也就是说，他认为普遍式服务虽然能够减低社会、经济歧视的状况，但并不能够保证每个人皆能获得优质的服务。因为社会福利的成本有差别，每个人的需求与使用量也不尽相同。高知识、高收入群体或许比低阶层群众更容易获得特别服务信息，也可以使用较好的服务，但是这种福利发展将会变成中产阶级的福利国家。② 所以，只是用普遍来提供福利服务是不够的，我们还必须以差别对待的权利基础来支持那些有需要的人。③

国家普遍式的公共服务对每个人视为同等尊重的公民，并且尽可能依照不同的制度、习俗和日常生活等的差异原则方式对待，要成为一个真正福利国家就要能避免歧视和污名。因为市场无法保证每个人都获得需要的满足，所以必须国家采取普遍式的服务提供，由国家来平等分配资源，平等对待所有需求，确保每个国民都能获得平等的保证。

关键词之三：社会共同体（Social Community）。对蒂特马斯来说，平等本身不仅有价值，它也是一种从质量上改善人类关系的方法。追求平等的同时，也就是在恢复和加深社会中共同体和相互照顾的认同感。没有平等的话，这种共同关心他人的精神，甚至对陌生人的关心便无法达成。④ 由此，社会共同体应该具有一种"友爱关系"，将每个人，无论是穷人或富人，都纳入这样的关系中，认同他们的社会地位，认同每个人独一无二的需求。特别是蒂特马斯想要在共同体中寻找一种能够促进社会整合、保存友爱关系的文化传统及规则，也就是他所谓的"赠与关系"。

蒂特马斯认为金钱货币和商业契约是异化共同体的灾难。⑤ 因为金钱关系的平等本身是无法保障共同体的感觉与实践，所以需要一个具有凝聚力的社会共同体，用以保

① Richard M. Titmuss. Social Policy：An Introduction，Edited by Abel-Smith and Kay Titmuss，Allen and Unwin：London，1974，p. 151

② Richard M. Titmuss. The Philosophy of Welfare：Selected Writings of Richard M. Titmuss，Edit by S. M. Miller，Allen and Unwin：London，1987，p. 216

③ Richard M. Titmuss. The Philosophy of Welfare：Selected Writings of Richard M. Titmuss，Edit by S. M. Miller，Allen and Unwin：London，1987，p. 153

④ Richard M. Titmuss. The Philosophy of Welfare：Selected Writings of Richard M. Titmuss，Edit by S. M. Miller，Allen and Unwin：London，1987，pp. 5—7

⑤ Richard M. Titmuss. The Philosophy of Welfare：Selected Writings of Richard M. Titmuss，Edit by S. M. Miller，Allen and Unwin：London，1987，p. 7

障日常生活中，人和人之间的互动都能够表现出具有人情味的道德联系，建立一种道德交换的互动，蒂特马斯认为国家是最能够促进这种的社会共同体的出现。

因此，蒂特马斯认为要“一种不言而喻、能共享普遍性需要的信仰”的制度，完成人们尊重他人需要和对捐赠关系的认知。① 尤其带着我们“额外的责任”（ultra obligations），而非契约关系约定的责任，在互惠的权利与家庭亲属责任之外关心普遍的陌生人，进行赠与的行动。认知和感受陌生人独一无二的存在和需要，表现对陌生人的社会道德责任，最后在社会共同体中实现迈向平等的社会关系。

关键词之四：福利国家。蒂特马斯对福利国家有一种美好的愿景与期待。他认为通过了解每个人的需要，用普遍式的福利，福利国家能提供一种同舟共济的感受与对他人的责任感。在这个意义上，福利国家含有利他主义的自愿成分，福利国家能够建立凝聚力的社会关系②，并强调福利国家的任务是在于促进社会和谐，他以索尔仁尼琴（Solzhenitsyn）③ 的话来表达他自己的看法：“我们必须呈现给世界的是这样一个社会：所有关系、基本原则和法律都直接来自道德伦理，而且仅仅来自道德伦理。”④

第三节　托马斯·马歇尔的社会福利思想

一、托马斯·马歇尔的主要生平

托马斯·汉弗赖·马歇尔（Thomas Humphrey Marshall）于 1893 年 12 月 19 日出生在伦敦一个殷实和有教养的中产阶级家庭，在家中 6 个孩子中排第四。托马斯·马歇尔的曾祖父是一位工业富商，父亲是一位建筑师。

马歇尔最早受教育于英格兰西北部沃里克郡（Warwickshire）的拉格比市的拉格比学校（Rugby School），该校是英国历史最悠久及最有名望的贵族学校之一。1914 年，他以优异的成绩毕业于剑桥大学三一学院（Trinity College），专业为历史学。1914 年他到德国学习德语，第一次世界大战期间，他作为平民战俘被囚禁在德国的卢勒本

---

① Richard M. Titmuss. The Philosophy of Welfare：Selected Writings of Richard M. Titmuss，Edit by S. M. Miller，Allen and Unwin：London，1987，pp. 263－278

② Richard M. Titmuss. The Philosophy of Welfare：Selected Writings of Richard M. Titmuss，Edit by S. M. Miller，Allen and Unwin：London，1987，pp. 263－264

③ 亚历山大·伊萨耶维奇·索尔仁尼琴（Aleksandr Isayevich Solzhenitsyn），前苏联作家，因《古拉格群岛》（*The Gulag Archipelago*）一书使他被驱逐出前苏联，也让他获得了诺贝尔文学奖。

④ Richard M. Titmuss. The Gift Relationship：From Human Blood to Social Policy，New York：Vintage Books，1972，p. 208

(Ruhleben)，时间长达4年。也就是在卢勒本的牢营中，他第一次接触到了工人，这一段时间所发生的一切，马歇尔把它描述为最为重要的成长经历。战争结束后，他返回了英国。在1919年他获得了剑桥大学三一学院为期6年的奖学金攻读历史专业。1919—1925年，他作为讲师加入英国伦敦政治经济学院（LSE）。1925年成为伦敦大学的社会学高级讲师，从1939—1944年，他成为英国伦敦政治经济学院社会科学系的主任。从1959—1962年间，他成为伦敦大学的荣誉教授（Professor Emeritus），1981年在他的剑桥家中去世。

他的主要著作有《处在十字路口的社会学》（*Sociology at the crossroads*，1947）、《公民资格[①]与社会阶级》（*Citizenship and Social Class*，1950）、《社会政策》（*Social policy*，1965）、《福利的权利及其他文选》（*The right to welfare and other essays*，1981）等。

二、托马斯·马歇尔的主要思想

马歇尔主要是基于英国的历史和经验来解释福利国家的发展。他的思想发展主要背景是1942年《贝弗里奇报告》（*Social Insurance and Allied Service*：*The Beveridge Report*）的出台；1948年，工党政府执政3年后，首相艾德礼（Clement Richard Attlee）宣布建成了第一个福利国家。

1949年，马歇尔在剑桥大学的纪念阿尔弗雷德·马歇尔（Alfred Marshall）的年会上做了题为《公民资格与社会阶级》（*Citizenship and Social Class*）的著名讲座。他从英国的社会—历史背景出发，系统阐述了公民资格的演进历史，分析了公民资格的构成要素。正如英国著名社会理论家吉登斯所言："马歇尔首先是因为其杰出的公民资格著作而为人们所牢记的，其经典著作《公民资格与社会阶级》持续影响了大半个世纪。"[②]

马歇尔通过历史分析与社会学分析相结合的方法，在现代语境下创造性地分析了公民资格的概念，并对它进行了理论化和系统化，并由此开启了公民资格理论研究的起点。他侧重考察了公民资格对社会阶级体系所产生的影响，把资源的再分配同公民的社会权利联系起来，考察了福利国家中公民资格的表现和内涵，对英国第二次世界大战后的福利国家的发展提供了一种理论解释，同时它也对福利国家在20世纪五六十年代的发展产生了影响。

---

① 公民资格（Citizenship）也被译为公民身份、公民权利等，本文认为公民资格才能准确全面地涵盖公民资格概念下的许多含义，故文中译作公民资格。

② T·H·马歇尔. 公民身份与社会阶级. 郭忠华，刘训练编. 南京：江苏人民出版社，2008. 221

在《公民资格与社会阶级》中，马歇尔主要铺陈了纵、横两条线索。在纵向上，马歇尔介绍了公民资格的历史演变过程，即18—20世纪公民资格理念的发展；在横向上，马歇尔阐述了公民资格三要素（公民要素、政治要素、社会要素）的内在联系与张力，以及公民资格与社会阶级的关系。通过这样一幅清晰的画面，得以窥见马歇尔公民资格理论的精妙。

（一）马歇尔之问

马歇尔在《公民资格与社会阶级》一文的开始，针对著名经济学家阿尔弗雷德·马歇尔（Alfred Marshall）在《工人阶级的未来》中的观点，提出了他的基本问题，这些问题既是对阿尔弗雷德·马歇尔观点的总结和补充，也是全文论述的纲领，这些问题是[①]：

第一，当基本的平等在内容上进一步丰富并表现为公民资格的正式权利时，它与社会阶级的不平等是否已然兼容？马歇尔给出的答案是：二者是相容的。

第二，在不侵犯竞争性市场自由的前提下，基本的平等依然能够确立和维持吗？马歇尔给出的答案是：这显然是不可能的。

第三，强调的重点从义务转向权利，这一明显转变的影响是什么？这是现代公民资格不可避免、不可逆转的特征吗？

第四，把阿尔弗雷德·马歇尔最初提出的问题以一种新的形式再一次提出来。推动社会平等的现代动力（modern drive）是否存在无法或不可逾越的限制？马歇尔给出的答案是：将考虑的不是经济成本，而是激发这一动力之原则所与生俱来的限制。

（二）公民资格理论

1. 公民资格的构成

按照历史演进，马歇尔将公民资格划分为三个构成：公民的要素、政治的要素、社会的要素。在1949年的演讲中，马歇尔指出：“公民的要素（civil element）由个人自由所必需的权利组成：包括人身自由，言论、思想和信仰自由，拥有财产和订立有效契约的权利以及司法权力（right to justice）。……政治的要素（political element），我指的是公民作为政治权力实体的成员或这个实体的选举者，参与行使政治权力的权利。与其相对应的机构是国会和地方议会。社会的要素（social element），我指的是从某种程度的经济福利与安全到充分享有社会遗产并依据社会通行标准享受文明生活的

① T·H·马歇尔. 公民身份与社会阶级. 郭忠华，刘训练编. 南京：江苏人民出版社，2008. 9—10

权利等一系列权利。与这一要素紧密相连的机构是教育体制和社会公共服务体系”。[①]马歇尔把公民资格看作是由公民权利（civil rights）、政治权利（political rights）和社会权利（social rights）所组成的复合范畴。[②] 由此建立了清晰的公民资格类型学。

2. 公民资格的历史

马歇尔认为公民资格的进化涉及融合和分化的双重历史过程，融合是地域上的，而分化则是功能上的。公民资格的历史发展经历了两个根本性变化：一是当机构从先前的地方性和一般性特征转变为国家性和专门化的，公民资格也就从一项“地方性制度”发展成为“国家性制度”。二是公民资格三个要素所依赖的机构实现分化后，它们的分道扬镳成为可能。

随着公民资格三种权利及其相对应的服务机构的逐渐明晰化和专业化，公民与国家的政治生活渐渐地疏远了，公民资格的三种权利也变得相互分离。在不同的历史时期各有其形成和发展的特定过程，并呈现为一种“浪潮式”的发展图景。在马歇尔看来，“它们之间分离得如此彻底，以至于不用损害多少历史精确性就可以将每一个要素的形成归之于不同的历史阶段：公民权利归于18世纪，政治权利归于19世纪，社会权利则归于20世纪。当然，这些阶段的划分肯定存在着合理的伸缩性，它们之间存在着明显的重叠，尤其是后两个阶段之间”。[③] 由于权利的发展具有持续性和延续性，尤其是后两个与公民紧密相关的权利一旦被拥有就必然会持续存在甚至发生重叠。马歇尔的研究路径表明，研究权利只有在特定的制度化语境（institution context）中才有意义，因而也只有在特定的物质条件下才能实现。与此相应，马歇尔所区分的公民资格三种要素也各有其独立的历史。[④]

3. 公民资格的演进

18世纪的公民资格与“自由”一词联系在一起，公民权利在18世纪首先获得发展，其特点在于对已经存在的地位不断增加新的权利。通过一系列改革法案的颁布和实施，英国公民的人身自由、信仰自由、言论自由等权利得到承认和保障。到18世纪末期，公民权利扩展到人们的财产权，从而形成了其当代轮廓。19世纪伊始，个人经

---

① T·H·马歇尔．公民身份与社会阶级．郭忠华，刘训练编．南京：江苏人民出版社，2008．10—11

② 马歇尔公民资格由三部分组成的思想萌芽，被普遍公认是受到了霍布豪斯（Leonard hobhouse）的影响，1926年，当马歇尔来到伦敦政治经济学院任教时，霍布豪斯正是该院的社会学教授。但马歇尔从根本上与霍布豪斯不同，并在总体上背离自由主义思想，马歇尔认为并非一切公民资格的权利都是在逻辑上从公民权利，特别是从财产权利衍生而来。参见：巴巴利特（J. M. Barbalet）．公民资格．谈谷铮译．台北：桂冠图书股份有限公司，1991，8

③ T·H·马歇尔．公民身份与社会阶级．郭忠华，刘训练编．南京：江苏人民出版社，2008．13

④ 巴巴利特（J. M. Barbalet）．公民资格．谈谷铮译．台北：桂冠图书股份有限公司，1991．7

济自由的原则被广为接受，自由得到普及，与自由地位联系在一起的公民权利已获得了充足的内容，从而为成为一种普遍公民权利提供了可能。划分到18世纪的公民权利主要是由相关法律的制定而体现的，主要体现在法律的制定领域和经济领域。这一阶段法律制定的突出表现是《改革法》（*Reform Act*）的制定。虽然这部法律存在缺陷，但是作为象征自由的法律，它对今后的改革具有十分重要的意义。在经济领域，基本的公民权利是工作的权利。这主要体现在公民接受培训的权利和自愿选择职业的权利。在这之前存在一些地方保护和一定阶级从事一定职业的定论。法院利用普通法打破了习俗和成文法两个障碍，最终限制公民工作权利的《伊丽莎白技工条例》被废除了。

政治权利形成于19世纪早期，它的扩展是19世纪的主要特征之一。政治权利形成于19世纪早期，其意义并不在于创造新的权利，而是将为少数人享有的权利赋予了更多的人。早先，政治权利主要为封建贵族所垄断；随着选举制度的改革，新兴资产阶级凭借其在市场竞争中的成功开始享有政治权利，但工人阶级却依然被排除在政治权之外。这就意味着政治权利只是有限经济阶级的特权。19世纪的政治权利事实上是有经济条件限制的政治权利，而到20世纪政治权利才成为独立的一项权利，但是它也是与工人阶级发展最为相关的一种权利。

到19世纪初的改革法对政治权利的划分仍然存在问题。土地所有权对选举权的获得具有重要地位，即使有钱购买也是不能获得选举权的。而1832年选举权扩大到了租赁农和佃农，“因此，1832年的法案通过废除衰败选区（rotten borough）、把选举权扩展到租赁农以及拥有足够经济实力的佃农，从而打破了上述的垄断，并承认了那些在经济竞争中取得成功的人在政治方面的要求”①。可见公民的政治权利是在不断的斗争中发展的，但是它在19世纪始终是“有限的经济阶级的特权”②。在19世纪的资本主义社会里，政治权利不过是公民权利的一个副产品，还存在着用金钱、财产来评价政治参与权的现象，但是在19世纪不可否认它确实存在法律赋予人们的参与权利，这是这个时代以前任何一个时代所不能给予的。政治权利真正独立成为一种权利的时候是在20世纪。因此，19世纪末之前，公民资格与资本主义社会阶级体制是相容的。

社会权利的发展相比公民权利和政治权利则显得更复杂。在20世纪之前，社会权利发展的特点是与公民资格的分离，其直接表现是社会权利原则被公开否定，如《济贫法》（*the Poor Law*）、斯宾汉姆兰体系（Speenhamland System）等虽然提供了现代意义上社会权利所包含的服务，但却主要将其看做一种救济，并且享有这种救济要以放弃公民权利为前提。由此，在18世纪和19世纪早期，社会权利近乎绝迹。直到19世纪末期，随着公共基础教育的发展，社会权利获得复兴并重新嵌入到公民资格中。

①② T·H·马歇尔. 公民身份与社会阶级. 郭忠华，刘训练编. 南京：江苏人民出版社，2008. 17

可以说，社会权利是起源于社会上盛行的《济贫法》，《济贫法》充当了公民资格身份之社会权利的“捍卫者”。

但在事实上，19 世纪末以前的社会权利——与政治权利相重合的阶段，奇特之处即在于社会权利常常与公民资格地位相分离。其中最明显的例子即是《济贫法》。《济贫法》实施的重大后果是，它不仅没有保障穷人的公民权利，反而却用自身替代了穷人的公民权利——“《济贫法》不是把穷人的权利要求看作公民权利不可分割的一部分，而是把它看作对公民权利的一种替代——只有当申请者不再是任何真正意义上的公民时，他的要求才会得到满足。”① 接受救济者，等于自行宣布迈出了公民共同体的门槛。这本质上是用自己的公民资格与救济的一种替换，而不是对公民资格本身的一种保障。

社会权利则是在 20 世纪后权利发展的极致，社会权利覆盖范围广泛，但是在当时它也只是保护弱者的权利，而不是作为具有公民资格的个体所必须拥有的一种福利权利。马歇尔在这里就已经看到了将政治权利与社会权利可以很好地结合在一起，两者是密不可分的。三种权利联系紧密，但是在三种权利中，马歇尔更注重社会权利的发展，对 20 世纪公民资格中占主要地位的社会权利发展的肯定。为此，马歇尔这样表述，“随着 19 世纪公共基础教育的发展，我们跨出了通向 20 世纪公民资格之社会权利重建道路的决定性第一步。”②

（三）公民资格理论对社会阶级的影响

马歇尔关注的核心问题是：作为一种平等制度的公民权利发展起来之后，它会对社会阶级的不平等体系产生什么影响呢？以 19 世纪末期为界限，马歇尔分两个阶段来探讨公民权对社会阶级的影响的。19 世纪以前主要分析的是公民权利和政治权利对社会阶级发展的影响，它们为 20 世纪具有平等主义理念的社会权利理论打下了基础。20 世纪以后主要就是社会权利对于社会阶级产生的影响。

18 世纪和 19 世纪主要是公民权利和政治权利的兴起时期，在这一时期的阶级关系主要是资本主义的阶级关系。在分析这一时期公民资格理论对阶级关系的影响之前马歇尔首先对阶级关系的类型进行了划分。他说，“第一种阶级体系建立在身份等级（hierarchy of status）的基础上，它根据法权和本质上具有法律约束力的、既定的风俗习惯来划分阶级。……但是，第二种类型的社会阶级体系则与其说是一个自成一体的制

① T·H·马歇尔. 公民身份与社会阶级. 郭忠华，刘训练编. 南京：江苏人民出版社，2008. 19—21

② T·H·马歇尔. 公民身份与社会阶级. 郭忠华，刘训练编. 南京：江苏人民出版社，2008. 21

度，不如说是其他制度的副产品。”[①] 这里所说的副产品实际上是在财产和教育制度作用下，人们之间文化程度的差异降低后所衡量的不同阶层的经济条件与福利状况。不得不承认公民资格的理论在发展中不断对社会阶级——资产阶级的阶层划分产生撼动。

但是人们还没有深刻地认识到作为公民手中所拥有的权利的分量。尤其是在18世纪、19世纪，人们对于公民资格理论的认识还没有达到深刻的程度。在这个时期，公民权利和政治权利可以说一定程度上被理解为促进和保护了这种有阶层的社会阶级体系。在这个推动的过程中也产生了公民对自身权利的询问，但是这都不足以唤醒人们对自身权利的思考。在这一时期马歇尔承认了阶级关系的必要性，但是也不可避免地面对它所带来的极端现象——贫困。他指出：“当然，阶级关系仍然在发挥其功能，社会不平等被视为必要的，它自有其作用：它可以激励人们去努力，并规划权利的分配；但是，一个不平等的整体模式——在这个模式中每一个社会阶层都先验地附着于某种固有的价值——已经不复存在。因此，不平等尽管是必要的，但也可能形成极端。”[②]

马歇尔所说的极端就是贫困的产生。在马歇尔看来贫乏和贫困是两个不同的概念，而社会的不平等可能在带来贫乏这个社会成员努力的推进器的同时也会带来贫困，而贫困就不能保持生活的维持。他认为在人处于贫困的状态的同时，社会如果把财富视为重要的衡量标准，那么贫困就是失败的标志。当对贫困这种人生的失败惩罚过度的时候，不平衡就会产生，这个时候人会萌发渴望消除阶级的意识。但是面对这种状况，为了消除人们不平衡的心理状况，政府并不是希望彻底改变这种不平等的状况。而是对社会的底层提供一些微不足道的安抚政策，但是这并不是对公民权利的扩充，而是对自己阶级地位的巩固。公民在用自己的公民权利换取些许好处，维持阶级的不平等。为此，马歇尔指出：“以这种方式缩小阶级差距并不是对阶级体系本身的攻击。恰恰相反，它经常极为自觉地把目标指向这一点：通过缓解阶级体系的负面后果而使之不那么容易受到攻击。它提升了作为社会大厦之根基的社会底层的地位，或许还能使它比以前更加安全、保险，但它依然是基础，社会的上层丝毫没有受到触动。”[③]

马歇尔在他的著作中承认现代的契约不同于以往的契约，现代签订契约的主体是自由平等的人。马歇尔认为公民资格是一种以平等为基础，但在其上建立的可以是不平等的阶级。同时，马歇尔并不认为这种不平等的产生完全在于公民权利的缺陷，他认为这是社会权利的缺失造成的。在他看来，《济贫法》和基础教育都没有起到应有的作用，没有完全将社会权利意识传输给人们，这才造成工人虽然接受教育却永远不能

① T·H·马歇尔. 公民身份与社会阶级. 郭忠华，刘训练编. 南京：江苏人民出版社，2008. 23－24

② T·H·马歇尔. 公民身份与社会阶级. 郭忠华，刘训练编. 南京：江苏人民出版社，2008. 24

③ T·H·马歇尔. 公民身份与社会阶级. 郭忠华，刘训练编. 南京：江苏人民出版社，2008. 25

超越自己的阶级地位的现实。

政治权利在 18 世纪和 19 世纪相对于公民权利是处于次要地位的，政治权利在 20 世纪才得到了更大的发展。马歇尔将政治权利与公民权利进行比照发现了政治权利存在两个障碍：阶级偏见和财富不平等分配影响的消除。“这里同样存在阶级偏见的问题，它表现为上层阶级对下层阶级的胁迫，以阻止由于新近选举权的放开而带来的投票权的自由实现。……就政治权利而言，第二个障碍即财富不平等分配之影响的消除，在技术上是简单的事情，因为登记投票的费用所花无几或者分文不花；虽然财富可以影响一场选举，但也可以采取一系列措施来减少这种影响。”①

对政治权利阻碍的改变比对公民权利阻碍的改变要容易，公民可以从政党和组织那里获得资金的支持而达到自己的目的。但是政治权利在 19 世纪只是处于萌发状态，人们并没有意识到它茁壮成长起来之后的巨大力量。集体谈判的出现是 19 世纪公民权利发展的重要表现，它是自由市场中各种经济力量实现平衡的手段。但是它实际上与集体公民权利的使用存在巨大差异。在这个阶段，权利的发展与资本主义的发展是相适应的，因此冲突并不明显。此外，现代民族意识作为公民权利的副产品也没能对社会阶级产生影响，受到教育和法律的影响的工人阶级也没有对资本主义产生威胁。可见，公民资格在 19 世纪末以前对社会不平等的改变收效甚微，但是却为 20 世纪改变社会不平等的现实打下了坚实基础。在这期间公民权利对社会阶级的影响要明显大于政治权利对社会阶级的影响，但是政治权利对社会阶级的影响是潜在的，是将来影响社会阶级发展的不可忽视的力量。

在马歇尔看来，公民资格理论中的社会权利在 20 世纪以前并没有被纳入公民资格的结构当中去。20 世纪是社会权利发展的时期，也是社会权利与资本主义发展相对抗的时期。

此时社会权利仍致力于消除阶级差距，但其内涵已经有了新变化。“它不再像从前一样只满足于提高作为社会大厦之根基的底层结构，而对上层结构原封不动；它开始重建整个大厦，哪怕这样做可能会以摩天大楼变成平房的结局告终也在所不惜。”② 在此，马歇尔又提出了开篇即在思考的一个问题，公民社会的发展是否就暗含着“大厦变平房”的终极目的呢？或者说，在通向更多的社会平等和经济平等的当代道路上是否存在自然的限制呢？

马歇尔首先阐述了国家应当为了减少社会的阶级差距而应当承担的责任。在他看来，“国家必须保障某些必需品和服务（如像医疗机构、药品供应、收容所和教育）的最低供应或者国家必须在这一方面投入基本的货币岁入——比如养老退休金、保险收

① T·H·马歇尔．公民身份与社会阶级．郭忠华，刘训练编．南京：江苏人民出版社，2008．28

② T·H·马歇尔．公民身份与社会阶级．郭忠华，刘训练编．南京：江苏人民出版社，2008．35—36

益和家庭津贴"[1]。接着马歇尔考察与分析了 20 世纪诸多的社会公益服务。这些例子表明，在同一个社会体系中，将社会平等原则与价格体系结合起来会引发一些困难；公民资格本身在消除一些阶级差别的同时，也在不断制造新的阶级差别，即社会不平等。

他分析到，在公民获得社会权利也就是政府提供公共服务的同时，不可避免存在了一个不可回避的问题：市场竞争必然存在，而社会关注贫困人口生活的社会正义也必然要存在。马歇尔在其著作中举了法律诉讼的例子表明支付费用受市场竞争影响，可是不能因为支付是必需的而使一部分人不能得到获得诉讼帮助的权利。摆在人们面前的问题是收入的差距影响了社会的公益服务。

国家的各项社会公益服务事实上是在保持社会权利中集体权利和个人权利的均衡。国家的社会福利标准其实是在制定一种社会服务的基本标准，这种标准与靠金钱使公民获得的福利有所不同，那些富有的人所购买的不是维持生活的必需品，而是在购买高档品和奢侈品，他们购买的是一种生活品质。公民在获得福利的同时，个人的权利也应当服从于政府，因为政府在为公民支付的福利负担会随着时间的推移越来越重。"国家的义务是面向整体社会，而不是面向公民个人的；前者不履行自己的义务，采取补救措施的是国会或地方议会，而后者不履行自己的义务，采取补救措施的则是法院或者至少是具有准司法性质的法庭。保持社会权利中这些集体因素和个人因素之间的恰当平衡，对于民主社会主义国家来说是至关重要的。"[2]

社会权利对社会阶级的影响并不是单方面的，并不仅仅是打破了社会阶级的禁锢，在一些方面公民资格甚至促进了社会阶级的分层，对社会阶级进行了划分。社会公益服务其实是面对需要接受服务的群体。马歇尔认为旧式学校，这种学校虽然是面向全社会开放，但是在现实中只服务于社会流动成员。这对于社会流动成员子女的就学是一种帮助，但是实际上这所学校毕业这个标签可能会伴随这些孩子一生，至少在观念上这些孩子带上了某种身份。马歇尔认为这是在为了消除阶级差距的同时附加地制造了阶级的差距。在教育的选拔问题上同样体现了公民资格是社会分层的手段，但是这种选拔制度被认为是利大于弊的。在学校选拔的早期，贫穷的孩子和富有的孩子都可以获得平等的上学权利。可是在入学后通过考试孩子们被区分为优等生和落后生。教师认为这是在为鼓励孩子而进行的教学方式，可是在某种程度上这些可能对孩子的影响是深远的。马歇尔认为这些优等的孩子会在群体内部不断同化，而这种同化和与其他孩子群体的分化就是在流动社会中塑造社会阶级的方式。

公民资格与资本主义的阶级体系在 19 世纪末之前相处无恙，却在 20 世纪处于"敌对"状态之中。但是这种状态是可以缓和的，而这种缓和的工具就是社会权利的发

---

① T·H·马歇尔. 公民身份与社会阶级. 郭忠华，刘训练编. 南京：江苏人民出版社，2008. 40

② T·H·马歇尔. 公民身份与社会阶级. 郭忠华，刘训练编. 南京：江苏人民出版社，2008. 44

展。在马歇尔看来，阶级之间产生差距是可以接受的，但是在阶级的内部不能产生过大的差距。他认为有三个至关重要的影响因素："首先，收入分配等级的两端的收缩；其次，共同文化以及共同经验领域的巨大延伸；第三，公民资格普遍地位的扩展连同人们对某些社会地位差异的认可和稳固，而这些社会地位的差异主要是由教育和职业体系造成的。"[①] 马歇尔认为前两者使第三者成为可能。马歇尔在这里认为这种差异是可以接受的，只要不是对抗性的不平等就是可以接受的。

基于以上可见，由于公民资格是一种平等制度，而社会阶级则是一种不平等制度，这就决定了公民资格对社会阶级的影响必然表现为对立原则之间冲突的形式。现代的公民资格与社会阶级并非不能相容。随着公民资格的拓展，保留经济不平等已经更加困难了。但社会目标并不在绝对的平等，实现平等的运动必然存在限度。但这一运动具有双重性：公民资格取向与市场经济取向，决定了平等运动这两个方面所允许的不平等有可能是冲突的。

（四）马歇尔公民资格理论的实现——福利国家的构建

在马歇尔看来，在三种权利中，社会权利是影响最大的权利，并将在 20 世纪大行其道。20 世纪，资本主义的发展不得不面对和其有冲突的公民资格的挑战，福利国家的构建是缓和这种危机，并促进社会关系向稳定方向发展的重要因素。英国也因此成为世界上第一个福利国家。

1. 马歇尔对福利的权利的理解

马歇尔在分析对穷人援助的问题时认为，在英国，对穷人施以援助是义务，而不是作为穷人的特殊权利。而在美国，人们则认为穷人既是权利的享有者也是义务的承担者。马歇尔得出的结论是援助是在满足权利，并通过福利社会实现。他说："但这有助于说明这样一种观点，即给予援助并不是一种仁慈的行为，而是在满足一种权利——尽管从严格意义上讲，它不是一种权利。"[②]

马歇尔认为在涉及救助穷人的问题时，任何国家都不能避免自由裁量的问题。确定救助对象就必须有一个公平的标准来衡量，而这个标准的制定又不得不通过对收入的调查。马歇尔认为这种自由裁量权应当具有以下特征：积极的、个人性质的和仁慈的。不应当让这种具有重要意义的裁量被某个个人的偏好所左右。

针对当时由于贝弗里奇报告的争论，马歇尔也提出了自己的观点，也同时提出了自己对援助和"福利社会"的看法。马歇尔认为贝弗里奇报告根本没有考虑需求，所以才认为救助系统是脆弱的。在他看来，强制性的援助并不是脆弱地基于义务的体系，

① T·H·马歇尔. 公民身份与社会阶级. 郭忠华，刘训练编. 南京：江苏人民出版社，2008. 54

② T·H·马歇尔. 公民身份与社会阶级. 郭忠华，刘训练编. 南京：江苏人民出版社，2008. 69

它的强大动力来自于人类基于生存的需求，这一点使强制性的援助将会变得非常牢固，不会因为家计调查而遭到人们普遍的反感。但是在总体上马歇尔认为贝弗里奇报告影响巨大，反映了人在社会中的地位。他说："这是一个由特定社会的公民所涉及的财政安排，其目的在于调节这一社会的收入分配，以便促进所有人的福利。这是一种特殊的互利型的财政安排，在某种程度上它以强者为代价而支持了弱者，它给予弱者的权利也不是根植于人之所以为人的本性之中，而是共同体自己所建立起来的权利，它取决于公民的身份地位。"①

在这里，马歇尔赞同这种"福利社会"的积极意义，认为它是由共同体建立起来的权利，不仅是一种收入分配政策，更是一种能够使在社会中具有社会地位的人获得相应权利的方式。这种社会将强者与弱者互利互惠地统一在一起，减少了由于阶级不平等而造成的危机。

2. 权利与义务并存

在承认了援助是满足穷人权利的同时，又如何避免穷人出现特权甚至成为懒汉呢？马歇尔认为穷人在接受救济的时候，只要他是健全的，他就有不成为穷人的义务与所接受的救济权利相匹配。也就是在拥有权利的同时，必须履行相应的义务。马歇尔认为权利并不是来源于义务的解除。对于教育权利和健康权利，这正体现了权利和义务的并存。马歇尔认为人在少年时候有接受教育的权利，但是当其长大成人就必须负担起回报社会的义务。大众在享受健康权利的同时也是承担了不能减少国民收入的责任。对于那些残疾人更多体现出不是现实的义务，他们获得福利权利的同时承担的是一种道德的义务，即努力克服其不幸的道德义务。在论述这一部分时马歇尔最终强调道："第一，享有某些援助或服务的权利，并不必然表示它就完全不要履行某种责任，它仅仅意味着这些服务不应当以支付能力为条件。……第二，只有在一种非常有限的程度上，福利才称得上是社会服务或社会政策的结果。"②

马歇尔事实上在这里提到了社会福利的特点：福利权利的获得和支付可能存在不同步性，可能在获得这一权利之前在其他方面个人已经支付了费用。另外，福利权利不是社会服务和政策的结果，而是大部分来源于社会体系中其他方面的支出。

3. 福利权利体系的划分及其补救办法

马歇尔在对福利权利的反思中提出了福利权利体系的划分，他认为构建一个权利和期望等级体系是完全可能的。"在这一体系中，第一等级是被精确界定且有法律强制力的权利，它可以通过法律的解释而得到调节，而不是自由裁量权。第二等级是依据现行的政策，通过行使自由裁量权来评估某人需要的权利。……第三等级是我曾在其他场合曾提到过的'合法

① T·H·马歇尔. 公民身份与社会阶级. 郭忠华，刘训练编. 南京：江苏人民出版社，2008. 68

② T·H·马歇尔. 公民身份与社会阶级. 郭忠华，刘训练编. 南京：江苏人民出版社，2008. 73

的期望’（legitimate expectations）。它们以公开承认的政策目标为基础，更精确和更概括地说，它们是承诺提供给公民的援助或服务。……最后，这一等级体系的第四个层次，我们指的是一些普遍接受的标准，通过它们，社会政策及其绩效状况可以得到判断”。①

马歇尔认为无论如何划分福利体系的层次都是为了减少自由裁量对社会福利制度的影响。在第一个层次中法律的制定起决定性作用，自由裁量权并不起作用。而在第二个层次和第三个层次人们却不得不防止自由裁量成为一种偏袒和特权。马歇尔在这里认为能被公民接受的是由公共服务机构行使自由裁量的权力。第四个层次引发的是对社会政策的深入讨论。马歇尔在提出福利权利体系划分之后，认为自由裁量权正受到两方面的批评，一方面认为自由裁量权使用太过度，而另一方面则认为自由裁量权使用不到位。因此，马歇尔在后面试图谈一些补救办法。他认为应当减少复杂性，并指出了两点补救措施。“第一，用所谓‘普遍性’服务代替‘选择性’服务。它假定具有扩大权利范围和减少自由裁量的效果。但情况却并非如此简单。……第二，通过提高低收入者的收入水平来减轻收入调查类型服务的整体负担。”②

然而，在某种程度上马歇尔是反对普遍性代替选择性的。要区分普遍性和选择性就必引入家计调查，另外在马歇尔看来选择性是必要的，不能用普遍性完全替代。第一，以收入为基础的社会保障体系的流通需要以收入为基础。第二，对贫困者免费的同时实际上就是在进行选择。第三，家计调查在某种程度上是建立公民资格的衡量标准。在这里，马歇尔是在强调选择性和家计调查对社会福利权的必要性。而对于第二点补救措施，马歇尔认为这只是解决了部分的问题，只是将提高收入的权利给了这一阶层的所有人，却并没有实际的解决低工资和低收入的问题。

4. 福利国家的构建

马歇尔所期望建立的福利国家模式不得不面对人类社会必须面对的一个难题，即解决个人权利和社会共同体权利之间的矛盾。福利国家与其他国家形式一样也存在这样的矛盾。这两点也是福利国家两个重要的原则。马歇尔在坚持个人主义至上原则的同时，认为个人主义在与共同体融合的过程中更复杂。在文中他举了教育选择的例子，他承认孩子有权利选择适合自己需要的教育方式，但是他同时认为，国家在培养孩子时是为共同体的共同利益考虑的，一部分孩子就被选择出来而进行一些特有的教育。而用分数区分以及竞争性的产生在马歇尔看来是一种必要的恶。国家所能做的就是提供公正的、消除偏私的创造良好的环境让孩子们成功度过每一个阶段。同时，马歇尔认为过分强调共同体权利的集体主义最终会导致均贫，最终谁都不会得到任何东西。

① T·H·马歇尔. 公民身份与社会阶级. 郭忠华，刘训练编. 南京：江苏人民出版社，2008. 76－78

② T·H·马歇尔. 公民身份与社会阶级. 郭忠华，刘训练编. 南京：江苏人民出版社，2008. 79－82

如何均衡个人权利和集体主义的共同体的权利呢？马歇尔提出了承认差异和天赋的结论。他指出："福利国家如果想要协调这两种原则，它就必须构想出使大家作为人或公民而享有的基本平等，同时又给下列认识留有空间：并非所有人的天赋都是一样的，也不是所有人都能够为共同体提供同样有价值的服务；机会平等意指有平等展示差异的机会，其中有些差异是优秀的表现，它们的发展需要不同类型的教育，它们必须合理地看做优于其他类型的。"①

马歇尔认为机会平等目标问题的实现是存在障碍的，他认为父母的职业社会地位以及教育方式对孩子的影响是长远的。中间阶层的孩子具有较好的教育传统，父母也对孩子的教育更为尽心，这些都是造成不平等的原因，而这些都是福利国家所无能为力的。教育的竞争性选拔机制也是福利国家所继续保留下来的选择方式。马歇尔认为某些程度的经济不平等是必须被接受的，但是不同的人被教育的选择机制分配到不同的岗位中去，其接受历练将成为将来从事各行各业的财富。福利国家不是万能的，它只能在同样程序的划定下提供公正的、无特权的、共同的社会环境使竞争的外在条件公平。

（五）马歇尔理论的意义和价值

在20世纪50年代后期和60年代初期，马歇尔的公民资格理论曾经产生了很大的影响，而从80年代开始到至今，人们又重新对这一论题发生了兴趣。在有关研究文献中，不乏安东尼·吉登斯、迈克尔·曼（Michael Mann）、布赖恩·特纳、齐格蒙特·鲍曼（Zygmunt Bauman）等当代社会理论界的大家，他们的论述都围绕马歇尔的理论而展开。还有甚者对马歇尔观点进行对立的解释、抛弃他其他观点来强调他的某一个观点。马歇尔公民资格理论的力量被认为在于它的复杂性，"在于它能够提出几乎是相反的，而又毫无矛盾的可能性的能力"②。马歇尔的贡献更体现在理论的原创性上，对于有关公民资格理论，我们可以同意马歇尔的表述，也可以表示异议，但我们谁都无法忽视它的存在。

1. 重新评估马歇尔的公民资格理论的意义和价值，我们首先遇到的问题是：为何社会权利对现代社会如此重要？

公民资格的理论重视"早已存在"（pre-existing）的社会权利，在今天，我们毋庸置疑的是：社会权利的落实是一种可以强制政府履行保障的责任。也就是说，公民所要求的保障及待遇便不是一种像慈善机构给予穷人的救济，而是不可剥夺的权利。最终将由国家给予保证，公民资格权利可以称之为国家对其成员应尽的责任。在这个意义上，马歇尔的公民资格背后的理念不是解决贫穷问题，而是为现代社会注入社会平等的元素，

① T·H·马歇尔．公民身份与社会阶级．郭忠华，刘训练编．南京：江苏人民出版社，2008．93

② 巴巴利特（J. M. Barbalet）．公民资格．谈谷铮译．台北：桂冠图书股份有限公司，1991．13－14

但却不是要消减自由市场的作用。由于这个原因，对于马歇尔来说，就算家计调查的救助能对减低经济不平等较有效果。他也认为地位的平等的重要性更甚于收入平等。总之，现代社会的公民资格是本质上的平等，公民资格的理念给予弱势群体重要的论据，以表示不平等待遇或处境是对他们基本权利的侵蚀，而公民资格又是他们基本人权的基础。

2. 重新评估马歇尔的公民资格理论的意义和价值，我们其次遇到的问题是：为何社会权利对福利国家如此重要？

第一，公民资格理论对英国第二次世界大战后的福利国家的发展提供了一种理论解释，同时它也对福利国家在20世纪五六十年代的发展产生了影响。第二次世界大战后，英国的贝弗里奇报告的出台，被认为是现代福利国家体制建立的标志。马歇尔提出的社会权利为当时贝弗里奇报告及福利国家社会政策的实施提供了最流行的解释。马歇尔对公民资格的不同要素强调具有不同的制度基础，并且有各自的不同的历史，这就是说，公民资格的三个构成分别与其相应的制度机构联系在一起，从而使每种权利的实现获得了一种制度化保障。由此可见，马歇尔对公民资格的论述实则在于强调建立在社会组织和社会结构之上的公民资格及其制度基础。特别是他强调社会权利是公民资格的一部分，这就为制度化的、普遍性的福利的发展找到了理论根据。也在这个意义上，福利国家则被认为是社会权利的制度安排。

第二，在马歇尔看来，社会权利是一种要求获得实际收入的普遍权利，而实际收入并不按人们的市场价值来衡量。就此而言，社会权利实际上使人脱离了市场力量，甚至是从市场力量下把人解放出来。“假如社会权利的资格基础是公民资格而不是其能力，那么它们必然带有非商品化的性质，从而使个人出于独立于市场的地位。”[①] 换言之，这种权利意味着人们对某种标准之文明拥有一种绝对的权利，这就必然会涉及社会资源和财富的再分配以及大规模的税收。社会权利的表现或载体是整体社会及经济系统的一部分，它需要国家财富作为物质基础的支持。在马歇尔的分析过程中，他强调国家干预市场的正当性，认为阿尔弗雷德·马歇尔害怕国家干预的思想过时了，而且当前英国实行的政策与社会主义无大的差别，这种描述为国家干预推波助澜。

深度阅读

1. R. M. Titmuss. 社会政策十讲. 江绍康译. 台北：台湾商务印书馆，1991

2. T·H·马歇尔. 公民身份与社会阶级. 郭忠华，刘训练编. 南京：江苏人民出版社，2008

① 考斯塔·艾斯平-安德森. 福利资本主义的三个世界. 郑秉文译. 北京：法律出版社，2003. 22

第五章 福利国家思想及其比较

"当代思想中一个最具决定性的元素是将福利思想转化成福利国家。……福利不可避免地与当代福利国家的政策和制度联系在一起。"① 福利国家的突出特征是社会福利制度的极大化产出，但福利国家又与通常所指称的"收入转移和社会服务"有所不同，而是一个更广义的政治经济学范畴。

福利国家是市场经济条件下，在国家、公民的相互作用中形成的法律和组织特征系统交织的复合体，这一复合体的基本特性是可以导致防范社会风险与保障生活水平的福利结果。本质上说福利国家是管理公共物品的一种工具，是权力和权利集合的中心。现实上来看，福利国家与资本主义政治与经济制度紧密地契合在一起，成为现代社会发展的一个历史高点。

第一节 福利国家的理论思潮

"福利国家"（Welfare State）通常被认为最早出现在坦普尔（William Temple）所著的《公民与教徒》(*Citizen and Churchman*，1941）一书中②，随后被1942年的《贝弗里奇报告》(*Beverige Report*）所引用，虽然，贝弗里奇本人及其其他从事社会服务

① 诺曼·巴里．福利（第一版序）．储建国译．长春：吉林人民出版社，2005．2

② 英语"福利国家"（welfare state）一词，最早也有被认为是牛津大学国际政治学者齐默恩（Alfred Zimmern）在1930年第一次用，他把英美等民主国家称为福利国家。稍后不久，经济学家舒斯特（George Schuster）也在1937年提出："削弱独裁者在权力国家中影响的最好办法，是我们的福利国家表明它更能为人民提供幸福。"转自 Henry Pelling. The Labour Governments，1945—51，London：Macmillan，1984. p. 117.

的人喜欢使用“社会服务国家”（Social Service State）。但是，此后福利国家概念已广为流传[①]，“福利国家”的理念不可阻挡地从英国走向世界。

一、福利国家产生的背景和基础

（一）福利国家产生的历史背景[②]

福利国家起源于两次世界大战之间，1929 年开始的世界经济危机是一个重要的转折点。这次危机从根本上震撼了整个资本主义世界，它迫使人们为资本主义选择一种新的生存形式。1933 年，德国的法西斯主义和美国的“新政”同时产生了。它们在解决当时国内经济危机问题上都是颇为成功的，他们采取的反经济危机措施，基本上都是运用政府的强权干预经济，实行经济扩张政策，使德国和美国的经济奇迹般复苏，终于走出了危机。但是，德国和美国走出危机的道路有着很大的区别：希特勒是以抛弃资产阶级民主制度为代价的，而罗斯福是以维护资产阶级民主制度为前提的。这个重大区别使德、美两国在经济复兴过程中实行国家干预的手段和内容都大相径庭。法西斯主义以独裁强权为手段，靠发展军火工业，扩充军备来实现充分就业和经济扩张，而罗斯福则主要以议会立法为手段，靠发展公共事业和扩大社会福利来完成扩张计划。罗斯福所改变的不是政治制度，而是政府的公共政策。1939 年，希特勒挑起了第二次世界大战，法西斯主义遭到了全人类的唾弃。资本主义各国选择了美国的“新政”道路作为自己未来的生存方式。沿着新政道路，资本主义将走向一种既实行政府积极干预经济和社会生活的公共政策，又保留资产阶级民主制度的社会，这就是第二次世界大战后广泛出现的福利国家。

（二）福利国家产生的思想基础[③]

首先，福利国家的思想绝大部分来源于宗教。西方国家的福利理念源于基督教义中的“爱你的邻舍”[④]，传教士和慈善家可以说是西方历史上最早在社区提供社会服务的社工。中世纪的基督徒对穷人往往有着怜悯之心，圣经要求人们对于不幸者要慈爱，要关心那些生病年老残疾和贫穷者。《旧约全书》还通过列举约伯的善举来劝人行善，即“穷人求助，我总乐于帮助，孤儿求助，我就伸出援手。我为水深火热的人祝福，

---

① 林万亿. 福利国家——历史比较的分析. 台北：巨流图书公司，2006. 7

② 王燕滨. 论福利国家产生的思想基础. 政治学研究. 1986，1

③ 乜琪. 浅议福利国家的产生. 徐州师范大学学报（哲学社会科学版）. 2010，4

④ 圣经·新约全书·约翰福音（第 6 章）. 中国基督教三自爱国委员会编. 106

我也使寡妇的心欣慰。我以正义做衣服穿上，公道是我的外袍，我的华冠。我做盲人的眼睛，我做跛子的腿，我做穷人的父亲，我为陌生人申冤，我摧毁强暴势力，救援被他们欺压的人”①。

而新教伦理中的“上帝面前人人平等”，也使个人的权威和重要性得以建立，从而使福利惠及个人的理念得以产生。发展到今天，福利国家本质上追求的仍然是平等，尤其是公民之间权利的平等。从西方国家慈善历史可以看到，早期的福利与宗教慈善的一体性。而之所以要这样做，主要是世俗政权在取代基督教会统治以后，便接替了原来由教会承担的社会责任，基督教普施仁慈、恩泽天下的精神，自然也就成为福利政策的价值基础。

其次，产生于文艺复兴时期的人道主义是福利国家思想的另一重要来源。其核心思想是反对神学，提倡人学；反对神权，提倡人权；反对神性，提倡人性；以人为中心，承认人在经济、政治、文化等方面的权利是与生俱来，不可剥夺的。这种思想为后来的福利制度和福利国家的建立奠定了重要的理念基础。除此之外，20 世纪初，福利观念领域出现了三大变化，即美德社会化、风险常态化和需求合法化。至此，福利思想的发展已经为福利国家的诞生做好了充分的意识形态方面的准备。②

（三）福利国家产生的理论基础

社会民主主义是福利国家最有力的支持者，对福利国家的形成和发展发挥了重要作用。事实上，社会民主主义成为西方福利国家理论和政策的基础。社会民主主义福利国家的思想主要表现在③：在福利国家起源上，认同马克思主义的工人阶级对资本家的反抗及为改善生活的斗争是福利国家得以扩展的主要成因；工业化带来了大量的经济和社会和问题，使政府有必要也有能力介入社会福利政策的指定和执行；社会福利是消除不平等、实现社会公正的途径等。

在福利国家的功能方面，认为有五个方面的功能④：消除社会问题及其改善弱势群体的困境；刺激经济和推动经济的发展；通过提供公平教育机会来建立更平等的社会；有助于利他主义的发扬和社会的整合；弥补社会弱势群体付出的社会成本。

---

① 圣经·旧约全书（第 12 章）．中国基督教三自爱国委员会编．645

② M. Freeden. The coming of the welfare state，in Ball，T. and Bellamy，R.（eds.）The Cambridge history of twentieth-century political thought. Cambridge：Cambridge University Press，2003.

③ V. George and P. Wilding. Ideology and Social Welfare，London：Harvester Wheatsheaf，1994，pp. 74—75.

④ V. George and P. Wilding. Ideology and Social Welfare，London：Harvester Wheatsheaf，1994，pp. 84—86.

（四）福利国家产生的社会基础

随着欧洲各国陆续走上资本主义道路，新的政治力量登上历史舞台，资产阶级和无产阶级在反对封建主义的斗争中，都提出了人权与平等的政治诉求。自由主义作为市场经济中自由企业制度的精神支柱，强调个人权利的平等和绝对优先性。这一思想被社会民主主义和其他政治力量不同程度地接受，个人权利平等成为被当时社会最广泛认同的价值理念。社会民主主义运动和工人运动的发展，最大限度地使人权平等的理念接近了现实。社会民主党人的斗争和工人运动是福利国家建设最基础、最主要的政治推动力量。①

二、威廉·坦普尔和“福利国家”的提出

福利国家是一种国家形态，福利国家是国家形成发展这一漫长过程中的产物。1941年坦普尔（William Temple）提出“福利国家”，坦普尔利用英语中的“福利国家”（Welfare State）与“战争国家”（Warfare State）两个词在发音上较为相似的特点，把二者加以比对。把福利国家作为一个不同于纳粹德国在希特勒操纵下所形成的“强力国家”（Powerful State）和对外发动战争的“战争国家”的对立物而提出来的。②

坦普尔（William Temple，1881—1944），英国著名的基督教神学家、思想家，基督教社会改良主义者，和他父亲一样，坦普尔进入牛津大学波里奥学院，毕业后被任命为牛津皇后学院的哲学讲师，1910年离开牛津大学，任雷普敦校长。之后，1922年，受任曼彻斯特主教，后长期担任英国约克大主教（Archbishop of York，1929—1942），并于1942年升任第98任坎特伯雷大主教（Archbishop of Canterbury）。③ 坦普尔视自己的责任为“挑战没有社会意识的基督徒和没有基督教的社会主义者”，相信基督教信仰可以成为一切生活的基础，并可以通过社会实践表现出来。他认为基督教的公民应当参加政治活动和在政治与经济范围内来证明和实行基督教的原则。在1944年教育法案的通过中，坦普尔起到了重要的作用，这个法案不仅是英国教育史上的里程碑，而且是英国福利国家政策的一项重要内容。

由于坦普尔是上议院议员，他积极运用他的影响来迫使财政部恢复削减掉的失业救济金；他抓紧每一个机会来提醒英国政府，民众的穷困“不仅根本不符合于基督教的原则，而且在经济上也是不合理的”。1941年初，时任约克大主教的坦普尔，主持召

① 丁东红．论福利国家理论的渊源与发展．中共中央党校学报．2011，2

② Henry Pelling. The Labour Governments，1945—51，London：Macmillan，1984. p. 117.

③ 汤朴威廉．汤朴威廉选集．谢秉德译．香港：基督教文艺出版社，1972. 1—3

开了主题为“基督教应该以什么样的思想引导社会秩序的重建”的马丰（Malvern）会议。许多宗教界的著名人物出席了本次会议，并对有关社会问题进行了热烈的讨论。虽然当时第二次世界大战仍在进行，且还无迅速结束的迹象，人们却普遍认为：谈论战后社会秩序的重建问题并不为时过早。坦普尔在马丰会议上明确指出，失业问题是许多罪恶的根源，必须尽快解决，并提出了自己的社会改良主张。坦普尔的观点得到了大多数与会者的赞同和支持。[①]

坦普尔在1942年年初出版的《基督教与社会秩序》（*Christianity and social order*，1942）[②]，向人们描绘出符合基督教伦理的理想社会。要解决失业、贫困等社会问题，促进民众福利的发展。《基督教与社会秩序》集中论述了坦普尔的社会改良思想，即把基督教的社会伦理原则运用到社会生活之中，建立基督教化的社会秩序。同时，在这本书中，明确提出了全面的社会改良思想。他的社会改良思想涉及经济、政治、教育等方面的内容。在经济，坦普尔提出的改良主张有改善工人住房、普遍实行带薪休假、实行家庭补助制度、解决失业问题、反对各种经济投机行为、反对金融控制生产、反对土地私有、反对不平等的国际贸易等。在政治上，坦普尔主张国家建立工人参与各项事业管理的长效机制，保障工人参与政治的权利。教育方面，坦普尔的改良主张是：延长义务教育的年限、免费为学生提供牛奶、重视学生个性发展、重视学生在学校的团体生活、注重教育公平。显然，坦普尔的这些社会改良主张，着眼于促进社会的公平正义，力求解决不平等、失业、贫困等突出的社会问题并促进民众的福利。

坦普尔希望通过社会改良实现这六个方面的目标。第一，每一位儿童的家庭，都应该有整齐体面的居室，以便在愉快的家庭生活中长大成人，而不会因营养不良、居室狭陋、环境污秽、生活单调而受污损。第二，每一位儿童在成年以前，都应当有受教育的机会，而且教育制度应当能使每位儿童的个性和天才得到正当发展。教育中应当贯彻正当的信仰，以培养儿童敬虔端正的人格。第三，每一位公民，都应当有稳定的收入，使他能依照第一条目标所举的标准，维持家庭，教养子女。第四，每一位公民，对于他所从事的事业的管理经营，应当有参与的机会，使他感觉到自己的贡献与整个社团的福音有关。第五，每一位公民每天都应该有充分的休息时间，每周应有两天例假；如果是雇员，每年应有一定的带薪休假，以便享受私人生活，发展其个性与天才。第六，每一位公民都当有信仰、言论、集会、结社自由的保障。[③] 坦普尔认为，

---

① 张国强，厉光通．威廉·坦普尔与英国福利国家的产生．文教资料．2011，7

② 《基督教与社会秩序》一书，在1942年作为读者众多的企鹅丛书问世，不久便卖出14万册。此书在社会上引起了强烈反响，被誉为福利国家的重要桥头堡之一。

③ William Temple. Christianity and social order. New York：Penguin Books，inc.，1942，p. 61－62.

这六个方面的目标体现了基督教化的社会秩序的要求。

可以看到，坦普尔要建立的符合基督教伦理原则的社会秩序，也应是广大民众的社会福利得到充分发展的社会秩序。坦普尔积极投身于各种社会实践活动，广泛宣传自己的社会改良主张，推动了福利国家思想在英国社会达成共识。坦普尔的社会改良思想不仅影响了英国国教徒，而且在社会上得到了广泛传播，得到了众多非国教徒的支持。正是在这样的背景下，勾画了福利国家蓝图的《贝弗里奇报告》在英国社会产生了巨大影响，英国工党通过一系列社会改革宣告了福利国家的诞生。[①]

第二节　威廉·贝弗里奇的福利国家思想

威廉·贝弗里奇被公认为是福利国家理论的主要建构者，被誉为“福利国家之父”。英国被称为福利国家的摇篮。威廉·贝弗里奇的福利国家思想至今仍然产生了深远的影响。

一、威廉·贝弗里奇和《贝弗里奇报告》

威廉·贝弗里奇（William Henny Beveridge，1879—1963），1879 年 3 月 5 日出生于印度（现孟加拉国的朗布尔），贝弗里奇的父亲曾在印度担任英属印度的文职官员，从事法官工作。贝弗里奇曾就学于查特豪斯公学（Charterhouse School）和牛津大学的巴利奥尔学院（Balliol College），他毕业后，他成为一名律师。[②]

贝弗里奇从 1903 年开始关注于失业问题，并前往伦敦东区贫民区的汤恩比馆（Toynbee Hall）担任助理负责人。[③] 1904 年，他认识了费边主义者悉尼·韦伯夫妇后，对社会主义学说产生了兴趣，开始参加费边社的各种会议，并且认真阅读研究了韦伯夫妇关于工会主义的著作，在这里，他第一次接触社会主义者对资本主义和自由市场的理论观点。1905 年 7 月，贝弗里奇公开抨击谴责经济个人主义时指出，集体主义无论从道德上还是功能上，对工业社会来说都是有存在价值的。[④]

也就是在 1905 年，贝弗里奇离开汤恩比馆，开始给《晨报》（*Morning Post*）撰文讨论社会问题，主要关注失业，他开始被视为这个领域的知名专家。1908 年，刚被任命为贸易委员会主席的丘吉尔（Winston Churchill）邀请贝弗里奇出任公职，协助建立

---

① 张国强，厉光通．威廉·坦普尔与英国福利国家的产生．文教资料．2011，7

② http://www.beveridgefoundation.org/sir-william-beveridge.

③ Tony Lynes．威廉·贝弗里奇．载：Paul Barker．福利国家的创建者：十六个英国社会改革先驱的故事．张世雄，洪惠芬等译．台北：唐山出版社，1999．157

④ Joes Harris．William Beveridge：A Biography．Oxford，1977，p. 87.

一整套劳动交换体系，紧接着《劳动交换法》通过。也就是在1909年，贝弗里奇出版了他的第一本书《失业：一个工业问题》(*Unemployment：A Problem of Industry*)，在这本书，他提出了失业的解决之道：建立一个劳动交换体系，用于预防失业问题，同时利用失业保险，协助失业者渡过失业后的生活。年届30，他已成为社会立法条文和执行体系的主要设计者。[①] 1919年，贝弗里奇被任命为伦敦政治经济学院（LSE）院长，一直到1937年，他被选为牛津大学学院院长。

1941年6月，英国政府成立了社会保险及相关服务各部门联合委员会（Inter-departmental Committee on Social Insurance and Allied Service），即协调委员会，着手规划战后社会保障体系建设。贝弗里奇受英国战后重建委员会主席阿瑟·格林伍德（Arthur Greenwood）委托出任协调委员会主席。负责对现行的国际社会保险方案和相关服务（包括工伤赔偿）进行调查，并提出建议，调查的重点是各项社会保险方案之间的相互关系。贝弗里奇虽然是委员会主席，委员会内部实际上存在严重分歧，劳工部的代表坚决主张不能将家庭补贴制度包括在社会保障制度之中，财政部的代表只希望委员会就社会保障管理方面提出意见，还有一些部门的代表主张丧葬补贴不应该包括在社会保障制度之内。为避免委员会将来提出的报告充满分歧，当时政府断然做出决定，社会保险与相关服务委员会的最后报告将由贝弗里奇本人签署，委员会中各部门的代表一律视为贝弗里奇的顾问。在贝弗里奇委员会的正式报告发表以前，该委员会一共召集了44次会议，收集、整理并提出194份文件，其中最重要的两份文件是贝弗里奇向委员会提出的备忘录。[②] 1942年11月，贝弗里奇向英国战时内阁提交了《社会保险及相关服务》(*Social Insurance and Allied Service*)，史称《贝弗里奇报告》。

《贝弗里奇报告》的基本内容包括六个部分：第一部分概括介绍了协调委员会的工作过程和报告的主要内容；第二部分审视了当时英国社会保障制度存在的各种问题，并详细论述了23项改革的理由及具体建议；第三部分专题讨论了待遇标准和房租问题、老年问题以及伤残赔偿途径等三个特殊问题；第四部分专题研究了社会保障预算问题，提出了由政府、雇主和参保人三方共同出资的方案；第五部分论述了社会保障计划，提出了社会保险、国民救助和自愿保险等三个层面满足不同人群需要的社会保障体系框架；第六部分为社会保障政策，详细讨论了子女补贴、全方位医疗康复服务和维持就业问题，并把消除贫困定位为战后的基本目标，明确提出社会保障计划的目标是：确保每个公民只要各尽其能，在任何时候都有足够的收入尽自己的抚养责任，

---

① Tony Lynes. 威廉·贝弗里奇. 载：Paul Barker. 福利国家的创建者：十六个英国社会改革先驱的故事. 张世雄，洪惠芬等译. 台北：唐山出版社，1999. 157－162

② 丁建定.《贝弗里奇报告》及其评价. 社会保障研究. 2007，1

以满足人们的基本生活需要。

总之，报告分析了英国社会保障制度的现状、问题，对以往提供的各种福利进行了反思，它建议英国政府建立全面的社会保险制度和国民医疗保险制度。提出了英国在战争结束后，尽早建立一个由政府向每个社会成员提供基本生活保障的社会的构想。

报告提交之时，正值英美盟军在北非阿拉曼战役打败德意法西斯军队，它使英国人民在艰苦的战争环境中看到了获得胜利后即将到来的生活希望，在贫困动荡的岁月里看到了未来生活的安宁美好，因而深受百姓拥护。《贝弗里奇报告》发表后不到 1 个月的时间内售出 10 万份，最后销售总量为 63.5 万份，成为当时最畅销的出版物①，这已足见英国社会对报告的关注。

1943 年 2 月，英国议会下院最终 335 票赞成、119 票反对通过了《贝弗里奇报告》②，使之成为一份官方社会保障改革文件。但战时内阁正忙于处理欧洲和非洲的战争事务，对报告内容及其在人民中的影响并未予以充分关注。战时内阁首相、保守党领袖丘吉尔对《贝弗里奇报告》反应冷淡，他认为当时关键是争取英国在战争中取得胜利，有关改革的措施应推迟到战争结束以后，同时也对报告内容的可行性抱有怀疑，担心报告可能助长民众的乐观情绪。他在一份重要的内阁声明中指出："关于战后社会生活的一种危险的乐观主义情绪正在增长，依我看，各部大臣应该留心，不要引发一些虚假的希望，因为我不愿用这些虚假的希望以及关于未来的难以实现的乌托邦式的许诺来欺骗民众。"③ 他在下院辩论时声称《贝弗里奇报告》所提出的目标任何人都不会反对，但第二次世界大战后英国政府不可能有如此雄厚的财力去实现它。丘吉尔的态度令广大人民失望，以致在第二次世界大战后大选中这位英雄首相未能取得选民的支持，被迫迁出唐宁街 10 号。

和保守党长期对抗的英国工党则抓住这一历史机遇，1945 年，英国工党领袖艾德礼（Clement Richard Attlee）当选为英国首相，他开始参照《贝弗里奇报告》的建议，作为其施政纲领的重要内容提出，并获得了人民群众的广泛支持。1948 年 7 月 4 日，艾德礼首相通过电台向全国宣布："四项立法——《国民保险法》《工业伤害法》《国民补助法》《国民医疗保健法》明天将开始生效——这些立法是社会保障的主体……这些社会服务将是广泛的，每一个公民都可以享受到，每一个家庭成员都将由此获得保障。"④

---

① John Brown. The British Welfare State: A Critical History. Blackwell，1995，p. 26

② 蔡虞生. 丘吉尔传. 武汉：湖北辞书出版社，1996. 418

③ Winston Churchill. The Second Word War，London，1954. p. 861

④ Henry Pelling. The Labour Governments，1945—1951，London，1984，p. 117

《贝弗里奇报告》从理论角度而言，在于提出了福利国家思想，从实践角度而言，战后英国正是在这一报告的思想基础上率先建立起一整套现代社会保障制度，使得英国成为人类历史上的第一个“福利国家”，《贝弗里奇报告》被为福利国家的奠基石。

贝弗里奇于 1963 年 3 月 16 日在家中去世，享年 84 岁。临终前他仍在床上研究价格问题，弥留之际留下一句话：“我还有许许多多的事情要做。”纵观贝弗里奇一生，他最大的性格特征就是：面对新的困难和挑战，他不断改变思想和不屈不挠地努力。①

贝弗里奇的主要著作有《失业：一种工业问题》（*Unemployment*：*A problem of industry*，1909）、《从第十二世纪到第十九世纪英国的价格和工资》（*Prices and Wages in England from the Twelfth to the Nineteenth Century*，1939）、《社会保险及相关服务》（*Social Insurance and Allied Services*，1942）、《自由社会中充分就业》（*Full Employment in a Free Society*，1944）、《充分就业的经济学》（*The Economics of Full Employment*，1944）、《为什么我是一个自由主义者》（*Why I am a Liberal*，1945）等。

二、威廉·贝弗里奇的主要思想

（一）福利国家蓝图

1. 社会保障的改革原则

贝弗里奇认为，英国社会保障体系建设，应遵循三个指导原则。第一，在规划未来的时候既要充分利用过去积累的丰富经验，又不要被这些经验积累过程中形成的部门利益所限制。第二，应当把社会保险看成是促进社会进步的系列政策之一。第三，社会保障需要国家和个人的合作。②

2. 社会保障的需求原因

贝弗里奇提出，从社会保障角度出发，英国人口可划分为六大类人群，其中四类在工作年龄以内，一类在工作年龄以上，还有一类在工作年龄以下，具体如下：第一类，雇员，指那些根据合同受雇为他人工作的人员。第二类，其他从事有酬工作的人员，包括雇主、商人和其他各类自由职业者。第三类，家庭主妇，指工作年龄内的已婚妇女。第四类，其他在工作年龄内未从事有酬工作的人员。第五类，未达到工作年龄的人员。第六类，超出工作年龄的退休人员。在上述六类人中，第六类人，即超出工作年龄的退休人员将可以领取退休养老金。第五类人，即尚未达到工作年龄的人员

① Joes Harris. William Beveridge：A Biography. Oxford，1977，p. 471.

② 威廉姆·贝弗里奇. 贝弗里奇报告——社会保险和相关服务. 劳动和社会保障部社会保险研究所组织译. 北京：中国劳动社会保障出版社，2008. 2－3

可享受子女补贴，该补贴由国家财政负担，覆盖所有社会保险待遇或养老金享受者的儿童。其他四类人也是各有所保。所有这六类人都享有全面的医疗和康复服务以及丧葬补贴。①

贝弗里奇阐述了产生社会保障需求的八种原因。第一是失业；第二是伤残；第三是失去生计；第四是退休；第五是婚姻需要；第六是丧葬需求；第七是儿童，对受全日制教育的16岁以下少年儿童提供子女补贴；第八是身体疾病或丧失劳动能力。②

通过八种需求原因的阐述，充分说明推行社会保障制度的重要性，同时以此八种需求原因为基础，构建了福利国家社会保险及其相关服务制度的基本框架。报告提出了现代社会保障体系框架应由社会保险、国民救助和自愿保险三个层次构成，为人们勾画出“从摇篮到坟墓”的福利国家思想和实施方案。

3. 社会保障的主要目标

贝弗里奇从英国战后需要解决的五大问题：贫困、疾病、愚昧、肮脏和懒散问题出发③，提出消除贫困是社会保障计划的主要目标，并明确提出社会保障的目标是：确保每个公民只要各尽其能，在任何时候都有足够的收入尽自己的抚养职责，以满足人们的基本生活需要。④

为此，贝弗里奇给社会保障界定为：它是一个抵御因谋生能力中断或丧失而造成的风险，或覆盖因出生、婚嫁、死亡而产生的特殊支出的社会保险方案。⑤ 他强调：“社会保障一词在此处用于表述下列情况下对收入的保障：替代因失业、患病或出现事故而中断的收入；为年老退休者发放待遇；为抚养人死亡后失去生活来源者提供待遇；解决因出生、死亡、婚姻等发生的额外生活支出。社会保障主要是指达到最低标准的收入保障，但提供的待遇应尽可能让享受着不至于出现收入中断的情况。”⑥

4. 社会保障的体系框架

贝弗里奇设计了一整套“从摇篮到坟墓”的社会保障制度，现代社会保障体系框

---

① 威廉姆·贝弗里奇. 贝弗里奇报告——社会保险和相关服务. 劳动和社会保障部社会保险研究所组织译. 北京：中国劳动社会保障出版社，2008. 6、115

② 威廉姆·贝弗里奇. 贝弗里奇报告——社会保险和相关服务. 劳动和社会保障部社会保险研究所组织译. 北京：中国劳动社会保障出版社，2008. 6、117

③ 威廉姆·贝弗里奇. 贝弗里奇报告——社会保险和相关服务. 劳动和社会保障部社会保险研究所组织译. 北京：中国劳动社会保障出版社，2008. 3

④ 威廉姆·贝弗里奇. 贝弗里奇报告——社会保险和相关服务. 劳动和社会保障部社会保险研究所组织译. 北京：中国劳动社会保障出版社，2008. 157

⑤ 威廉姆·贝弗里奇. 贝弗里奇报告——社会保险和相关服务. 劳动和社会保障部社会保险研究所组织译. 北京：中国劳动社会保障出版社，2008. 5

⑥ 威廉姆·贝弗里奇. 贝弗里奇报告——社会保险和相关服务. 劳动和社会保障部社会保险研究所组织译. 北京：中国劳动社会保障出版社，2008. 113

架应由社会保险、国民救助和自愿保险三个层次构成。社会保险满足基本需要；国民救助解决特殊情况的需要；自愿保险用于满足超出基本需要的额外需要。社会保险是三者中最为重要的，国民救助和自愿保险是补充。①

他进一步提出国家将为每个公民提供九种社会保险待遇，还提供全方位的医疗和康复服务，并根据本人经济状况提供国民救助。这九种社会保险待遇分别为失业、伤残和培训保险金，退休养老金，生育保险金，寡妇保险金，监护人保险金，抚养补贴，子女补贴，工伤养老金，一次性补助金（结婚、生育、丧葬和工伤补助金四种）。②

其中有许多为新项目，如为儿童提供的子女补贴在福利制度发展中是一个根本性的突破，打破了传统的家庭赡养职能，由国家直接代替家庭向非劳动人口承担了部分赡养责任。另一项重要突破是提出建立全方位的医疗和康复服务。

5. 社会保险的主要原则

贝弗里奇提出了社会保险的六条原则。第一，基本生活待遇水平统一；第二，缴费率统一；第三，行政管理职责统一；第四，待遇标准适当；第五，广泛保障；第六，分门别类，适合不同人群。这些基本原则为英国福利国家的建设和实践提供了原理性的指导。③

6. 社会保障的统一管理

贝弗里奇认为社会保障制度的有效运行必须有合理的管理制度和法律作为保障。原来纷繁芜杂的社会保障制度改革为综合性社会保障制度，被批准的法定社会团体参与社会保障管理工作被取消，改为中央和地方职能部门统一管理。即社会保障管理工作应当由内阁部长领导下的社会保障部承担，同时形成组织网络，地方社会保障办公室负责管理现金待遇和救助及其他相关工作，联合委员会由社会保障部及有关医疗保险和福利的所有相关部门组成，确保社会保障行政统一管理；任命某个人或某机构准备必要的立法和方案制定工作，使社会保障制度以法律的形式确定下来，确保社会保障制度的正常运转。

（二）消除贫困和国民最低生活保障

贝弗里奇毕生致力于消除贫困研究和工作。他认为贫困是阻碍英国社会进步的最

---

① 威廉姆·贝弗里奇．贝弗里奇报告——社会保险和相关服务．劳动和社会保障部社会保险研究所组织译．北京：中国劳动社会保障出版社，2008．113

② 威廉姆·贝弗里奇．贝弗里奇报告——社会保险和相关服务．劳动和社会保障部社会保险研究所组织译．北京：中国劳动社会保障出版社，2008．6—7

③ 威廉姆·贝弗里奇．贝弗里奇报告——社会保险和相关服务．劳动和社会保障部社会保险研究所组织译．北京：中国劳动社会保障出版社，2008．114

大障碍，必须首先铲除之。贝弗里奇提出消除贫困，需要通过建立社会保险和提供家庭生活津贴（family allowances）。

建立社会保险制度。贝弗里奇认为，“要消除贫困，首先要改进国家保险，也就是说，国家要为中断或丧失谋生能力者提供生活保障。现行的社会保险方案涵盖了所有导致收入中断或丧失的主要因素。尽管如此，仍有数量众多的失业者、患病者、老年人及丧偶者缺乏足够的收入，不能维持社会调查确定的基本生活标准。……为了防止因谋生能力中断或丧失而导致贫困，有必要从以下三个方面对现行的社会保险方案做一些改进：一是扩大覆盖对象范围；二是扩大覆盖风险范围；三是提高待遇标准”。①

提供子女补贴。贝弗里奇认为，“要消除贫困，其次要根据家庭需要调整收入，也就是说，要根据家长是否收入及收入多少对儿童提供某种形式的补助。如果不对子女众多的大家庭提供类似的补助作为社会保险待遇的一部分或作为附加待遇，那么社会保险就难以真正抵御收入中断所带来的风险。”② 同时，他还进一步认为：“如果通过社会保险和子女补贴来进行双重收入再分配，那么英国早在第二次世界大战前就可以消除社会调查所定义的贫困。”③

贝弗里奇积极吸收费边社会主义的社会改革思想和福利思想，费边社会主义者认为，必须由国家制定一个最低工资标准，这是维持国民最低生活标准的基本前提。国家应该保证公民的生活水平不低于最低生活标准。它把最低生活保障作为社会责任确定下来，把原来的救济贫民改为保障国民最低生活标准，规定凡是由于各种原因达不到国民最低生活标准的国民有权获得社会保障，使自己的生活达到这个标准。很明显，贝弗里奇希望实行新的社会保障计划，保障每一位公民的最低生活，以此来达到消除贫困的目标。贝弗里奇在报告中就明确指出：“社会保险应当以提供保障人们基本生活的最低收入为目标。”④ 还强调指出：“社会保险提供的福利待遇和养老金水平应保证人们在各种正常情况下都有一定的收入，足以维持基本生活。”⑤ 至于有些阶层要求保障超出最低生活标准的需要，那可以通过参加私人举办的自愿保险计划去解决。

① 威廉姆·贝弗里奇．贝弗里奇报告——社会保险和相关服务．劳动和社会保障部社会保险研究所组织译．北京：中国劳动社会保障出版社，2008．3－4

②③ 威廉姆·贝弗里奇．贝弗里奇报告——社会保险和相关服务．劳动和社会保障部社会保险研究所组织译．北京：中国劳动社会保障出版社，2008．4

④ 威廉姆·贝弗里奇．贝弗里奇报告——社会保险和相关服务．劳动和社会保障部社会保险研究所组织译．北京：中国劳动社会保障出版社，2008．10

⑤ 威廉姆·贝弗里奇．贝弗里奇报告——社会保险和相关服务．劳动和社会保障部社会保险研究所组织译．北京：中国劳动社会保障出版社，2008．70

（三）促进就业及其建立职业介绍所

贝弗里奇在1909年出版的《失业：一种工业问题》一书中指出，失业不是个人品行造成的，而是工业社会发展过程中对劳动力供需进行调节的经济力量未能发挥真正效力的结果。这种经济力量的发挥仅仅靠地方的调节是不够的，必须由国家进行调节，也就是说，国家应该承担起解决失业问题的责任。

贝弗里奇关于失业问题的另一个观点涉及失业的性质问题。他认为英国当时对失业性质的认识是错误的，失业人数的增长并不意味着以前连续从事工作的一些人突然失去工作，而是意味着那些不能经常稳定从事工作的人发现就业机会之间的间隔时间越来越长，而且他们的生活水平越来越接近于仅能生存下来的状态，问题的关键不是失业，而是就业不足。① 因此，贝弗里奇认为，仅靠劳动移居地及市政工程等劳动救济措施是不够的，必须采取有效措施，对劳动力供需进行有效调节，缩短结业间隔；同时，在失业期间给失业者一定的救济，只有这样才能有效解决失业问题。可以看出，他把建立职业介绍所制度和失业保险制度作为解决失业问题最有效的措施。为此，贝弗里奇说："一个令人满意的社会保险计划应当能够维持就业和预防大规模失业。……应当下定决心利用国家权力，把所有人的就业都保障到必要的程度，当然并不是要达到绝对的连续工作，而是保障每个人都可能实现合理的生产性就业，这一点最为重要。"②

贝弗里奇还认为，大量无固定职业者的存在，不仅是劳动力资源的巨大浪费，也是经济萧条时造成严重失业的重要原因，这种现象的存在主要由于国家对劳动力市场缺乏有效调节造成的，而建立劳动介绍所可以弥补这种作用。职业介绍所可以在劳动力供需之间进行协调，政府官员的职责是把那些懒散者与真正愿意工作的人区分开来，给后者提供工作，而对前者则不让他们得到任何工作。贝弗里奇指出，劳动介绍所制度并不是反对劳动力的流动，而是希望劳动力在一种有组织、有秩序的状态下流动。

贝弗里奇非常重视解决失业问题。"对所有失去生计的人员，无论其所从事的工作是否有报酬，都提供培训保险金，以帮助他们顺利转向新的职业"③，能够保证社会成员能够充分再就业。他的主要对策有：第一，建立职业介绍所；第二，国家应该通过职业介绍所的直接途径或工会的间接途径建立失业保险；第三，鼓励短期协议和调整工资水平以适应经济低迷时期的发展；第四，在经济不景气时期，可兴建社会公共工

① W. H. Beveridge. Unemployment：a problem of industry (1909 and 1930). London，1931

② 威廉姆·贝弗里奇. 贝弗里奇报告——社会保险和相关服务. 劳动和社会保障部社会保险研究所组织译. 北京：中国劳动社会保障出版社，2008. 155

③ 威廉姆·贝弗里奇. 贝弗里奇报告——社会保险和相关服务. 劳动和社会保障部社会保险研究所组织译. 北京：中国劳动社会保障出版社，2008. 48

程项目来吸收失业者，缓解就业压力。第五，改革《济贫法》，取消目前盛行的提供服务和救济之间错乱的行政管理。① 他认为改革后的《济贫法》能在解决失业问题上发挥三方面的作用——能给真正在寻找工作的失业人提供基本的生计，能帮助和培训失业人员的劳动技能，能惩罚那些不愿参加劳动或技能培训的失业人员。

职业介绍所是贝弗里奇就业政策的核心。职业介绍所负责搜集劳工市场信息，为工人就业提供了更多的机会。雇主和雇工都可以到劳动介绍所登记其情况和提出要求。一个失业者登记后每天应到职业介绍所去签名一次，作为他仍然需要工作的凭证，然后他便可以留在家中等候消息。一旦劳动介绍所为他找到了适合的工作，就会给他发出通知。失业者不需要每天行走于街头，从一家工厂到另一家工厂去寻找工作。雇主也能从中受惠，他对雇工的选择不再局限于站在工厂门口的失业者，而可以通过劳工介绍所找到最适合的工人。从某种意义上讲，职业介绍所的确为"消除对救济的依赖，开辟了比济贫院的院外'劳动调查'（labor test）更人道、更经济和更有效的途径。这种途径为失业者找工作提供了便利，而不是使接受救济的条件更为苛刻"②。

（四）缴费型保险

在贝弗里奇看来，"社会保障计划是以工作和缴费为前提条件，对基本生活所需的收入给予保障，以便使参保者能更好地适应工作。如果没有参保意愿，也不付出努力，是不可能得到它的"③。他强调社会责任与公民个人责任的统一，而这个统一就是通过社会保险原则——即"个人必须缴纳一定的保险费用"体现出来的。贝弗里奇认为："所有处于工作年龄段的公民都需要根据自己的保障需求缴纳相应的费用……只要每周缴纳保险费，这些人的所有需求就可以得到有效的保障。主要的现金福利待遇——失业、伤残和退休等都由社会保险基金支付，而且只要需求存在，待遇就会一直支付下去，不需要经过任何经济状况调查。"④"建议保留了原来的缴费原则，明确社会保障成本由参保人、雇主（如果参保人受雇于他人）和国家三方承担；保留并进一步发展了强制性保险对所有的人，不论其收入高低，统一费率、统一待遇的原则。"⑤ 还强调了

---

① W. H. Beveridge. Unemployment：a problem of industry（1909 and 1930）. London，1931

② W. H. Beveridge. Unemployment：a problem of industry（1909 and 1930）. London，1931. P. 216

③ 威廉姆·贝弗里奇. 贝弗里奇报告——社会保险和相关服务. 劳动和社会保障部社会保险研究所组织译. 北京：中国劳动社会保障出版社，2008. 161

④ 威廉姆·贝弗里奇. 贝弗里奇报告——社会保险和相关服务. 劳动和社会保障部社会保险研究所组织译. 北京：中国劳动社会保障出版社，2008. 8

⑤ 威廉姆·贝弗里奇. 贝弗里奇报告——社会保险和相关服务. 劳动和社会保障部社会保险研究所组织译. 北京：中国劳动社会保障出版社，2008. 13

实行缴费费率的统一。指出："要求每一个参保人及其雇主以统一费率缴费，而不考虑其他经济状况。所有参保人，不论贫富，都要为相同的保障项目支付同样的缴费额。"[①]

（五）子女补贴

贝弗里奇认为，通过维持收入摆脱贫困还是不够的，因为摆脱贫困只是人类的基本需求。依据贝弗里奇的设计，还需要子女补贴、全方位医疗和康复服务、维持就业政策。[②]

子女补贴制度是指直接为子女提供生活费，生活费补贴发给扶养该子女的成人。由于仅靠工资分配不能实现最低生活保障，"两次世界大战期间，英国的社会调查表明，尽管20世纪前30年工资实际增长高达1/3，但对减少贫困意义不大，这种现象主要出现在劳动者丧失或中断劳动能力、家庭人口过多这两种情况下"[③]。所以，贝弗里奇认为与工资不同，子女补贴与家庭人口多少有关系，能够保障家庭有一个合理的基本生活水平；对于一个养家糊口的男人来说，不论在其本人有无工资收入时都能发家庭津贴，工作期间的工资收入不能等于或低于失业或伤残期间的保险待遇。同时，子女补贴是国家鼓励生育的信号。有利于提高英国的出生率。

子女补贴只能作为对父母的资助，不能把抚养子女的经济责任全部承担过来。[④] 社会政策原则上不应当完全取代父母的责任，而是帮助他们知道应负的责任，并尽到其责。[⑤] 所以，子女补贴一方面应视为帮助父母尽扶养的责任，另一方面也可理解为由社会承担这项过去并未承担的责任。[⑥]

子女补贴应当由国家财政出资，当父母挣工资时，发给除第一个孩子外的所有其他子女，而当父母不挣工资期间连第一个孩子也要发给；除了给孩子们的食物待遇外，子女补贴平均再给补贴8先令/周。[⑦]

---

① 威廉姆·贝弗里奇. 贝弗里奇报告——社会保险和相关服务. 劳动和社会保障部社会保险研究所组织译. 北京：中国劳动社会保障出版社，2008. 114

②③ 威廉姆·贝弗里奇. 贝弗里奇报告——社会保险和相关服务. 劳动和社会保障部社会保险研究所组织译. 北京：中国劳动社会保障出版社，2008. 146

④ 威廉姆·贝弗里奇. 贝弗里奇报告——社会保险和相关服务. 劳动和社会保障部社会保险研究所组织译. 北京：中国劳动社会保障出版社，2008. 148

⑤ 威廉姆·贝弗里奇. 贝弗里奇报告——社会保险和相关服务. 劳动和社会保障部社会保险研究所组织译. 北京：中国劳动社会保障出版社，2008. 149

⑥ 威廉姆·贝弗里奇. 贝弗里奇报告——社会保险和相关服务. 劳动和社会保障部社会保险研究所组织译. 北京：中国劳动社会保障出版社，2008. 147

⑦ 威廉姆·贝弗里奇. 贝弗里奇报告——社会保险和相关服务. 劳动和社会保障部社会保险研究所组织译. 北京：中国劳动社会保障出版社，2008. 150

（六）全方位医疗和护理康复服务

全方位医疗和康复服务：一是预防并通过医疗医治疾病、伤残，二是在医疗过程中和医疗后进行康复和适应工作方面的治疗。[①] 如果是为每一个公民提供广泛的医疗服务，无论他需要什么样的医疗、需要什么形式的医疗（上门医疗和住院医疗、一般医疗、专家医疗或咨询）都包括在内，并且也保证提供牙科、眼科和外科器具，护理、妇产及事故后康复。[②]

贝弗里奇认为，让病人恢复健康是国家和病人自己的责任，这是最重要的事情。他提出了医疗服务的目标：一是建立医疗服务制度，旨在实现积极的健康、预防疾病和治愈疾病；二是为每个人提供必要的医疗服务，包括一般治疗和专家诊疗、上门治疗和医院治疗。[③]同时，认为理想的医疗保障方案是对所有公民无一例外地提供治疗和预防性的各种医疗卫生服务，不设置报酬限制，在转院时也没有任何经济上的障碍。[④]

贝弗里奇认为护理虽然很少作为附加待遇广泛提供给病人，但却是全方位医疗卫生服务必不可缺的一部分。由于以往的情况已经证明，参保人有缴费能力，同时也有缴费意愿，因此，由其为这类服务缴费应当更为合理。[⑤]

贝弗里奇所设想的“全方位医疗和康复服务”，为后来英国全民医疗保健服务（National Health Service，NHS）的建立提供了基础。

总之，贝弗里奇报告设计了以下四项基本原则：一是普遍性原则，将保障范围从传统的贫困阶层扩大为所有公民，并满足全体居民不同的社会保障需求；二是保障基本生活原则，即社会保障只能确保每一个公民最基本的生活需要；三是统一性原则，即社会保障的缴费标准、待遇支付和行政管理必须统一；四是权利和义务对等原则，即享受社会保障必须以劳动和缴纳保险费为条件。只要尽其所能地履行了劳动义务，作为权利，都能在年老退出工作后申领足以维持基本生活的收入。履行劳动义务是获取养老保险的前提，同时，获得养老保险也是劳动者的基本权利，充分体现了权利与义务相统一。因此，贝弗里奇结论的革命性，主要在于它所倡导的“达到目标的手段的选择”上。[⑥] 这些原则的提出和实施使社会保障理论更丰富和趋于成熟。实现了对以

---

① 威廉姆·贝弗里奇. 贝弗里奇报告——社会保险和相关服务. 劳动和社会保障部社会保险研究所组织译. 北京：中国劳动社会保障出版社，2008. 150

②③ 威廉姆·贝弗里奇. 贝弗里奇报告——社会保险和相关服务. 劳动和社会保障部社会保险研究所组织译. 北京：中国劳动社会保障出版社，2008. 151

④⑤ 威廉姆·贝弗里奇. 贝弗里奇报告——社会保险和相关服务. 劳动和社会保障部社会保险研究所组织译. 北京：中国劳动社会保障出版社，2008. 154

⑥ 让—雅克·迪贝卢，爱克扎维尔·普列多. 社会保障法. 蒋将元译. 北京：法律出版社，2002. 22

往任何社会福利保障构想与实践的划时代突破；自资本主义制度诞生以来，市场保障的不足或缺陷第一次得到了系统的修正；它意味着不仅是贫苦者，所有中产阶级及富裕阶层全部应该被赋予享受国民福利的权利；人类文明的社会制度演化自此上了一个重要台阶，在报告的结尾，他写道："民主社会本质上并不一定能够满足人们的基本生活需要，消除贫困。满足基本需要的生活要由人们去努力争取才能得到。要想满足基本生活需要，要有勇气、有信心和怀有国家统一的情绪：既要有勇气面对现实、面对困难、克服各种艰难困苦；还要对未来充满信心，对实现一个又一个世纪以来无数先辈们为之奋斗牺牲的公平、自由的理想充满信心；要有国家统一高于任何阶层利益、国家利益至高无上的情绪。"①

第三节　考斯塔·艾斯平-安德森的比较福利国家思想②

考斯塔·艾斯平（Gosta Esping-Andersen，1947—　）在 1990 年出版了《福利资本主义的三个世界》（*The Three Worlds of Welfare Capitalism*）一书，在该书中，他首次提出了"福利体制"（welfare regime）的概念。福利体制这个概念开启了比较福利国家研究的新架构。

一、福利体制作为分析框架

艾斯平-安德森回顾了福利国家的比较研究，指出系统的研究方法和制度的研究方法均面临着许多难题，因此，采取"全景"的研究，并使福利国家研究"社会学化"，形成三种不同的体制类型来认识福利国家。③

在埃斯平-安德森看来，"福利体制"这一概念并不是仅仅从公共支出的规模、范围或福利资格权对资本主义国家的福利进行比较，而是进一步从福利国家的决策模式、过程和阶层形成的潜在模式与政治结构来剖析福利国家。他明确主张福利体制不仅是一种政治和经济发展的结果，更是维持、加强既有国家价值的制度。福利制度不仅与一个国家的政治、经济、社会制度有关联，而且是紧密的动态关系。

所以，从"社会政策体制"的定义来看，"福利体制"不仅仅是指国家制定和执行的各种政策的总和，而是指总体上的社会政治解决方案。④ 再从政府、市场、家庭三个

① 威廉姆·贝弗里奇．贝弗里奇报告——社会保险和相关服务．劳动和社会保障部社会保险研究所组织译．北京：中国劳动社会保障出版社，2008．164

② 林闽钢．社会保障国际比较．北京：科学出版社，2007．26－32

③ 考斯塔·艾斯平-安德森．福利资本主义的三个世界．郑秉文译．北京：法律出版社，2003．12－15、2－3

④ 郑秉文．"福利模式"比较研究与福利改革实证分析——政治经济学的角度．学术界．2005．3

福利支柱来看，“福利体制”不是仅仅局限于政府的公共福利，更不是限于单一、特定的福利政策与方案，而是包括政府、市场与家庭的总体福利生产。更深意义上，体制是一种复杂的关系结构并隐含着历史互动的力量。

福利体制分析框架把福利国家理解为一种支持社会公民权的概念，在福利体制的比较中，其分类标准的选取是艾斯平-安德森与众不同的地方，他使用了非商品化（de-commodification）和分层化（stratification）两个概念而非福利支出规模作为划分依据，并且由每个概念扩展开来的分析量纲也成为其分析的关键和特点之一。

（一）非商品化——福利水平的度量

资本主义是伴随着“前商品化”时期社会保障的凋敝而发展的。当人类的需求必须通过商品交换得以满足时，特别是劳动力商品化之后，人们独立于市场之外的生存权利便岌岌可危了，由此构成了社会政策中一个最为矛盾的问题。在马克思看来，商品化问题是对资本积累过程中的阶级演变分析的核心所在。马克思把劳动力的商品化视为人异化的象征。[①]

艾斯平-安德森的研究方法深受马克思主义的影响。在他的分类研究中，劳动力的商品化是最重要的分类标准。他认为，在资本主义社会，劳动力的商品化是最重要的制度标志。为了生存，工人必须在市场上出售他们的劳动力。通常他们唯一的收入来源就是出售劳动力得到的收入。[②]不过，退休金、失业保险、医疗保险等社会福利政策能够减少劳动力商品化的程度。因此，艾斯平-安德森用劳动力的“非商品化”来衡量资本主义世界社会福利政策的水平。“非商品化”这个概念指的是个人福利相对地既独立于其收入之外，又不受其购买力影响的保障程度。

艾斯平-安德森在衡量“非商品化”的容纳能力时受到了波拉尼（Karl Polanyi）和马歇尔观点的启发，使用了“社会权利”的概念。在这两个学者看来，社会权利的扩展既是社会政策的基础，又能有助于解决商品化和阶级区隔问题。基于此，艾斯平-安德森认为，社会权利是按其公民身份而非市场购买能力所区分的，判断标准是它在多大程度上允许人们依靠市场以外的力量去改善其生活水准。正是在这个意义上，社会权利削弱了公民作为“商品”的地位。因此，非商品化与社会权利之间的关系是：社会权利扩展得越宽泛，非商品化程度就越高；如果社会权利受到限制，非商品化程度也就会低一些。

要分析各种社会政策的非商品化程度不能限于对社会支出水平的分析，而需要通

---

① 考斯塔·艾斯平-安德森．福利资本主义的三个世界．郑秉文译．北京：法律出版社，2003．38

② 陈银娥．社会福利．北京：中国人民大学出版社，2004．46—47

过经验主义的跨时间、跨国家的分析方法揭示出来。因此，为这些不同国别和阶段的福利政策设定适当的分析坐标和准则，即量纲，是十分关键的。按照艾斯平-安德森的观点，非商品化的量纲主要分成以下三组：

第一组量纲：人们进入权利的规则，即资格标准和资格限制。如果"易于"进入，如果保障获得适当生活水准的权利无需与以往的就业记录、工作业绩、需求检验（need-test）或缴费记录挂钩，那么这个计划就具有较大的非商品化潜力。"进入"的另一面是退出。如果某些计划只是在一个有限的时期内提供给付，显然它们的非商品化能力较弱。

第二组量纲：收入替代（income-replacement）。因为当给付水平下降至社会所满意或认可的正常收入或生活水平以下时，可能的结果就是迫使接受者尽快重返工作。因此，必须考虑收入的替代水平。

第三组量纲：资格授权的范围。几乎所有先进资本主义国家都认识到，某些形式的社会权利能保护人们抵御基本的社会风险，如失业、伤残、疾病、年老等。最超前的例子或许是不论原委向公民支付社会工资。斯堪的纳维亚[①]国家和荷兰正在酝酿的实际保障社会工资（citizens' wage）的设想以及美国的负所得税（negative income-tax）的方案越来越体现这一趋势。[②]

根据资格条件的量纲，社会保障制度安排的类型可以分为三种：

第一种体制类型是在盎格鲁-撒克逊（Anglo-Saxon）国家的历史中所确立的，其资格授权针对的是那些被家计调查或收入调查证明的贫困者。其社会救助方式源于济贫法的传统。在这一类型的制度中，公民权利并未得以扩展，满足人们最基本的需要是盎格鲁-撒克逊国家福利政策的宗旨。如英国补充给付（supplementary benefit）计划、美国附加收入保障计划（supplemental security income）以及澳大利亚的全国性福利体系都属于这一类型的代表案例。

第二种体制类型是欧洲大陆国家福利制度，它是以工作业绩为基础给予资格权利的。在这些国家里，参与劳动力市场和缴费记录是享受权利的前提，并在制度中体现着保险精算的原则。这个体制的非商品化程度取决于保险精算放宽的程度，即工作期限和参保期限的长短多少才符合资格标准。

第三种体制类型是斯堪的纳维亚国家福利体制。在这一体制中，只有国民或长期居民才具有享有该国社会保障福利的资格，并且遵循定额给付的原则。因此，这一类

① 斯堪的纳维亚位于欧洲大陆北部，包括三个国家：丹麦、挪威和瑞典。通常来说，北欧所指的五个国家包括斯堪的纳维亚地区，以及邻近的芬兰和冰岛——作者注。

② 考斯塔·艾斯平-安德森. 福利资本主义的三个世界. 郑秉文译. 北京：法律出版社，2003. 52—53

型的福利体制具有很强的非商品化程度。

根据对养老金、医疗保险、失业保险三项社会福利计划的综合评分来区分不同福利体制国家的非商品化能力。在分析中，艾斯平-安德森使用了三个变量进行评分：首先是资格条件，如工作资历、缴费或家计调查等；其次是内在限制因素，如现金给付的等待期或权利最大持续期等；第三是给付水平逼近正常收入期望值的程度。[①] 基于此，他得出了 18 个主要工业化国家的非商品化指数表，见表 5—1 和表 5—2。

表 5—1　　养老金、疾病给付和失业保险的非商品化程度（1980）

国别	养老金	疾病给付	失业保险
澳大利亚	5.0	4.0	4.0
奥地利	11.9	12.5	6.7
比利时	15.0	8.8	8.6
加拿大	7.7	6.3	8.0
丹麦	15.0	15.0	8.1
芬兰	14.0	10.0	5.2
法国	12.0	9.2	6.3
德国	8.5	11.3	7.9
爱尔兰	6.7	8.3	8.3
意大利	9.6	9.4	5.1
日本	10.5	6.8	5.0
荷兰	10.8	10.5	11.1
新西兰	9.1	4.0	4.0
挪威	14.9	14.0	9.4
瑞典	17.0	15.0	7.1
瑞士	9.0	12.0	8.8
英国	8.5	7.7	7.2
美国	7.0	0.0[a]	7.2
平均数	10.7	9.2	7.1
标准差	3.4	4.0	1.9

资料来源：考斯塔·艾斯平-安德森. 福利资本主义的三个世界. 郑秉文译. 北京：法律出版社，2003. 56

（分值越高，非商品化程度就越高。a 不存在此类计划，故为 0）

---

① 考斯塔·艾斯平-安德森. 福利资本主义的三个世界. 郑秉文译. 北京：法律出版社，2003. 55

表 5—2　　福利国家非商品化综合排序（1980）

国别	非商品化指数
澳大利亚	13.0
美国	13.8
新西兰	17.1
加拿大	22.0
爱尔兰	23.3
英国	23.4
意大利	24.1
日本	27.1
法国	27.5
德国	27.7
芬兰	29.2
瑞士	29.8
奥地利	31.1
比利时	32.4
荷兰	32.4
丹麦	38.1
挪威	38.3
瑞典	39.1
平均值	27.2
标准差	7.7

资料来源：考斯塔·艾斯平-安德森．福利资本主义的三个世界．郑秉文译．北京：法律出版社，2003．58

从表 5—1、表 5—2 可以看出，每个国家的福利体系呈现出系统性特征。所有盎格鲁—撒克逊国家各个福利计划项目得分均较低，集中在低指数区，其非商品化程度低；斯堪的纳维亚国家的福利计划得分较高，非商品化程度很高；处于两极之间的欧洲大陆国家非商品化程度居中。

（二）分层化——福利效果的度量

福利国家为其国民提供了服务和收入保障，使他们能够免受社会风险的侵害，这是社会保障制度最直接的效果之一。然而，就其对社会阶级的效果来看，福利通常也是一种社会分层化体系。因此，福利国家是阶级和社会等级形成过程中的重要制度，它的组织特征决定着社会共同责任、阶级分化和身份差别的连接方式。[①] 虽然人们已经

① 考斯塔·艾斯平-安德森．福利资本主义的三个世界．郑秉文译．北京：法律出版社，2003．62

认识到福利的阶级化效果，但是艾斯平-安德森认为目前聚焦于总体收入再分配和生活水准的经验研究都不能足以表述清楚福利体制与社会分层化之间的实质性联系。于是，他的研究集中于收入维持这一福利国家传统行为，以此分析各国在构建社会公民权利方面的结构差异，从而得出福利体制对分层化的影响。

在艾斯平-安德森看来，不同福利国家的规模和广泛性可能是相同的，但它们对社会结构的影响却大相径庭。有的国家可能根据职业来安排社会保障体系，旨在维护既有的地位差别和等级。有的国家奉行普救主义社会保障制度，以此达到削弱阶级地位的目标。在另外一些国家，救助式社会保障计划针对的是真正有需要的人，但却客观上形成了贫困者和中产阶级之间的二元状态。① 因此，从社会分层和聚合的结构来看，福利国家的社会保障制度可以归纳为三种不同的体制。

虽然所有福利国家都会涉足社会分层化的过程，但是它们的表现是各不相同的。因此，为了区分福利体制的各种类型，就需要设定分层化的比较量纲，以此发现分层化中各方面的细微差别。根据艾斯平-安德森的观点，衡量不同福利类型需要的具体量纲如下：

衡量保守主义分层化的量纲主要有两点：第一，阶层隔阂的程度或合作主义，以在实际运行中的职别养老金计划的数量来度量；第二，国家主义的程度，以政府雇员的养老金支出在 GDP 中的百分比来度量。

辨别自由主义分层化特征的三个变量是：第一，家计调查式的福利给付的相对比例，以它在全部社会公共支出中的比重来测量；第二，私人部门在养老金计划的重要数据，以私人部门养老金在全部养老金中的比重来测量；第三，以私人部门医疗保健支出在全部医疗保健支出中的比重来测量自愿性私人部门福利在保健服务中的相对分量。

分析社会主义体制特征可以使用的两个变量是：第一，福利计划的普救主义程度，以 16～64 岁有资格享受医疗、失业和养老金福利的人口平均比例来度量；第二，给付结构的平等程度，以该计划中养老、失业和医疗在基本给付水平与可能达到的最高合法给付额之比的均值来度量。②

根据以上七种衡量福利国家分层化特征的量纲，与非商品化比较一致，艾斯平-安德森也对 18 个福利国家进行了分析，得出了这些国家的特征分布情况。见表 5—3 和表 5—4。

从表 5—3 可以看出，就保守主义特征来看，合作主义和国家主义在各国分布上具

① 考斯塔·艾斯平-安德森. 福利资本主义的三个世界. 郑秉文译. 北京：法律出版社，2003. 65—66

② 考斯塔·艾斯平-安德森. 福利资本主义的三个世界. 郑秉文译. 北京：法律出版社，2003. 81—82

表 5—3 18 个福利国家的合作主义、国家主义、家计调查、市场影响力、普救主义和给付平等程度（1980）

国别	合作主义[a]	国家主义[b]	家计调查式的贫困救助（占全部社会公共支出的%）[c]	私人部门养老金（占全部养老金的%）	私人部门医疗保健支出（占全部支出的%）	平均普享主义[d]	平均给付平等程度[e]
澳大利亚	1	0.7	3.3	30	36	33	1.00
奥地利	7	3.8	2.8	3	36	72	0.52
比利时	5	3.0	4.5	8	13	67	0.79
加拿大	2	0.2	15.6	38	26	93	0.48
丹麦	2	1.1	1.0	17	15	87	0.99
芬兰	4	2.5	1.9	3	21	88	0.72
法国	10	3.1	11.2	8	28	70	0.55
德国	6	2.2	4.9	11	20	72	0.56
爱尔兰	1	2.2	5.9	10	6	60	0.77
意大利	12	2.2	9.3	2	12	59	0.52
日本	7	0.9	7.0	23	28	63	0.32
荷兰	3	1.8	6.9	13	22	87	0.57
新西兰	1	0.8	2.3	4	18	33	1.00
挪威	4	0.9	2.1	8	1	95	0.69
瑞典	2	1.0	1.1	6	7	90	0.82
瑞士	2	1.0	8.8	20	35	96	0.48
英国	2	2.0	—[f]	12	10	76	0.64
美国	2	1.5	18.2	21	57	54	0.22
平均数	4.1	1.7	5.9	13	22	72	0.65
标准差	3.2	1.0	5.1	10	14	19	0.22

资料来源：考斯塔·艾斯平-安德森. 福利资本主义的三个世界. 郑秉文译. 北京：法律出版社，2003. 81（a 度量职别公共养老金机制的数目。只包括主要的计划。b 度量政府雇员的养老金支出在 GDP 中的百分比。c 对济贫支出的估计不包括一般家计调查计划的给付，如斯堪的纳维亚国家的住房津贴，德国的失业补助，澳大利亚和新西兰的老年、失业和医疗补贴。d 老年、失业和医疗给付的平均数，家计调查式救助计划因其不能提供全面的公民给付权利而被评为 0 分，如澳大利亚和新西兰的失业和医疗给付。e 老年、失业和医疗的社会给付的基本额与最大额之间的平均差，根据税后的净给付额计算。给付差额根据该体系中保证基本社会给付与可能达到的最高合法给付额的比例计算。f 缺数据）

表 5—4　　根据保守主义、自由主义和社会主义体制特征对福利国家的分组

类别	保守主义的程度		自由主义的程度		社会主义的程度	
强	奥地利	(8)	澳大利亚	(10)	丹麦	(8)
	比利时	(8)	加拿大	(12)	芬兰	(6)
	法国	(8)	日本	(10)	荷兰	(6)
	德国	(8)	瑞士	(12)	挪威	(8)
	意大利	(8)	美国	(12)	瑞典	(8)
中	芬兰	(6)	丹麦	(6)	澳大利亚	(4)
	爱尔兰	(4)	法国	(8)	比利时	(4)
	日本	(4)	德国	(6)	加拿大	(4)
	荷兰	(4)	意大利	(6)	德国	(4)
	挪威	(4)	荷兰	(8)	新西兰	(4)
			英国	(6)	瑞士	(4)
					英国	(4)
弱	澳大利亚	(0)	奥地利	(4)	奥地利	(2)
	加拿大	(2)	比利时	(4)	法国	(2)
	丹麦	(2)	芬兰	(4)	爱尔兰	(2)
	新西兰	(2)	爱尔兰	(2)	意大利	(0)
	瑞典	(0)	新西兰	(2)	日本	(2)
	瑞士	(0)	挪威	(0)	美国	(0)
	英国	(0)	瑞典	(0)		
	美国	(0)				

资料来源：考斯塔·艾斯平-安德森. 福利资本主义的三个世界. 郑秉文译. 北京：法律出版社，2003. 85

（括号中是累积指数）

有相关性，奥地利、比利时、法国、德国、意大利、芬兰等在这两方面得分都较高；就自由主义体制来看，其特征分布不是这么明显，但大体上，美国和加拿大得分较高，澳大利亚和瑞士属于中等水平；从社会主义体制的角度来看，在斯堪的纳维亚国家中普救主义已经成为主导原则，而许多自由主义国家的社会权利则发育不良，如美国、澳大利亚和新西兰等，属于另一个极端。

根据表 5—4，发现福利国家体制特征的群组化情形确实存在。保守主义指数高的国家（意大利、德国、奥地利、法国和比利时）在自由主义和社会主义指标上得分低。那些具有强烈自由主义色彩的国家（澳大利亚、加拿大、日本、瑞士和美国）在保守主义和社会主义方面得分中等或较低。社会主义群组（包括斯堪的纳维亚国家和荷兰）

在另两个方面得分中等或较低。因此，在认识福利国家的不平等性和阶级差异时，仅仅比较平等性的大小是不够的，需要分析不同类型的福利国家在社会阶层形成中的作用，因为福利体制是与社会分层化的逻辑密切联系在一起的。此外，还可以发现福利体制的另一个指标——非商品化与社会分层化是基本对应的。在斯堪的纳维亚国家中，高度非商品化和强势普救主义相符合；在盎格鲁—撒克逊国家，低度非商品化与强势的个人主义倾向一致；欧洲大陆国家则是合作主义、国家主义与非商品化程度保持对应。[①]

由此，埃斯平-安德森归纳出福利国家体制大致可分为三类，即北欧的社会民主体制（social democratic regime）、北美的自由主义体制（liberal regime）和欧洲大陆的保守主义体制（conservative regime）。

二、福利体制的三个类型

（一）自由主义福利体制

自由主义福利体制主要代表国家有美国、加拿大和澳大利亚，即盎格鲁-撒克逊国家群组。

自由主义福利体制则以美国、加拿大等国家为代表，这些国家缺乏稳定的跨阶级联盟，国家福利主要以贫困线为贫穷者提供残补式的安全网。强调个人在市场的权利，并寻求市场解决的方式，并且认为国家的介入越少越好，因此，这一类型国家强调以资产调查的救助、有限支付移转或社会保险为主要社会政策。这一类福利体制国家的特征是较高的就业率、较低的税赋、较低的社会支出规模以及较高的工资差异与所得不平等。

在这种福利体制中，居支配地位的是经济调查式的社会救助、少量“普救式”的转移支付或作用有限的社会保险计划。给付主要提供给那些收入较低、依靠国家救助的保护者，通常是工人阶层。在这一体制中，社会改革的进程受到传统的自由主义劳动道德准则的严重束缚：福利的极限等价于以福利取代工作的选择的边际倾向。因而资格条件十分苛刻且通常带有羞辱性，给付数额极为有限。继而，国家运用消极的和积极的两种手段促使市场机制发挥作用：消极手段是只保证最低限度的给付，积极手段则是对私人部门福利计划予以补贴。[②] 因此，在自由主义福利体制的情况下，隶属于

① 考斯塔·艾斯平-安德森. 福利资本主义的三个世界. 郑秉文译. 北京：法律出版社，2003. 82－83、85－86

② 考斯塔·艾斯平-安德森. 福利资本主义的三个世界. 郑秉文译. 北京：法律出版社，2003. 29

该类型的国家其非商品化效应最低，社会权利的扩张受到有力地抑制，建立的社会秩序属于分层化的类型。

1. 从政治权力关系来看，这些国家缺乏稳定的跨阶级联盟，工人阶级权力动员对这一类型福利特征形成具有重要的影响，强大的劳工运动是对抗自由主义福利国家商品化和分层化的坚固屏障。从观念上看，人们普遍相信社会福利不应该降低工作伦理；盎格鲁—撒克逊国家强调个人在市场的权利，并寻求市场解决的方式，并且认为国家的介入越少越好。

2. 从福利国家制度形态与劳动力市场行为一般特征之间的关联来看，这些国家既不鼓励退出劳动力市场，也不鼓励女性就业。就后工业化社会的就业变动和社会分层角度看，作为自由主义福利国家的代表，美国形成了商业服务与“休闲”服务，即好工作和坏工作并存的二元化就业结构，其职业品位、工资和福利给付方面的不平等程度较高。

3. 从政府、家庭和国家三个向度的关系来分析，这一类型的国家是以市场扮演为核心，家庭与国家角色均是边际性的；社会凝聚形成的主要方式是个人式的，即靠个人在市场得到福利与服务，其非商品化的程度是很小的。

（二）保守主义福利体制

保守主义福利体制主要包括历史上的合作主义（corporatism）国家和德国俾斯麦以来的家长式威权主义国家，如意大利、德国、奥地利、法国等。

这类型福利国家体制为保守立场占优势的政府所订定，以确保劳工阶级的忠诚以及中产阶级的支持。强调社会整合和国家的强力介入社会政策，希望通过阶级和地位分化（包括职业地位）的社会政策来形成阶级结构并达到对国家的忠诚。因此，一方面国家希望取代市场或为福利供应者（例如提供基础公共年金，以及以社会保险方式提供的职业附加给付），但另一方面又赋予家庭承担与提供福利的责任，让家庭取代福利国家来提供各种服务。只有在家庭服务能力无力时，国家才提供辅助性的福利与服务，即依赖并极大化家庭主义（familialism）所扮演的福利服务功能。这类福利体制国家的特征是较高的失业率，较低的女性劳动参与率，中度的税赋，中度的社会支出规模，社会安全体系以提供高所得替代率的所得转移为主，中度的所得不均与工资差异。

这种制度类型的特点是社会权利的资格以工作业绩为计算基础，即以参与劳动市场和社会保险缴费记录为前提条件，带有保险的精算性质。总的来说，其社会权利是根据不同国家所能提供的非商品化程度和不同的保险精算程度而产生变化的，即取决于一个人的工作和参保年限、过去的表现与现在的给付之间的关联程度。[1] 因此，在此制度下，劳动力中度非商品化，力求保护既有的阶级分化。

从福利体制和意识形态、其他制度之间的相互关系来看保守主义福利体制的国家，其特点如下：

1. 在这些国家中，社会福利已经成为公民权的一部分，但天主教政党强度的存续、传统的权威结构以及合作主义的安排对其仍有很大影响。在家庭和性别分工中，宗教的和传统的信念依旧占据着统治地位。

2. 政府确立这种福利体制的目的是为了确保劳工阶级的忠诚以及中产阶级的支持。在社会政策安排中，都强调社会整合和国家的强力介入，希望通过阶级和地位分化（包括职业地位）的社会政策来形成阶级结构并达到对国家的忠诚。

3. 在对社会福利的态度上，国家一方面希望取代市场成为福利供应者（例如，提供基础公共年金，以及以社会保险方式提供的职业附加给付），但另一方面又赋予家庭承担福利的责任，让家庭取代福利国家来提供各种服务。只有在家庭服务无能为力时，国家才提供辅助性的福利与服务，即依赖并极大化家庭主义（familialism）所扮演的福利服务功能。

4. 从这一类型国家的就业结构来看保守主义福利体制对资本主义社会的制度性影响。保守主义福利国家大力扶持退出劳动力市场、减少劳动力供给，通过税收限制女性劳动力参与就业。从后工业就业来看，以德国为例，其就业结构未发生很多的变化，各职业阶层和就业部门之间没有新的分层形式，相反，其以“从业人”和“局外人”（指没有工作的人）来划分社会阶层的问题却有可能引发社会冲突。

从福利体制的生活总体性概念来考察，在保守的福利体制国家中，政府、家庭和市场三者关系如下：家庭角色最为重要，国家扮演辅助性角色，而市场只是边际性的。社会团结依赖家庭主义与国家主义而形成。

（三）社会民主主义福利体制

社会民主主义福利体制只存在于斯堪的纳维亚几个国家之中，如瑞典、挪威和丹麦等国。这种福利制度还被称为“人民福利”模式。

社会民主福利国家体制，以斯堪的纳亚国家（如瑞典、挪威、丹麦等）为代表。这些福利国家有劳工阶级的社会力量发展所形成的阶级基础，并且有社会民主党长期执政和形成的全国共识——即为了达到全国凝聚或团结而有社会权的扩张与国家通过收入再分配政策而提供普遍式的社会福利与服务。在这些国家中左翼劳工组织与小农

① 郑秉文．“福利模式”．比较研究与福利改革实证分析——政治经济学的角度．学术界．2005．3

广泛联盟所形成的压力，确保了政府对充分就业和全民性给付的承诺，再加上中产阶级与劳工阶级的利益，具有明显的再分配性质。因此，社会民主福利国家体制除了强调普遍主义和以政治力量去除对市场的依赖，即去商品化之外，它还强调非家庭化(de-familialization)，它指的是社会民主国家福利体制将家庭关系的成本社会化，也使个人能拓展其独立能力。因此，社会民主福利国家体制提供大量的社会服务和工作机会，不仅满足家庭需求，而且允许妇女选择去工作而不是照顾其家庭。总之，社会民主福利国家有较高的就业率、较高女性劳动参与率、较高的税率、较高的工会组织率、较大的社会支出规模，社会安全体系以相当慷慨的社会服务为主，低度的所得不均与工资差异，社会民主党在政治领域中扮演相当支配性的地位等特征。

它缘于贝弗里奇的普遍公民权原则，福利资格的确认主要取决于公民资格或长期居住资格。与其他两种制度相比，它寻求相当水平的甚至能够满足新中产阶级品味的平等标准的服务和给付。社民主义福利体制排斥工人阶级和中产阶级之间的二元化局面，力图追求平等以保证工人能够分享中产阶级所享有的权利。因此，这种制度的非商品化程度最强，社会福利项目高度制度化，给付最慷慨，分层化水平最低。人们常常称之为“福利橱窗”。①

1. 从社会保障体制形成的政治动因来看，这些国家中左翼劳工组织与小农广泛联盟所形成的压力，确保了政府对充分就业和全民性给付的承诺，再加上中产阶级与劳工阶级的利益，使社会主义福利政策具有明显的再分配性质。另外，社会民主福利国家体制还强调去家庭化，在去家庭化的观念下，政府提供大量的社会服务和工作机会满足家庭以及妇女的需求。

2. 从福利国家形态对就业制度的影响来看，在社会民主主义福利国家，年长男性劳动力市场退出率较低，而女性劳动力参与率很高。并且以瑞典为例来看，就业结构是以社会福利为主导的。另外，虽然在瑞典的就业结构中专业化程度很高且卑微职业不断减少，但是性别和部门的就业分隔却不容忽视。

3. 从政府、家庭和市场的角色位置来看，这一类型的国家是以福利国家的角色为核心，家庭与市场角色是边际性的；社会团结是通过福利国家所提供普遍式的福利与服务达成的。

福利国家体制的概念在 1990 年提出后，引起了广泛的影响和讨论，埃斯平-安德森于 1999 年进一步详细说明和澄清体制的概念，他认为，体制包括政府、市场与家庭的总体福利生产，而不是仅仅局限于政府的公共福利，更不是限于单一、特定的福利政策与方案，因此，体制应该是具有各种现象的总体性的概念，但往往被广泛运用而有

① 郑秉文. “福利模式”. 比较研究与福利改革实证分析——政治经济学的角度. 学术界. 2005，3

所误解。[①] 他进而指出福利体制的基础在于国家与社会对风险的经营管理。[②] 埃斯平-安德森在进一步讨论及发展其福利体制的后续研究中，他常常把福利体制与福利混合（welfare mix）的概念相结合，以政府、家庭与市场三个向度的分析，更进一步把体制作为一种生活总体性的概念，归纳出自由的福利体制国家是以市场扮演为核心，家庭与国家角色均是边际性的；社会民主的福利体制国家是以福利国家的角色为核心，而家庭与市场角色是边际性的；保守的福利体制国家制则是以家庭角色最为重要，国家扮演辅助性角色，而市场只是边际性的。此外，就福利国家本身而言，自由福利体制的凝聚形成的主要方式是个人式的，即靠个人在市场得到福利与服务，其去商品化的程序是很小的，典型的国家是美国。社会民主福利体制的社会凝聚是通过福利国家所提供普遍式的福利与服务达成的，其去商品化的程度是最大的，典型的例子是瑞典。保守福利体制是依赖家庭主义与国家主义而形成社会凝聚，其去商品化的程度仍然较高，因此，国家为负担家庭生计者提供相关福利或服务，代表的例子是德国和意大利。可见福利国家体制的不同制度安排可由家庭、市场和国家所扮演的角色不同而加以界定，当然这些家庭制度、市场制度与国家制度的差异角色最后仍应回归至其历史传承的特征，其可能是个人主义的、普遍主义的或家庭主义加上国家主义的。

深度阅读

1. 考斯塔·艾斯平-安德森. 福利资本主义的三个世界. 郑秉文译. 北京：法律出版社，2003

2. 贝弗里奇. 贝弗里奇报告——社会保险和相关服务. 劳动和社会保障部社会保险研究所组织译. 北京：中国劳动社会保障出版社，2008

---

① Gøsta Esping-Andersen. *Social Foundations of Postindustrial Economies*. New York: Oxford University Press. 1999. pp. 73－75

② Gøsta Esping-Anderse. *Social Foundations of Postindustrial Economies*. New York: Oxford University Press. 1999. pp. 36－40

第六章
“第三条道路”社会福利思想

“第三条道路”（The Third Way）并不是一个新的概念，它曾多次在欧洲政治中出现。人们曾把介于资本主义与社会主义之间的政治选择称为“第三条道路”，把介于自由竞争式的资本主义与国家垄断式的资本主义之间的选择也称为“第三条道路”。在过去数十年中，对处于左右之间、或超然于左右之上的“第三条道路”“中间路线”的谈论一直没有中断过。① 但是，进入20世纪90年代以来，“第三条道路”在西方实际上已经不仅是一种新政治运动，而且也是一种新的政治思潮，其主张在传统欧洲社会福利国家与新自由主义之间走第三条道路，并提出了一系列有关福利国家改革的新思路、新观念。

第一节　第三条道路社会福利思想的发展脉络②

西方发达国家各社会党、社会民主党和工党在20世纪80年代中期开始的以党纲修改为核心的意识形态重塑，拉开了社会民主主义复兴的序幕；他们在90年代中期后纷纷重返执政舞台。

---

① 卢克斯（Steven Lukes）认为：20世纪20年代的法西斯主义者、30年代哈罗德麦克米兰提倡的人道主义的资本主义、50年代社会党国际所追寻的介于资本主义和共产主义之间的中间路线、60年代东欧国家倡导的人道主义的社会主义、70年代德国的绿党、80年代瑞典的社会民主党，都曾求助于这个称谓。转自：陈亦信．西方“第三条道路”的新理论．二十一世纪（香港）．1999．8

② 本节内容曾发表，收入本书有改动。见：林闽钢．从福利国家到社会投资：社会民主主义的公共政策转型．二十一世纪（香港）．2008．8

一、社会民主主义的“神奇回归”

社会民主党人曾在第二次世界大战后的“黄金时代”（The Golden Age），在欧洲的大部分地区大步迈进，建立了福利国家，在“进步”的20世纪60年代和70年代，社会民主主义政策激进化，但在这以后，对社会民主主义来说，潮流似乎转向了，欧洲发达资本主义国家的凯恩斯主义经济政策和福利国家陷入困境后，奠定社会民主党人改良主义成功基础的经济条件消失了。社会民主党以“经济增长、社会平等、劳动就业、理性原则、国家、国际主义”为内容的政治方案到20世纪末丧失了其物质和思想的基础，“社会民主主义的传统范式及其社会基础已经结构性的削弱了”，社会民主党的纲领被认为是“昨日的命题”。①

撒切尔夫人（Margaret Thatcher）于1979年在英国上台，以及随后一些国家的政权更迭显现了新自由主义的得势，而东欧剧变更被资产阶级右派看成资本主义不仅对“现实社会主义”，而且也对社会民主主义取得最终的胜利。所以，社会民主主义被普遍认为无可挽回地衰落了，达伦多夫（Ralf Dahrendorf）那句有名的谶语“社会民主主义世纪的终结”也似乎正在应验②，社会民主主义进入了一个长达20年的“危机和自我怀疑的时期”③。

从20世纪80年代末开始，长期在野的英国工党着手探索一条摆脱困境、重新崛起的新路。在社会民主主义的“神奇回归”中，英国工党通过新变革率先走在最前列。1994年，布莱尔（Tony Blair）当上英国工党领袖后提出“新英国，新工党”（New labor, New Britain）的口号，对工党的理论和政策进行了一系列的改革。1995年4月，英国工党特别代表大会以绝对多数同意对1918年制定的第四条党章进行根本性修改。新的第四条党章则把工党定性为一个“民主社会主义政党”，把权利和责任相对等的理念作为工党的新价值，同时变革工党与工会之间的传统关系，塑造工党面对现代化进程的新形象。

1997年，布莱尔在大选中获胜执政，以他为首所倡导的“第三条道路”成为欧洲社会民主主义复兴的主要旗帜。20世纪90年代中后期以后，随着社会民主主义政党在政治上的成功，特别是意大利、英国、法国、德国四大国家的中左政府上台，社会民主党人在纲领更新、理论变革以及政策实践方面的探索引起了人们前所未有的关注。

① 王学东．西欧社会民主主义新变化评析．当代世界社会主义问题．2001．1

② 达伦多夫．现代社会冲突：自由政治随感．林荣远译．北京：中国社会科学出版社，2000．152－153

③ 托玛斯·迈尔．社会民主主义的转型——走向21世纪的社会民主党．殷叙彝译．北京：北京大学出版社，2001．43

社会民主主义这次崛起的动因，不是指社会民主主义传统范式——以凯恩斯主义福利国家模式为基础，提倡充分就业，扩展社会公正，谋求资本与劳动之间的一种“福特主义式”平衡——的复活，而是社会民主主义通过对民主社会主义的理论反思和政策调整基础上，以更强调民主等社会主义价值和抛弃社会主义结构内容为特征的反击。这个意义上讲，社会民主主义复兴的出现固然有第二次世界大战后欧洲“政治钟摆”的惯性作用，但更主要的是这些国家各社会党、社会民主党和工党适应变化了各国的变化，特别针对全球经济政治形势的变化，务实地提出了新思想、新主张的结果；同时，通过经济政策和社会政策有力的实施，一改社会民主党不善于经济调控和社会管理的形象，让人们看到 20 世纪末的社会民主党在选举和执政方面都显示了从未有的活力和能力。

二、“第三条道路”的选择

第二次世界大战后，在战争的废墟上，西欧国家的社会民主党面对战后重建的历史重任，通过民主选举的合法途径，相继执政。这些社会民主党在执政中坚持了五点基本原则，即政治自由主义、混合经济、福利国家、凯恩斯主义经济学及平等信念①，其核心是构建福利国家。

西欧社会民主党人总是善于根据时代的变化、社会的要求和自身力量的消长，修正自己的观点，调整自己的策略，提出新的理论。20 世纪 90 年代以后，作为英国工党的理论家、更作为英国工党领袖布莱尔的精神导师（Blair's Guru）的吉登斯（Anthony Giddens），在《超越左与右：激进政治的未来》(*Beyond Left and Right*：*The Future of Radical Politics*) 中提出了六点框架，作为他的政治纲领的核心。

这六点框架的主要内容是：第一，修复被破坏的团结，重构个人生活与集体生活的关系，修复被极端利己主义破坏的社会关系和家庭关系；第二，从左翼和自由主义的解放政治转入“生活政治”，关注人类在一个开放的和全球化的世界中如何生活的问题；第三，结合反思性社会的出现，推行积极的信任，提倡一种能动性政治，使个人与团体、国家与公民社会建立起积极的信任关系，以便解决贫困与社会排斥问题；第四，在全球化和反思的社会秩序中，克服自由民主制度的缺陷，建立一种对话民主的社会制度；第五，为建立一种积极的和反思的福利国家做好准备，并将其与解决全球贫困联系起来；第六，通过对话解决包括战争、价值冲突和性暴力等在内的各种暴力

① 威廉·E·佩特森，阿拉斯泰尔·H·托马斯. 西欧社会民主党. 林幼琪等译. 上海：上海译文出版社，1982. 3

问题。[1]

（一）坚持核心价值：复兴的政治架构

1959年，德国社会民主党在其制定的著名的《哥德斯堡纲领》（*Godesberger Parteiprogram*）中对所有制这一敏感问题进行了温和处理，逐渐淡化其形式，从而凸显其伦理价值性，由"制度社会主义"向"价值社会主义"转变，进一步提出社会民主党的价值核心是自由、公正和团结互助，并按这个基本价值的精神彻底改造这个世界。[2]

自由、公正和团结互助作为社会民主主义核心价值观的确立具有重要的意义，因为社会民主主义的一致性并非出于一种世界观，"而是根植于建立在共同道德原则之上的共同政治目标"。这个共同的道德原则就是从人道主义出发，争取社会的自由和公正，而共同的政治目标则是实现人性的彻底解放。

核心价值的确立深远而全面地影响了第二次世界大战结束以来的社会民主主义的各种政治主张与演变，人道主义的核心价值定位也进一步淡化了社会民主主义的阶级色彩，巩固和扩大了社会民主党的社会基础与党员队伍，使得社会民主党虽然历经挫折，其世界范围的影响力却不断发展壮大。

1999年，布莱尔与德国前总理、社会民主党前领导人施罗德（Gerhard Schröder）在他们发表的《共同声明》中更明确表达了社会民主主义的核心价值："公平和社会公正，自由和机会平等，团结和对他人负责，这些价值观念是永恒的。社会民主主义永远不会牺牲这些价值观。"[3] 而且布莱尔更表明："英国新工党的基本信条是我们必须将传统的价值观以新的方法运用于新形势之中。"[4]

事实上，社会民主主义仍继续从左翼的价值观中汲取灵感，要在平等、自由、社会的公正和发展上有效地发挥国家干预的作用，做"政策的代言人"。同时，针对当前全球化带来的挑战，社会民主主义还进一步拓展他们的思路，提出了"必须使民主政策在新的全球化条件下发挥效力，从而使全球化的好处能够被平等分享，成为所有人的机遇"[5]。

---

① 安东尼·吉登斯. 超越左与右——激进政治的未来. 李惠斌，杨雪冬译. 北京：社会科学文献出版社，2003. 6

② 托马斯·迈尔. 社会民主主义导论. 殷叙彝译. 北京：中央编译出版社，1996. 98

③ 托尼·布莱尔，施罗德. 欧洲：第三条道路、新中间派——布莱尔和施罗德的共同声明. 载：陈林，林德山主编. 第三条道路——世纪之交的西方政治变革. 北京：当代世界出版社，2005. 36

④ 托尼·布莱尔. 新英国：我对一个年轻国家的展望. 曹振寰译，北京：世界知识出版社，1998. 264

⑤ 中联部编译小组. 社会党国际重要文件选编. 北京：当代世界出版社，2005. 6

（二）超越左与右：新变革的政治坐标

从1995年开始，布莱尔在公开场合表示工党要超越新自由主义和社会民主主义，建构新的政治哲学。1998年5月，吉登斯出版了《第三条道路：社会民主主义的复兴》（*The Third Way*：*The Renewal of Social Democracy*）一书，从理论上进一步完善和阐明了工党的新思路。同年9月，布莱尔出版了《第三条道路：新世纪的新政治》（*The Third Way*：*New Politics for the New Century*），详细阐发了工党的执政思想。同月，布莱尔撰文提出，"第三条道路是最好的道路"，认为"第三条道路"是现代社会民主重新获得恢复并取得成功的道路。①

在社会民主主义的政治理念上，吉登斯认为："过去，社会民主主义总是与社会主义联系在一起。现在，在一个资本主义已经无可替代的世界上，它的取向又应当是什么呢?"答案就是他所提出的被称为是"告别社会主义"的"第三条道路"。② 吉登斯进一步看到，在当代的西方社会中，新自由主义似乎已经在全球范围内取得了胜利，而社会民主主义"正陷入意识形态的混乱之中"③。因此，传统的社会民主主义思想必须从根本上加以改良。

与此同时，吉登斯也尖锐地指出新自由主义本身所陷入的困境，那就是市场原教旨主义和保守主义之间存在的张力。传统的连续性在保守主义的思想中占据的核心地位，传统中包含着过去所累积下来的智慧，并因此提供了一种迈向未来的指南。因而，他主张自由市场的哲学对未来的希望，寄托在通过不断解放市场力量而获得的永无止息的经济增长上："给它所设想的（福利制度的）受益者——被它确定为弱小者、贫穷者和不幸者的人——造成了极大的损害……它削弱了个人的进取精神和自立精神，并且在我们这个自由社会的基础之下酝酿出某种一触即发的怨恨。"④

因此，在吉登斯看来，无论是社会民主主义还是新自由主义，都给人类带来了损害。他所要做的就是弥补、完善和整合这两大思想，并修复它们所带来的破坏。他要用复兴了的社会民主主义即"第三条道路"，来超越老派的社会民主主义和新自由主义。"'第三条道路'指的是一种思维框架或政策制定框架，它试图适应过去二三十年来这个天翻地覆的世界。这种'第三条道路'的意义在于：它试图超越老派的社会民

① 托尼·布莱尔．第三条道路是最好的道路．原载于：华盛顿邮报，1998-09-27，转自：参考消息，1998-10-07

② 安东尼·吉登斯．第三条道路——社会民主主义的复兴．郑戈译．北京：北京大学出版社，2000．25—27

③ 安东尼·吉登斯．第三条道路——社会民主主义的复兴．郑戈译．北京：北京大学出版社，2000．15

④ 安东尼·吉登斯．第三条道路——社会民主主义的复兴．郑戈译．北京：北京大学出版社，2000．14

主主义和新自由主义”①。

当代社会民主党“第三条道路”的种种理论、政策，正是在应对各种变化和挑战中而形成的；“……异常深刻的社会、经济和技术变迁。我们应当怎样来回应这些变化?”；“（我们）需要找到第三条道路”②。“第三条道路政治的总目标，应当是帮助公民在我们这个时代的重大变革中找到自己的方向，这些变革是：全球化、个人生活的转变，以及我们与自然的关系”③。

在几乎所有社会民主党上台执政的欧洲国家，“第三条道路”已经变成一条改变政府实践活动的指导路线。但是，这一次社会民主主义的回归在欧洲各国各具特色，唯其共同的地方是重新对市场作用采取了更加开明的态度，在政策上表现为对民主社会主义遗产和新保守主义遗产的双重继承，即在国家与市场、安全感与灵活性、社会理性调节与经济自发力量之间寻求新的平衡。

为此，布莱尔总结性提出：“第三条道路是现代社会民主重新得到恢复并取得成功的道路。它决不仅是在左派和右派之间的一条妥协之路。它寻找采纳中间和中左道路的基本价值观念，并使其适用于全世界根本的社会和经济变革，而且不受过时的意识形态的束缚。”④

第二节　安东尼·吉登斯的社会福利思想

一、安东尼·吉登斯的主要生平

安东尼·吉登斯（Anthony Giddens，1938—　），1938 年 1 月 8 日出生于伦敦东部的恩菲尔德区（London Borough of Enfield）的埃德蒙顿（Edmonton）。早年曾在赫尔大学（The University of Hull）、伦敦政治经济学院（LSE）和剑桥大学学习。他的首份教职是 1963 年在英格兰莱斯特大学（The University of Leicester）授课，后转入剑桥大学，1970 年被聘为剑桥皇家学院院士，担任剑桥大学社会学教授。1996—2003 年被聘为伦敦经济学院院长。

吉登斯广泛涉及社会学、政治学、心理学、哲学等学科领域，已出版了近 40 部学

① 安东尼·吉登斯. 第三条道路——社会民主主义的复兴. 郑戈译. 北京：北京大学出版社，2000. 27

② 安东尼·吉登斯. 第三条道路——社会民主主义的复兴（作者序）. 郑戈译，北京：北京大学出版社，2000. 1—2

③ 安东尼·吉登斯. 第三条道路——社会民主主义的复兴. 郑戈译. 北京：北京大学出版社，2000. 67

④ 托尼·布莱尔. 第三条道路是最好的道路. 原载于：华盛顿邮报，1998-09-27，转自：参考消息，1998-10-07

术著作，代表作为《社会学方法的新规则》（*New Rules of Sociological Method*：*a Positive Critique of interpretative Sociologies*，1976）、《社会的构成》（*The Constitution of Society*：*Outline of the Theory of Structuration*，1984）《民族—国家与暴力》、《现代性的后果》（*The Consequences of Modernity*，1990）、《现代性与自我认同》（*Modernity and Self-Identity. Self and Society in the Late Modern Age*，1991）、《亲密关系的变革》（*The Transformation of Intimacy*：*Sexuality*，*Love and Eroticism in Modern Societies*，1992）、《第三条道路：社会民主主义的复兴》（*The Third Way. The Renewal of Social Democracy*，1998）、《超越左与右》（*Beyond Left and Right — the Future of Radical Politics*，1994）、《失控的世界：全球化如何塑造我们的生活》（*Runaway World*：*How Globalization is Reshaping Our Lives*，2000）等。

二、安东尼·吉登斯的主要思想

（一）吉登斯的社会风险观

传统的工业社会人们面对的风险都是可预见的、呈现一定时间规律的风险，如生育、养老等，还有一些风险是自然发生的概率性事件，如工伤、失业、疾病等，这两种风险都是外部风险，都能以保险的方法加以解决。

吉登斯把外部风险（external risk）定义为“来自外部的、因为传统或自然的不确定性和固定性所带来的风险”①。吉登斯认为后工业社会人们面临着人为风险，这种风险难以预料，不能用传统的方法加以解决。具体而言，人为风险（manufactured risk）指的是“我们在以一种反思的方式组织起来的行动框架中要积极面对的风险”②，是“由我们不断发展的知识对这个世界的影响所产生的风险，是指我们在没有多少历史经验的情况下所产生的风险”③。

吉登斯进一步指出了人为风险的三个不同点：“一是人为风险是启蒙运动引发的发展所导致的，是‘现代制度长期成熟的结果’，是人类对社会条件和自然干预的结果；二是其发生以及影响更加无法预测，‘无法用旧的方法来解决这些问题，同时它们也不符合启蒙运动开列的知识越多，控制越强的药方’；三是其中的‘后果严重的风险’是

---

①③ 安东尼·吉登斯．失控的世界：全球化如何塑造我们的生活．周红云译．南昌：江西人民出版社，2001．22

② 安东尼·吉登斯．超越左与右——激进政治的未来．李惠斌，杨雪冬译．北京：社会科学文献出版社，2003．157

全球性的，可以影响全球几乎每一个人，甚至人类整体的存在。”[①] 人们开始很少担心自然能对我们怎么样，而更多地担心我们对自然的所作所为。

（二）吉登斯的福利国家观

在吉登斯看来，福利国家的结构性来源有三个：第一，福利国家是工业化阶段的产物，而且雇佣的有偿劳动具有核心且决定性的作用。福利措施，尤其是社会保险，或许看上去只与那些因为这样或那样的原因不能进入劳动市场的人有关；但是，在其早期和后来的历史中，它们与促进副词意义上的“工业”密切相关。[②] 第二，福利国家总是民族国家。它是民族国家建设进程中实现内部稳定的组成部分。“促进福利制度发展的主要因素之一是当局促进国家稳定的愿望”；“福利国家就是民族国家”。[③] 第三，福利国家是为了应付风险而存在的。“福利国家从一开始到现在，一直关心风险管理，风险管理的尝试的确是‘政府’之为政府的基本方面”。[④]因此，福利国家体现的是生产主义、外部风险、传统的家庭分工等方面。

20 世纪 70 年代以来福利国家“福利病”的出现使福利国家引起了争议。在吉登斯看来，“没有哪个问题会比福利国家更能泾渭分明地把社会民主党和新自由主义者区别开来了。对前者来说，一套发展完美的福利体制是一个公正体面而且人道的社会的基石；而对后者来说福利制度则是企业的敌人，市民秩序衰败的原因”[⑤]。与此同时，吉登斯也意识到新自由主义者对福利国家某些批评的合理性，因为福利机关往往是异化的、官僚主义的，福利收益创造了既得利益，而且还会有负面效果，破坏了福利国家初创时确立的目标。吉登斯也批评了仅仅从财政角度理解福利国家危机的观点。“福利国家削弱了个人的进取和自立精神，并且在我们这个自由社会的基础之下酝酿出某种一触即发的怨恨”[⑥]。

福利国家是在应对外部风险的过程中发展起来的保险体系，这一制度体现了自由、平等、互助的原则。但是福利国家建立初期的社会条件已发生了非常明显的改变，在现今认为不确定性占主导地位的时代，建立在外部风险基础上的福利制度开始瓦解。

---

① 安东尼·吉登斯. 失控的世界：全球化如何塑造我们的生活. 周红云译. 南昌：江西人民出版社，2001. 55

② 安东尼·吉登斯. 超越左与右——激进政治的未来. 李惠斌，杨雪冬译. 北京：社会科学文献出版社，2003. 140

③④ 安东尼·吉登斯. 超越左与右——激进政治的未来. 李惠斌，杨雪冬译. 北京：社会科学文献出版社，2003. 141

⑤ 安东尼·吉登斯. 超越左与右——激进政治的未来. 李惠斌，杨雪冬译. 北京：社会科学文献出版社，2003. 100

⑥ 安东尼·吉登斯. 第三条道路——社会民主主义的复兴. 郑戈译. 北京：北京大学出版社，2000. 14

也就是说，随着社会经济的变化，福利国家失去了原来的基础，而解决外部风险的手段无法解决风险。因此可以说，“福利国家危机在很大程度上是一种风险管理危机”①。

（三）吉登斯的“积极福利”主张

在重新认识福利国家危机实质的基础上，吉登斯开始着手探索福利国家的改革，而如何改革则成了关键问题。吉登斯认为，必须摆脱把“预后关怀”（precautionary aftercare）作为解决风险的主要手段以及对它的依赖。② 吉登斯明确提出，应当以“积极福利”（positive welfare）福利政策代替目前的传统福利政策。

吉登斯认为：“积极的福利就是要积极做出生活决定，而不是消极地计算风险。”③他还进一步认为，积极福利的思想则是把贝弗里奇所提出的每一个消极的概念都置换为积极的：便匮乏为自主，变疾病为积极的健康，变无知为一生中不断持续的教育，变悲惨为幸福，变懒惰为创造。④

与此相对应的政治转变是从解放政治（生活机会的政治）转向生活政治（生活决定的政治或生活选择的政治）。传统的福利政策对外部风险采取事后风险分配制，而积极的福利政策对人为风险采取“事先预防”的方法，即在风险出现或可能出现时，采取防范措施。积极的福利政策的实施通常要求国家的干预，甚至是国际或全球范围的合作。

在吉登斯的“积极福利”主张中，强调引导国民转变社会福利的观念。在吉登斯看来，以前的理论割裂了权利与义务的关系，老社会民主党只强调国家与集体的责任，不注重个人的义务，而新自由主义者只论个人的责任，忽视国家的义务。因此，应主张权利与义务的统一，提倡自律式的自由，强调有责任的权利。“个人主义不断扩张的同时个人义务也应当延伸作为一项伦理原则‘无责任即无权利’必须不仅仅适用于福利的受益者，而且也适用于每一个人”⑤。

在无责任即无权利原则的基础上，吉登斯提出了积极福利政策的主张。如前所述，传统的福利政策主要是根据外部风险组织起来的，用来解决已经发生的事，具有被动

① 安东尼·吉登斯. 失控的世界：全球化如何塑造我们的生活. 周红云译. 南昌：江西人民出版社，2001. 112

② 安东尼·吉登斯. 超越左与右——激进政治的未来. 李惠斌，杨雪冬译. 北京：社会科学文献出版社，2003. 190

③ 安东尼·吉登斯. 超越左与右——激进政治的未来. 李惠斌，杨雪冬译. 北京：社会科学文献出版社，2003. 115

④ 安东尼·吉登斯. 第三条道路——社会民主主义的复兴. 郑戈译. 北京：北京大学出版社，2000. 132

⑤ 安东尼·吉登斯. 超越左与右——激进政治的未来. 李惠斌，杨雪冬译. 北京：社会科学文献出版社，2003. 69

性，本质上是一种风险的重新分配，其目标是维持人的一种生存状态，不至于因遭遇风险而陷入生存危机，因此被称为消极的福利政策。而今面对人为风险，吉登斯提出了积极的福利政策，“其目标是培养‘自发地带有目的的自我’（autotelic self）……自发地带有目的的自我不刻意回避风险或者设想‘其他人会解决这些问题’，他们会积极地面对风险，因为后者带来了自我实现”[①]。

可见，传统福利政策的目标是维护人的生存，其手段是外在的物质或现金给付；而积极福利政策的目标是推动人的发展，手段是增强人自身的生存能力。

（四）吉登斯的“社会投资国家”理念

建立一个新的、现代的福利国家是“第三条道路”的核心内容，在吉登斯看来，福利国家建立初始的社会条件已发生了非常明显的改变，在现今认为不确定性占主导地位的时代，建立在外部风险基础上的福利制度开始瓦解。在重新认识福利国家危机实质的基础上，吉登斯明确提出，以“社会投资国家”（social investment state）来改革传统的“社会福利国家”模式。使传统福利国家现代化，变福利国家为“社会投资国家”。

吉登斯认为，社会民主主义者必须改变福利国家所蕴涵的风险与安全之间的关系，以形成这样一个社会：在政府、企业和劳动力市场中的人是“负责任的风险承担者”[②]（responsible risk takers）；在这个意义上，责任是健全社会的基石，它是个人的，又属于社会。社会行动的目的不是要用社会或国家的行为代替个人责任，而是通过改善社会来促进公民个人自我完善的实现。

与此相应，新公正观“应该允许一定程度上的不平等现象存在”[③]，以促进个人的努力。作为个人都要积极回报社会的关爱，为社会和他人承担义务，真正实现基于现代意义的社会公正——“有予有取”，即机会、权利共享，风险、义务共担。另外，不再强调“充分就业”，而是把资金引向人力资本的投资方面：“我们应该把强调的重点转到积极的福利上，除了国家以外，个人和其他组织都对它负责，而且它会推动财富的创造……社会投资国家的主要原则可以简单表述如下：在任何可能的情况下要投资于人力资本，而不是直接给予利益。”[④]

---

① 安东尼·吉登斯. 超越左与右——激进政治的未来. 李惠斌，杨雪冬译. 北京：社会科学文献出版社，2003. 201

② 安东尼·吉登斯. 第三条道路——社会民主主义的复兴. 郑戈译. 北京：北京大学出版社，2000. 68—69

③ 王坚红. 托马斯·迈尔谈“第三条道路”. 当代世界与社会主义. 2000. 1

④ 安东尼·吉登斯. 失控的世界：全球化如何塑造我们的生活. 周红云译. 南昌：江西人民出版社，2001. 101—102

在实现"社会投资国家"的途径上，吉登斯提出的思路是：传统的福利国家是阶级妥协的产物，而福利国家的改革也应该继续实现社会妥协，只不过妥协的双方不再局限在阶级之间，而是更多的社会团体之间、两性之间，防止社会排斥现象的出现和恶化。被理解为"积极福利"的这些福利开支将不再是完全由政府来创造和分配，而是与积极发展公民社会结合起来，国家与公民社会应当确立一种"合作伙伴"（partnership）的关系，与共同参与和推进社会福利目标。

改革后的福利国家在政治管理过程中，通过合作与协调来实现"善治"（good governance）这一目标，通过"增权"（empowerment），来发挥各种主体的自主性及责任感，强调公共机构与私人机构的合作；注重国家与公民社会的合作；鼓励政府与非政府的合作；提倡强制与自愿的合作，实现多元化的福利供给模式。

第三节　布莱尔的社会福利思想

一、托尼·布莱尔的主要生平

托尼·布莱尔（Tony Blair，1953—　），1953 年 5 月 6 出生于英国北部的苏格兰首府爱丁堡一个中产阶级家庭。1972 年考入牛津大学圣约翰学院攻读法律学位，1975 年毕业，同年加入英国工党，1983 年，不满 30 岁的布莱尔当选英国下院议员。1984 年成为大律师，1994 年被伊丽莎白女王二世封为枢密院的一名官员。1994 年，当选英国工党主席，成为工党历史上最年轻的领袖。1997 年 5 月，英国工党在议会大选中以压倒多数的选票击败连续执政达 18 年之久的保守党。年仅 44 岁的布莱尔出任政府首相，成为 20 世纪以来英国最年轻的首相。布莱尔于 2007 年卸任党魁和首相。

布莱尔是工党历史上在任最长的英国首相，也是该党唯一一位带领工党连续三次赢得大选的首相。对于布莱尔，有评价道："他既具有 19 世纪领袖决心从善的良知，又是严峻的实用主义者；他既是一位信仰基督教的虔诚隐者，又是实施低调政治艺术的领导者；他既是斗士般的政治家，又是热爱家庭的丈夫和父亲；他既天生就是广阔舞台上的演员，又是以一位苏格兰哲学家的思想为道德罗盘的传教士。"①

主要代表著作有《社会主义》（*Socialism*，1994）、《安全社会的可能性如何?》（*What Price a Safe Society*?，1994）、《让我们面对未来》（*Let Us Face the Future*，1995）、《新英国，我对一个年轻国家的展望》（*New Britain*：*My Vision of a Young*

① 菲利普·斯蒂芬斯. 托尼·布莱尔——一位世界级领导人的成长经历. 刘欣，毕素珍译. 北京：东方出版社，2006. 241

Country，1997)、《第三条道路，面向新世纪的新政治》（*The Third Way*：*New Politics for the New Century*，1998)、《引领潮流》（*Leading the Way*：*New Vision for Local Government Institute for Public Policy Research*，1998)、《旅程》（*A Journey*，2010）等。

二、托尼·布莱尔的主要思想

1997年，在经历了18年漫长的在野岁月后，工党重新赢得了英国大选，年富力强的工党领袖布莱尔成为英国首相。在执政之初，布莱尔政府就积极开展了福利改革。1998年，英国工党政府就公布了题为《我们国家的新动力：新的社会契约》的绿皮书，总体上确定了英国福利国家的改革方向。绿皮书提出了建设新福利国家的八项原则：围绕“工作观念”重塑福利国家；公私福利合作；提供高质量的教育、保健和住房公共服务；扶助残疾人；减少儿童贫困；帮助极度贫困者；消除社会保险中的欺诈行为；将政府的工作重心从发放福利津贴转向提供良好的公共服务，使现代福利制度灵活、高效、便民。[①]

布莱尔在继承工党思想传统、借鉴保守党政府执政的经验教训、充分吸收工党理论家关于“第三条道路”的理论主张的基础上，提出了以其名字命名的“布莱尔主义”(Blairism)，重复使用“新”字来强调他的思想不同和新颖：“新工党”“社会政策的新时代”“福利国家的新议事日程”“新政治”等，声称其“第三条道路”政策将在公民和国家之间建立一种新的契约，并最终走向一种新的福利社会。这种新的福利社会以工作伦理为中心，布莱尔声称其政府将是一个工作福利政府，而社会福利思想自然成为布莱尔主义的重要组成部分。

（一）互助与共爱思想

“互信”“宽容”“互敬”与“利他”等形成了布莱尔福利思想中团结互助共爱的观念。以他人为中心和为社会服务是布莱尔福利思想的原则。社会共爱和人人互助作为布莱尔福利思想的主要组成部分。[②] 它摒弃了传统工党福利强调个人利益并滋生懒惰情结、摒弃了保守党强调以效率损害公平的弊端。与现实要求不符的福利政策必须停止，长期以来工党传统的福利政策忽视了社会和个人的权利和责任的相互关系，在个人私

① 王振华等．重塑英国．北京：中国社会科学出版社，2000．101

② 布莱尔有基督教的家谱，其母深信基督教。基督教的传统和社会民主党党员身份的结合形成了布莱尔基督教民主社会主义。布莱尔求学时所在的中学是教会式的学校、在牛津大学受到麦克马瑞的影响——人人共爱式的互助思想。刘建飞．布莱尔——英国新首相与工党．北京：当代世界出版社，1997．25

欲膨胀到了极限便无法继续；而保守党的福利政策却忽视了政党的发展目的，社会物质的丰富满足不了部分弱势群体的利益。所以，布莱尔的社会共爱和人人互助的福利思想，补充前者福利政策的不足，在执行的最初数年显示出了活力。新工党的政治定位是，“我们必须将传统的价值观念以新的方法运用于新形势中”①。

布莱尔福利思想的核心是伦理社会主义。布莱尔福利思想区别于撒切尔主义的最明显的特点是它的社会公平和正义的因素。撒切尔主义批评传统福利所造成的经济低效率并以提高效率加以代替，反对没有个人责任的全民福利并以选择性的福利加以代替，主张竞争是对所有人的公平。针对撒切尔主义，布莱尔提出了富有人情味的伦理社会主义，在强调经济效率的同时，注重社会公平公正，力图在两者之间达成某种妥协，实现两者的有机协调。

（二）经济与福利相协调

布莱尔主义的福利思想强调，工资性的福利制度在经济承受范围之内保障个人的需要，并且强调“竞争过热和福利投资不足”“保姆式的福利制度”都应极力避免。这两种现象都出现在英国、都是福利手段与经济发展互相脱节的具体表现。众所周知，传统的福利制度事无巨细，福利遍及人们生活的周围，社会普遍充满了保障和安全感，发展到极致便形成了停滞状态的“懒汉”经济。保守党的社会福利政策大力消减社会福利水平并降低相应的福利标准，它走向了另一极端并引起了多数人的不满。

就布莱尔的社会福利水平和标准而言，福利的水平不会太高，不然会像传统工党的福利政策一样无法继续；福利水平也不会太低，不然会像保守党刺激经济增长的同时激起了民愤。布莱尔强调个人道德、人际合作和个人的全面发展在福利构成中的比重，强调个人责任和个人发展。这在一定程度上符合工党的伦理社会主义的理念和广大选民的心态，并为福利和经济的协调发展注入了积极的因素。

布莱尔社会福利思想突破了工党传统的福利政策主张。就提高工作积极性和工作能力而言，新的福利思想强调责任与权力的对等，将享受福利的权利和承担工作的责任联系起来，使人们在权力和责任面前重新回到理性思维的空间。传统福利思想仅仅是提供物质上的帮助，是“授之以鱼”。新福利思想强调刺激个人工作的积极性，个人福利和自身付出的实际效果联系得更加紧密。这样发展的直接结果是工作积极性和工作能力的普遍提高。工作能力普遍提高增强了人们对知识的实际应用能力和知识的创新再造能力，新福利是“授之以渔”。一个社会普遍的创新是这个社会持续发展的不竭动力，而传统福利之路越走越窄也正是没有重视这一点。

① 托尼·布莱尔．新英国——我对一个年轻国家的展望．曹振寰等译．北京：世界知识出版社，1998．264

（三）建立“第二代福利”

1994年10月24日，在社会公正委员会最终报告提交会上的讲话中，布莱尔提出，贝弗里奇50年前创造了英国的第一代福利，他生活的世界是由核心家庭、全日制男性就业和国家计划构成的，“当时，事情一团糟，人们面临失业、疾病和衰老，贝弗里奇的第一代福利国家是用来重振经济的，但今天的英国不再是贝弗里奇的英国，妇女如今占劳动力大军近一半人；长期失业已成为结构性和地方性的问题；1991年，37%的婚姻牵涉至少一个离过婚的配偶”①。

布莱尔提出要建立“第二代福利”的思想和主张，其基本内容是②：

“第二代福利是要给人以扶持，而不仅仅是施舍。它意味着多种服务，而不仅仅是现金补贴，包括子女抚养和子女补贴、培训和失业救济金、老年人赡养和养老金。福利应成为人们实现成功的跳板，而不是缓解措施失败后的安全的安全网。它应当创造稳定，使家庭和社会团体能应付这个变化的世界。

第二代福利能适应家庭生活方式的改变。在这种家庭生活里，工作和照料孩子是共同承担的，而且退休时间长达二三十年。福利必须使这种改变朝好的方向发展，用安全感来代替恐惧感。

第二代福利承认，公民身份是建立在权利和义务的基础上。

第二代福利不会通过高高在上的政府来发号施令，而是鼓励地方决策，鼓励公共或私人开展合作，鼓励地方人民的革新措施。

总之，第二代福利是要消除英国中等收入阶层的不安全感和低收入阶层的贫困。”

布莱尔所提出的“第二代福利”承认公民身份是建立在权利与义务的基础上，公民有享有社会保障的权利，同样也应该履行相应的社会保障义务，现代社会福利制度必须体现权利与义务相结合的原则。布莱尔提出了实现现代社会福利制度上述目标的主要途径，即“我们必须保证每个人都能过上体面生活的途径，达到这一目标的最好办法不是通过改善福利制度，而是帮助人们就业；其次，保证每个人均有机会提高自己，最好的办法就是通过教育”③。

（四）摆脱“福利依赖”

滋生“福利依赖”是传统福利制度的一大弊端。积极的福利制度则通过对人们责

---

① 托尼·布莱尔．新英国——我对一个年轻国家的展望．曹振寰等译．北京：世界知识出版社，1998．168

② 托尼·布莱尔．新英国——我对一个年轻国家的展望．曹振寰等译．北京：世界知识出版社，1998．168—169

③ 托尼·布莱尔．新英国——我对一个年轻国家的展望．曹振寰等译．北京：世界知识出版社，1998．349

任意识的培养，消除和减少福利依赖现象。布莱尔认为，保守党总是把社会救济金的发放，看作解决福利国家危机的唯一出路，而新工党则把使人们摆脱福利依赖作为出路。

布莱尔批评传统的福利制度说："长期以来，向国家要求权利是与公民的义务以及个人和社会公共机构之间的相互的责任分离的。失业救济金常常是在没有要求同等义务的情况下支付的。"① 而英国新工党在福利方面的目标，不是让人们一直依赖救济，而是给予人们就业及财政上的独立。1994 年 7 月 21 日，布莱尔在伦敦就任工党领导的仪式上的讲话中提出："在福利方面，我们不希望人民依靠国家救济生活，而是应该创建一种促进全民族工作而不依靠救济的现代福利体系。"②

1994 年 10 月 4 日，布莱尔在布莱克普尔工党会议上的讲话中提出："保守党总是抱怨福利国家的成本太大。答案不只是要增加救济，虽然这些救济金足够了。救济受益者需要并应该得到更好——而不是更多的救济，从而有助于摆脱对这些救济的依赖。福利应是指在这个变化着的世界中的机会和安全。它帮助人民继续前进和奋发向上。"他进一步认为，"世界变化了，福利国家也应随之改变。改变福利国家，我们是最值得信赖的人，因为我们相信它。保守党将削减救济金，使贫困恶化。我们要使福利制度起作用。一个民族的自立在于工作，而不是依靠福利——这是我们的誓言"。③ 在布莱尔看来，福利依赖无论是对于国家还是对于个人都是有害的。每个人都积极承担起自己的责任和义务，高福利体制对英国的竞争力、可持续发展及传统伦理均带来了负面影响，认为应适当削减政府的作用，重新划定国家、社会和个人之间的权利与义务。共同为福利国家贡献自己的力量，实现由消极的福利制度向积极的福利制度转变。

（五）变结果平等为机会平等

传统的福利制度是一种在社会公正的旗号下的平均主义的结果平等，它试图通过社会财富的再分配，达到缩小贫富差距，促进社会平等的目的。布莱尔所提出的机会平等观念，不是一种"狭隘的机会观念"，它致力于一切的机会平等，即满足不同的群体对机会的不同需要。布莱尔说："进步的左派必须坚定地去除妨碍真正的机会平等的

---

① 托尼·布莱尔. 第三条道路：新世纪的新政治. 载：陈林，林德山. 第三条道路——世纪之交的西方政治变革. 北京：当代世界出版社，2000. 9

② 托尼·布莱尔. 新英国——我对一个年轻国家的展望. 曹振寰等译. 北京：世界知识出版社，1998. 40

③ 托尼·布莱尔. 新英国——我对一个年轻国家的展望. 曹振寰等译. 北京：世界知识出版社，1998. 55—56

障碍。但促进机会平等并不意味着要在提供福利和公共服务方面实行单调的一致"①，实现"给所有人提供工作和成功的机会"的目标。

布莱尔重视机会平等的重要性，他认为，如果你缺少一个机会均等的社会，大家都会失败。然而，这并不等于说它忽视结果的平等。真正的社会平等应该是建立在机会平等上的机会平等与结果平等的统一。因为单纯的机会平等容易引发实际上的不平等，尤其是在代际之间，表现得更为明显。它要求用动态的观点来看待平等问题，以机会平等作为起点，再辅之以结果的平等。

（六）优先发展教育

布莱尔把教育称为新工党政府的"情感所在"，布莱尔在竞选纲领中曾将教育列为头等重要的工作，在大选中所提出的"教育，教育，再教育"的口号，几乎成了"第三条道路"的倡导者们和拥护者们的一句口头禅。执政后，布莱尔又"把教育置于特别优先的地位"，明确"教育将是我政府工作的重中之重"②，并制定相应的政策措施，推动教育事业的发展。

在布莱尔看来，在现代经济中，价值和竞争优势的主要来源是人以及智力资本。投资于教育，就等于投资于民族和国家的竞争力，就等于投资于未来，尤其是在全球化背景下国际竞争日趋激烈的今天，教育的重要性表现得更为明显。正是在这样认识的基础上，他认为，对于政府来说，最好的投资计划是培养有创意、有才能的人，而不只是制造新的产品，因此，他把一个年轻的国度首先应建立在未来的新经济上，"教育是现有的最佳经济政策，正是教育和技术的结合才是未来所在。军备竞赛也许结束了，知识竞赛已经开始"③。

布莱尔总结道："一个国家要想进行长期竞争，必须不断投资于新能力，最终投资于其人民的灵活性和能力。下一个时代将成为富有创造力的时代，支配 21 世纪经济的将是储蓄、投资、创新和最终开发其独有资源的国家：人民的潜力。"④

---

① 托尼·布莱尔．第三条道路：新世纪的新政治．载：陈林，林德山．第三条道路——世纪之交的西方政治变革．北京：当代世界出版社，2000．8

② 托尼·布莱尔．新英国——我对一个年轻国家的展望．曹振寰等译．北京：世界知识出版社，1998．278

③ 托尼·布莱尔．第三条道路：新世纪的新政治．载：陈林，林德山．第三条道路——世纪之交的西方政治变革．北京：当代世界出版社，2000．81

④ 托尼·布莱尔．第三条道路：新世纪的新政治．载：陈林，林德山．第三条道路——世纪之交的西方政治变革．北京：当代世界出版社，2000．142

三、托尼·布莱尔政府的实践

作为"第三条道路"理论与实践的重要内容之一，布莱尔执政10年间，在相当程度上突破了英国工党传统的社会福利政策主张，对英国社会和西方社会产生了重大而深远的影响。

（一）养老金制度改革

养老金制度改革是布莱尔新工党政府改革的重要方面。布莱尔政府认为，保守党的养老金改革使得一部分养老金领取者的生活受到明显的影响，所以，新工党政府养老金制度改革的目标是为养老金领取者提供充分的养老保障。为此，新工党政府继续加强国家基本养老金和职业养老金制度建设，特别是鼓励更多有能力者参与职业养老金和个人储蓄年金制度，以便通过个人努力为自己提供更加充分的养老保障。

1999年，英国工党政府推出了"存托养老金计划"（Stakeholder Pension Scheme）和"最低收入保障制度"（Minimum Income Guarantee，MIG）。

存托养老金计划可以由雇主、商业机构、工会组织等提供，雇员定期拿出一部分收入（不一定是定期的工薪收入），存入其专门的个人养老金账户，计划供给商负责账户积累资金的运营管理，雇员达到退休年龄后可以用积累的余额购买年金。参加存托养老金计划的雇员与加入个人养老金计划的雇员一样，享有同等的国民保险税回扣的优惠。存托养老金计划可以采取受托人管理制，也可以直接聘任"存托经理"（Stakeholder manager）管理。如果执行受托人制，必须有1/3的受托人为独立人士。其他管理如需要指定审计人、审核受托人（存托经理）签发的报告等，则比照职业养老金计划的规定。法律要求养老金计划供给商在申请设立存托养老金计划时，必须符合两个最基本的条件：该计划必须是货币购买计划，而且是缴费确定型计划，达到退休年龄时必须将其用于购买年金；必须维持低管理成本。

由于国家对于这种养老保险计划在成立条件、最高收费标准、服务内容要求以及投保者对管理基金的参与等方面都有严格的规定，因此它具有成本低、安全度高且适应面宽的特点。再加之存托养老金计划是免税的，与其他形式的储蓄工具相比，对储蓄者更有吸引力，因此那些没有参加职业养老计划而又对原有的个人养老计划不信任的中高收入者，被吸引了过来。

最低收入保障制度是布莱尔政府上台后，于1999年，将养老救助制度演变成为"最低收入保证制度"，通过这一制度安排，对低收入的家庭进行补贴，加大了对老年贫困群体的"收入扶持"力度。该制度在养老保障方面，规定75岁以下的单身退休人员家庭和75岁以上的夫妇双退休家庭，如果领取的退休金加上其他收入低于政府规定的最低收入，政府将发放补贴，将家庭收入至少补足到国家规定的最低收入水平。

同时，2003年10月，布莱尔政府推出了“养老金津贴制度”（Pension Credit）。实施这一计划的目的是缓解退休人员的贫困问题；奖励而不是“惩罚”为养老而储蓄的行为；退休人员能更容易地获得“养老金津贴”资格认定。养老金津贴制度由两部分组成：“保证津贴”（Guarantee Credit），这一津贴提供的是最低收入保障，目标群体是60岁及以上的退休人员；“储蓄津贴”（Saving Credit）。这一津贴提供给65岁及以上、已经为将来做了适当准备的退休人员。

布莱尔在任期间，最重要的养老金制度改革措施就是主张在改革与收入相联系的养老金制度的基础上，建立国家第二基本养老金制度（State Second Pension，S2P）。其主要目标人群是中低收入者以及看护长期患病或身体残疾者的从业人员。作为国家养老金体系的一部分，它的准入门槛很低，任何已缴纳了国家基本养老金保费同时又没有参加职业养老金或个人养老金计划的雇员将自动具备享受资格。作为对弱势群体的直接照顾，国家第二养老金计划对其成员的待遇给付水平明显优于它的前身国家收入关联计划。

为了体现公平原则，也为了吸引更多的低收入群体加入该计划，国家第二养老金计划的计发方式采用了与工资报酬相关联的累退制，即在缴纳基本养老金保费年数相同的情况下，国家第二养老金计划按不同收入层次支付给投保人不同的养老金，而且是年收入越少，所得到的替代率水平越高。

布莱尔政府于2002年所推行的针对低收入群体设立的国家第二养老金计划，无论从计划的目的、目标人群、给付水平、计发方式等各个方面，都体现了维持公民基本生活水平的思想。①

（二）失业保障制度改革

失业问题一直是困扰英国政府的主要社会问题。新工党政府推行所谓“工作福利”的“新政”，通过尽可能扩大就业解决失业问题，实现“使能工作者得到工作，使不能工作者得到保障”的目标。为此，布莱尔政府采取一系列向各种失业者提供就业帮助的措施。工党政府发表了题为《我们国家的新动力：新社会契约》的绿皮书，大力鼓励失业者接受职业培训和重新就业，并提出了“工作福利”计划。所谓的“工作福利”就是以工作战略为中心，采取一系列新的政策以促进失业者的就业积极性，使他们脱离对传统社会福利救济的依赖。

“工作福利”计划针对四种类型的人实施了不同的措施。第一，凡是年龄在18～24

① 汪建强．英国国家第二养老金计划及其启示．商场现代化．2007．11

周岁之间的失业青年，只要有求职的意愿，就可以通过政府安排的“个人顾问”获得就业指导辅导，直接去工作或者在志愿部门获得培训机会，或者找到一个全日制的学习机会。如果选择直接去工作，那么雇主将会给失业者 6 个月的工作机会，当然雇主在雇佣失业青年的时候也能得到政府的补贴，具体补贴措施是：全日制工作雇主将得到每周 60 英镑的补助，反之雇主将得到 40 英镑的补贴。这样做的直接结果是，雇主宁愿雇佣新政资助的工人而不是那些 18 岁以下的人，因为前者有政府的补助，从而降低了逃学者寻找工作的机会；如果选择去志愿部门培训，失业者可以继续领取 6 个月的“求职津贴”并且有望通过培训获得承认的证书；如果选择全日制教育，失业者在其他各种福利不变的情况下，还可以通过其“个人顾问”索取书本和其他学习材料费用方面的支持。第二，1998 年 4 月以后，针对 25 周岁以上的长期失业者，除了获得相关的救济金外还可获得额外的补助，或者获得一个 12 个月的全日制教育培训机会。第三，对于单亲家庭，在就业机构的帮助下，可以获得寻找工作、提供就业建议、就业培训和帮助照看孩子等帮助。第四，1998 年 10 月以后，针对残疾人，主要通过个人顾问，向其提供建议、评价、行动计划、进行工作安排、实验和培训，使他们能够得到新的工作，重返工作岗位。

（三）医疗卫生体系的改革

对国民医疗服务体系（NHS）进行改革是布莱尔政府上台以来改革的重大举措之一。1997 年布莱尔政府执政后，“把公平享受医疗服务视为新国民医疗服务体系的突出特点和英国国民医疗服务的转折点”①。试图在减轻国家财政负担同时又不降低国民的健康福利之间寻求“第三条道路”。1997 年颁布的《新的国民医疗服务系统：现代的，可信赖的》白皮书和 1998 年《阿奇森报告》的形式问世，为工党制定相关政策，在扩大筹资来源和规模的基础上比以前更加突出医疗服务的公正性、可及性和效率，试图实现控制医疗保障费用和提高医疗服务的目标提供了重要依据。

《阿森报告》“提出了 39 条消除英国健康不公平问题的建议，其中最重要的是：第一，所有与健康相关的政策都要事先评价其对健康不平等问题可能产生的影响；第二，应该特别重视有未成年子女家庭健康问题，因为儿童阶段的健康状况对以后的智力和身体发育都会产生巨大影响；第三，必须采取措施缩小收入不平等和提高贫困家庭的生活水平，因为调查充分证明家庭收入与健康状况有直接联系；第四，一些旨在提高全民健康水平的政策并不能解决健康不平等问题，必须采取针对性的措施提高弱势群

① 胡昌宇．英国新工党政府经济与社会政策研究．合肥：中国科学技术大学出版社，2008．134

体的医疗服务水平"[①]。

1998 年，新工党开始国民医疗服务体系（NHS）改革。布莱尔政府国民医疗保健改革的目标是，逐步将医疗保健由普遍权利意识向个人责任意识转变，从强调医疗保健是否"需要"转向强调医疗保健中的个人"表现"，从保健教育转向保健促进，以便有效地降低政府用于医疗保健方面的财政支出，同时，确保为全体民众提供充分的医疗保健服务。为此，1998 年，布莱尔政府推行新的国民医疗保健计划，主要是减少医疗保健服务覆盖面，鼓励医疗保健服务的市场化。1998 年 9 月出台了《现代国民医疗服务体系的信息化战略》，通过计算机和互联网建立虚拟环境下的医院和诊疗机构，病患随时随地就诊治疗，并产生电子病历。

2000 年 7 月 27 日，布莱尔政府公布了全国医疗服务体系改革 5 年计划。承诺提高医疗服务水平和能力，增加诊室、设备、医生和护士的数量，缩短看病预约时间。"新建 100 家医院，增设 7 000 张床位；增招 2 万名护士、7 500 名会诊医生和 2 000 名普通医生，增加 6 500 名医疗专家；设立一个负责国家卫生局现代化的机构，一个 5 亿英镑的全国医疗保险基金；加强医疗与社会服务机构之间的联系等内容。根据计划，到 2005 年，最长等候手术时间将由 18 个月缩短为 6 个月，到 2008 年为 3 个月。"[②]

2004 年 6 月颁布了《国民医疗服务体制改善计划》，旨在使居民拥有长期的、健康的生活状态，使所有居民更健康、更强健。

通过布莱尔政府的医疗服务体系改革，英国公共医疗服务有了显著改善。尽管公共医疗服务的供需之间似乎永远存在着矛盾，但布莱尔政府的医疗改革至少缓解了这一矛盾。

（四）教育政策的改革

布莱尔在工党连任目标中称"较高的教育水平是今后进行国际竞争和进入一个广阔社会的关键"，并把教育列入国家发展"战略计划"。

布莱尔教育改革的特点主要体现在以下两个方面：

第一，强调终身教育。布莱尔认为，当代世界发展迅速，知识的有形磨损或无形磨损都非常严重。学习不是几年的学校正规教育就能解决的。教育应集中关注那些能够终生发展的能力只有坚持终身教育，才不至于被时代发展潮流所淘汰。为此，2002 年英国教育与技能部发表了《传递结果：到 2006 年的战略》。全面勾画了 2002—2006 年的英国国家教育战略框架，并一步提出，2002—2006 年英国教育的战略目标是，为

① 胡昌宇．英国新工党政府经济与社会政策研究．合肥：中国科学技术大学出版社，2008．135

② 王振华．挑战与选择：中外学者论"第三条道路"．北京：中国社会科学出版社，2001．146

每个人的学习创造良机，挖掘人的潜力，以发挥其最大作用，令其在教育标准和技能水平达到卓越。①

第二，强调发展“公共”与“私有”之间的伙伴关系。“教育行动区”是这一关系的集中体现，其目的是帮助那些低教学质量的地区提高教育水平便是工党教育政策最为显著的改革举措。布莱尔工党政府执政以来，推出了一系列促进公立薄弱学校、不利群体、内城教育发展的改革计划。如“教育行动区”（Education Act Zones，简称EAZ计划）、“追求卓越的城市教育计划”（Excellence in Cities，简称EiC计划）、“教育优先区”（Education Priority Area，简称EPA计划）等改革计划。

其中，EiC计划通过建立地方伙伴关系组织来加强学校间、学校和地方教育当局间的合作，通过建立学习辅导员、学习支持单元、城市学习中心等学习发展的支撑体系以及通过天才计划、设立更多的专门学校来提供多样化的教育方式。教育优先区是指被政府列为物质或经济极为贫乏和不利、须优先予以改善，以利于教育机会均等理想之实现的地区。EPA计划是采用“积极差异性待遇”的政策，以促进教育机会均等理想目标的实践。EAZ计划是布莱尔政府为改变公立学校，实现国家教育体制的部分私有化，进行社会办学的一个有意义的尝试。这些改革计划都蕴涵着布莱尔工党政府把改进贫困学生和处境不利学生的学业成绩，促进教育的均衡发展作为维护社会公正的重要途径。

深度阅读

1. 安东尼·吉登斯. 第三条道路——社会民主主义的复兴. 郑戈译. 北京：北京大学出版社，2000

2. 安东尼·吉登斯. 超越左与右——激进政治的未来. 李惠斌，杨雪冬译. 北京：社会科学文献出版社，2003

3. 安东尼·吉登斯. 失控的世界：全球化如何塑造我们的生活. 周红云译. 南昌：江西人民出版社，2001

4. 托尼·布莱尔. 新英国——我对一个年轻国家的展望. 曹振寰等译. 北京：世界知识出版社，1998

① 杨军. 英国促进基础教育均衡发展政策综述. 外国教育研究. 2005. 12

第七章
社会发展主义社会福利思想

社会发展（social development）或称为发展性福利（developmental welfare）的社会福利思想，试图协调经济与社会发展的关系，实现相互融通和相互促进，从而突破传统社会福利政策孤立地看待经济和社会发展的弊端。不同于传统的社会福利思想，社会发展主义虽然与西方文化有着某种联系，但它主要是在第三世界国家社会福利实践过程中发展起来的。

第一节　社会发展主义福利思想的发展脉络

一、社会发展主义福利思想发展的背景

社会发展主义福利思想缘起具有三个方面的背景，即殖民地和第三世界国家的社会福利实践、联合国对社会发展观的推进以及工业化国家的社会背景与社会福利发展等。

（一）殖民地和第三世界国家的社会福利实践

社会发展概念源于20世纪40年代和50年代非洲的殖民地福利行政官员所从事的活动。长期以来，殖民地活动对殖民地的自然与农业资源进行剥削，殖民地主要关注的事情是保证私营企业能够以营利的方式运行。殖民地行政官员的责任是维持法律和秩序。通常而言，殖民地行政当局不直接关注经济发展。

而这一情形在20世纪初的几十年里开始出现变化，当时一些殖民地当局推出了一

些旨在促进经济增长的发展规划。如英国政府于 1929 年所实施的一系列法令中第一项，即所谓的《殖民发展与福利法案》(*Colonial Development and Welfare Acts*)，这些法令营造了这样的思想：殖民地不仅仅是提供出口的原材料基地，其自身也可能成为经济实体。①

在以往强调经济发展的情景下，殖民地的社会福利往往被忽视，甚至被看做经济发展的障碍。然而，许多土生土长的政治家却在与西方发达国家的比较中看到，认为实施政府社会服务与社会的现代化是并行不悖的。② 这就基本确立了社会服务发展与经济发展之间的联系。1954 年，在英格兰赫特福特郡阿什利奇庄园召开的殖民地官员会议上正式采纳了"社会发展"。社会发展概念正式得以确立。③

(二) 联合国和国际机构对社会发展观的推进

自联合国设立开始，联合国便在促进经济和社会发展过程中起到了重要作用。20 世纪 50 年代，联合国优先考虑家庭福利、儿童关怀和青年工作，认为这些方面是社会发展的中心，并进行了几项针对矫正性社会福利的研究，努力向发展中国家推广社会工作。但是到 60 年代，联合国重新审视了取向，倡导将社会项目与经济规划充分融合，从而在最广泛意义上提高了社会福利。④

1966 年，联合国大会通过关于《重新评估社会委员会作用》(*reappraisal of the role of the Social Commission*) 的 1139 (XKI) 号决议，决定扩大其职责范围并重新更名为"社会发展委员会"。此后，联合国围绕这一新目标发起了包括确立社会发展指标等一系列的活动，以帮助各国规划机构衡量社会发展目标完成的程度，从而加深了人们对社会与经济发展关系的认识。"平衡的"或"统一的"社会经济发展概念逐渐诞生。

联合国于 20 世纪 70 年代末通过了几项有关统一性社会与经济规划及其相关主题的决议。从而促成了第三世界成员国对社会规划概念的普遍采纳。⑤

几个国际机构对新的社会发展战略的产生和发展也作出了贡献，其中包括世界卫生组织、联合国儿童基金组织、世界银行和国际劳工组织等。如联合国在缪达尔 (G. Myrdal) 等多位著名学者的敦促下，力图采取新途径，以超越对经济增长的狭窄性强

① 詹姆斯·米奇利. 社会发展：社会福利视角下的发展观. 苗正民译. 上海：格致出版社，2009. 60
② 詹姆斯·米奇利. 社会发展：社会福利视角下的发展观. 苗正民译. 上海：格致出版社，2009. 61
③ 詹姆斯·米奇利. 社会发展：社会福利视角下的发展观. 苗正民译. 上海：格致出版社，2009. 64
④ 詹姆斯·米奇利. 社会发展：社会福利视角下的发展观. 苗正民译. 上海：格致出版社，2009. 65
⑤ 詹姆斯·米奇利. 社会发展：社会福利视角下的发展观. 苗正民译. 上海：格致出版社，2009. 67

调，即所谓社会经济一体化发展计划（unified socio-economic development planning）。[①] 其次，1974年，由世界银行的资深职员和英国萨赛克斯大学（Sussex University）发展研究所的学者共同提出的研究结论：政府能够在促进经济增长的同时，保障经济增长所产生的资源得到公平的分配。为形成新的经济规划模式，他们建议各国实施各种各样旨在减少不平等、将资源导向最贫穷群体的政策与方案。[②] 再有，以斯特里腾（P. Streeten）等人认为，更重要的是，政府应该解决发展中国家的贫困与匮乏等基本问题，而不仅仅是进行资源分配。同时，国际劳工组织1976年在日内瓦召开的世界就业大会上正式采纳了基本需求途径。[③]

（三）工业化国家对发展性社会福利观的推动

多数的工业化国家的社会政策很少与经济发展相关联。但瑞典是个明显的例外。瑞典的做法不但融合了经济与社会政策，而且专门用社会政策来促进经济发展，即通过有效的劳动力市场政策维持高就业。[④]

虽然工业化国家在20世纪70年代末作出重大努力来促进社会发展，但20世纪70年代末80年代初极右思潮盛行，这在很大程度上影响发展性福利思想和实践的发展；但是，极右思潮并没有像人们希望的那样促进经济发展并解决社会中存在的问题，相反，人类的生存环境却不断恶化。于是，一方面作为对传统以社会需要和社会权利为特征的社会干预思想的超越；另一方面也是对80年代以来新右派社会福利思想的一种回应，以社会发展为取向的福利思想开始得到人们的重视。1995年，社会发展问题世界首脑会议在丹麦首都哥本哈根召开。同年，美国学者詹姆斯·梅志里出版了其专著《社会发展：社会福利视角下的发展观》（*social development: the developmental perspective in social welfare*）。

二、社会发展主义福利思想的主要观点

（一）社会发展的概念和观点

社会发展被定义为“一种规划的社会变化过程，旨在与经济发展的动态过程的协调下促进人口的福祉”[⑤]。社会发展提出的观点是，经济政策和社会政策必须相互结合。

① 詹姆斯·米奇利．社会发展：社会福利视角下的发展观．苗正民译．上海：格致出版社，2009．146
② 詹姆斯·米奇利．社会发展：社会福利视角下的发展观．苗正民译．上海：格致出版社，2009．150—151
③ 詹姆斯·米奇利．社会发展：社会福利视角下的发展观．苗正民译．上海：格致出版社，2009．152—153
④ 詹姆斯·米奇利．社会发展：社会福利视角下的发展观．苗正民译．上海：格致出版社，2009．73
⑤ 詹姆斯·米奇利．社会发展：社会福利视角下的发展观．苗正民译．上海：格致出版社，2009．29

社会发展强调人类福利的提高要融入到充满活力的经济发展的过程。没有经济的发展，社会发展就没有可能，而如果没有人类整体福利的大幅提高，经济发展也就失去了意义。社会发展支持者相信，经济和社会政策结合得更紧密能提高所有人的福利。

（二）社会发展主义的主要原则

为了使经济和社会政策结合得更紧密，社会发展主义的提出的主要原则是：

第一，建立一个混合型、整体性的社会政策模式。在大部分国家，负责经济发展的政府部门与社会服务机构没有定期的沟通。尽管许多发展中国家建立了综合经济和社会政策的部门间沟通机制，然而，中央规划弱化降低了这些机制的有效性。社会发展取向的实施需要经济发展部门和社会服务机构一起在统一的发展架构内更加紧密的协作。①

第二，积极的劳动力市场和就业政策。社会发展强调在发展过程中，要优先考虑有利于创造工作岗位和实现就业的计划。积极的劳动力市场和就业政策的核心是，通过严格失业保障资格申请、缩短失业保障期限、降低失业保障水平，并将保护性劳动就业政策与积极就业政策相结合，从而“激活”失业者。

第三，促进人力资本投资。社会发展的核心理论是社会计划应以投资为导向。很多国际组织、政府及社会政策研究者对社会政策的作用正在形成一个共识，即社会福利具有帮助人们实现潜能的作用，如同教育、卫生事业一样，是对社会资本和人力资本的投资。现今不少政策以社会政策（教育、医疗和福利）等作为一种社会投资，从而提高人力资本和社会资本，以促进经济发展。社会投资视公共开支及社会福利为一项人力资本的投资。②

（三）社会发展主义的主要特点

第一，社会发展具有普遍性（universalistic）和介入性（interventionist）等特点，致力于社会变迁。社会发展理论认为社会发展需要一个强大的政府，这种强大不仅指在提供社会福利方面，而且表现在推动经济发展方面。③第二，社会发展取向主张通过社会投资提升人力资本，从而实现社会融合和经济融合。结束目前社会福利和经济发展分割的状况，树立社会福利的积极形象。第三，社会发展主义实践发展性福利是通过把经济增长、社会发展和提高人民生活水平等目标整合在一个宏观发展的架构内，赋予社会福利更积极的含义：社会福利不仅满足社会需要，而且有助于经济发展。

---

①③　邓广良，刘洲鸿．社会发展主义．载：邓广良，魏雁滨，王卓祺．两岸三地社会政策——理论与实务．香港：香港中文大学出版社，2007．138

②　梁祖彬．演变中的社会福利政策思维——由再分配到社会投资．中国社会科学．2004．6

第二节 詹姆斯·梅志里的社会福利思想

一、詹姆斯·梅志里的主要生平

梅志里（James Midgley）于1971年毕业于南非的开普敦大学（University of Cape Town），获得社会学博士学位。现任美国加州大学伯克利分校（University of California，Berkeley）社会福利学院的哈利和雷瓦·斯派希特（Harry and Riva Specht）讲座教授，并于1997—2006年担任社会福利学院院长。①

代表著作：《亚洲基层社会保障：互助、小额保险及社会福利》（*Grassroots Social Security in Asia：Mutual aid，microinsurance and social welfare*，2011）、《东亚的社会政策和贫困：社会保障的角色》（*Social Policy and Poverty in East Asia. The Role of Social Security*，2010）、《社会政策手册》（*Handbook of Social Policy*，2009）、《社会保障，经济和发展》（*Social Security，the Economy and Development*，2008）、《发展型社会政策》（*Social Policy for Development*，2004）、《全球化背景下的社会福利》（*Social welfare in global context*，1997）、《社会发展：社会福利视角下的发展观》（*Social Development The Developmental Perspective in Social Welfare*，1995）等。

二、詹姆斯·梅志里的主要思想

（一）社会发展是对“残留性”和“制度性”途径的超越

在詹姆斯·梅志里看来，社会发展是促进人类福利的一种途径，它最显著的特点是，它旨在促进经济发展措施，力图达成各种社会政策的和谐。“社会发展与其他促进社会福利的途径不同之处，就在于其强调发展，同时强调全民性与宏观性。”② 因此，社会发展被认为超越了以往主宰社会福利思路的那些残留性和制度性途径。残留性途径建议用有限的公共资源对人口中最为贫穷的群体提供有针对性的帮助，制度性途径则主张国家应该广泛地介入社会福利的方方面面。在詹姆斯·梅志里看来，“这两种途径为了筹资都要被动地依赖经济活动。两者都不关心社会福利资源的生成方式……社会发展途径之所以能超越残留性和制度性争论，是因为它使社会福利和经济发展政策

---

① http://socialwelfare.berkeley.edu/Faculty/people.php? last=Midgley&first=James

② 詹姆斯·米奇利．社会发展：社会福利视角下的发展观．苗正民译．上海：格致出版社，2009．1

与项目发生直接关联”[①]。

（二）社会发展的综合视角

在詹姆斯·梅志里看来，社会发展提供了一个综合性视角，“关注的焦点是社区与社会，强调的是有计划的干预，提倡的是动态的、以变化为导向的方法，能包容多种因数，顾及全民的利益，最重要的是能使社会干预手段和经济发展努力达成协调”[②]。社会发展中的“发展”有多层含义。

第一，在理论层面，即整体性社会政策。整体性社会政策是指国家主义、个人主义和社群主义范式的融合。[③] 国家主义强调政府在经济发展、社会发展以及社会管理方面的重要作用；个人主义认识到市场和民营部门对提高经济效率、满足人的基本需求是非常必要的；社群主义则重视积极的社区动员和民众在社会政策决策中的参与。

第二，在实践层面，经济发展和社会发展已经开始协调起来，社会政策已融入到经济政策中。正在出现“一种混合型、整体性的社会政策模式”[④]。“社会政策开始超越‘由各国政府提供社会福利服务’这一狭义的概念，而将更为广泛的国计民生问题包括在内，尤其是经济、社会和政治力量的国际化和全球人类的福祉带来的一些威胁，由此产生了种种压力，要求人们重新审视如何改变社会政策从而更有效地应对这些变革。”[⑤]“在发展过程中，社会与经济发展构成了一枚硬币的两面。没有经济发展也就没有社会发展，而如果经济发展没有同时改善整体人口的社会福利，也就毫无意义。”[⑥]

（三）社会发展的目标多元

社会政策的目标从缓解贫困转变为增强人们维持生计的能力、增进全民福利、保障人权、促进社会公正等多个方面。增加人们维持生计的能力，即所谓“可持续生计框架”是社会政策被称为“发展型”的一个重要原因。“可持续生计框架为解决贫困和剥夺问题提供了一种更具有整合性的思路。这种分析框架不再是单部门的战略，而是

---

① 詹姆斯·米奇利．社会发展：社会福利视角下的发展观．苗正民译．上海：格致出版社，2009．1—2

② 詹姆斯·米奇利．社会发展：社会福利视角下的发展观．苗正民译．上海：格致出版社，2009．8

③ 安东尼·哈尔，詹姆斯·梅志里．发展型社会政策．罗敏，范酉庆等译．北京：社会科学文献出版社，2006．51

④ 安东尼·哈尔，詹姆斯·梅志里．发展型社会政策．罗敏，范酉庆等译．北京：社会科学文献出版社，2006．2

⑤ 安东尼·哈尔，詹姆斯·梅志里．发展型社会政策．罗敏，范酉庆等译．北京：社会科学文献出版社，2006．5—11

⑥ 安东尼·哈尔，詹姆斯·梅志里．发展型社会政策．罗敏，范酉庆等译．北京：社会科学文献出版社，2006．27

在更广阔的环境下对生存战略的分析，以及根据地方能力和需求做出调整的、因地制宜的解决方式。"①

在当前，社会发展最明显的特征是协调经济政策和社会政策，把经济发展和社会发展联系起来。社会政策与经济政策的互为因果的关系在实践中愈加有突出的表现，从作为福利服务的社会政策，作为安全网的社会政策，到作为影响人们生活和生计的一切计划及其相关措施的社会政策。

（四）社会发展的积极性

传统社会政策没有从根本上为弱势群体摆脱贫困、实现可持续发展提供条件，因而在本质上具有被动性。社会发展的对象不再只是现实的贫困者或不幸人士，而是一种增进全体社会成员经济和社会能力的社会资源再分配机制。在这个意义上，社会发展的核心问题被认为更重要的是发展它对经济发展的积极作用。因此，能促进经济发展的社会干预手段是被优先考虑的，而不是那些只具有疗效功能或维持功能的社会干预手段。②

能促进经济发展的社会发展手段是多方面的：实施能创造人力和社会资本的政策与方案；通过建立个人发展账户鼓励资产积累；通过生产性就业和自我就业促进经济参与；消除经济参与的障碍以及建立有助于发展的社会氛围等具体策略，等等。

第三节　迈克尔·谢若登的社会福利思想

一、迈克尔·谢若登的主要生平

迈克尔·谢若登（Michael Sherraden，1948—　），1979 年毕业于密歇根大学（University of Michigan），获得社会工作和心理学博士学位。现为美国华盛顿大学圣路易斯分校（Washington University in St. Louis）社会工作学院教授、社会发展研究中心主任。

代表著作有《资产与穷人：一项新的美国福利政策》（*Assets and the poor*：*A new American welfare policy*，1991）、《美国梦的内涵：资产、贫困和公共政策》（*Inclu-*

① 安东尼·哈尔，詹姆斯·梅志里. 发展型社会政策. 罗敏，范西庆等译. 北京：社会科学文献出版社，2006. 9

② 安东尼·哈尔，詹姆斯·梅志里. 发展型社会政策. 罗敏，范西庆等译. 北京：社会科学文献出版社，2006. 183

sion in the American Dream: Assets, poverty, and public policy, 2005）等。[①]

二、迈克尔·谢若登的主要思想

（一）全面反思“以收入为本”的福利政策

谢若登认为福利国家的福利政策处在困境中，“从许多方面来看，福利政策并没有发挥应有的作用，而且大多数人对它已经失去了信心。……虽然收入转移有助于暂时减轻困难，但没有从根本上解决贫困问题。福利政策供养了弱者，但无助他们变强”。[②]

但很明显，以收入为基础的政策已成为西方国家福利政策的基础和核心，谢若登对这种收入为基础的政策进行了否定，他这样论述：

在西欧和北美发达的福利国家，对穷人的社会政策一直主要基于收入观点。……这种政策的基本假定是，贫困和困难产生于资源供应量的不足，所以解决方案是使供应量更加充分。然而，以收入为基础的福利国家并没有从根本上减少贫困（虽然可以缓解贫困），没有缩小阶级或种族的差别，没有刺激经济的增长，没有促进公众支持的广泛基础。大多数福利改革的建议，无论是来自保守派还是自由派，仍然将此收入为基础的政策作为唯一答案。

我认为，将收入作为福利政策的基础是不够充分的。收入只是贫困的一种尺度，一种忽视了家庭福利的长期动态的尺度。……以收入为基础的政策听起来十分熟悉和温和，但不能激发人们的信心。它们是不完善的。……尽管其存在这些不足，收入仍一直被理所当然地作为美国和其他西方福利国家反贫困政策的标准。

……然而，问题的关键不在于此。关键在于以收入为基础的社会政策，尽管其体现了人性和公正，但并不是构筑福利救助的唯一方式和最好方式。也许还有其他方法可以从根本上进一步促进穷人的福祉和国家的长期发展。[③]

谢若登力图通过对传统社会福利政策进行批判性的反思，特别是对过分依赖“收入维持”（income maintenance）政策在解决贫穷问题的批评，推动政府对传统社会福利政策的理念思考，由此，建立以资产为基础的全新的社会福利政策。

（二）辨析了收入和资产的关系

谢若登首先认为，收入和资产是联系密切的，收入能被节余而积累为资产，形成

---

① http://gwbweb.wustl.edu/FACULTY/FULLTIME/Pages/MichaelSherraden.aspx

② 迈克尔·谢若登．资产与穷人：一项新的美国福利政策．高鉴国译．北京：商务印书馆，2005．3

③ 迈克尔·谢若登．资产与穷人：一项新的美国福利政策．高鉴国译．北京：商务印书馆，2005．3—5

未来消费的一个储存。反之，许多资产带来收入流动。提出最好按照具有一个相似范围的两个连续统来看待收入和资产，如图 7—1 所示。[①]

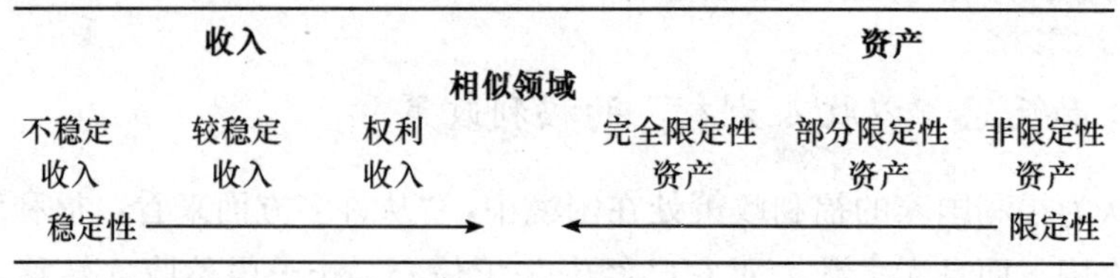

图 7—1　收入与资产之间的关系：包含相似领域的两个连续统

衡量收入的关键尺度为稳定性，衡量资产的关键尺度则为流动性。资产是被存储的收入，代表着消费能力。对收入和资产的关系，谢若登做了一个形象的比喻——泉流和池塘的关系。[②] 谢若登认为收入与资产之间的关系是理解福利接收者获得差异性福利效应的关键。

（三）强调拥有资产的效用

在谢若登看来福利水平等同于消费潜力，而代表消费潜力的不仅包括穷人的收入，而且包含穷人所掌握的储蓄和资产。"无消费不一定总是无效用，无消费（以积蓄和资产占有形式）本身具有消费之外的和区别消费的福利效益。"[③]

谢若登不仅说明了资产有积极的福利效应，而且说明了资产产生收入所单独不能提供的积极福利效应。主张资产具有消费之外的重要的福利效应。第一，促进家庭的稳定；第二，创造对未来的认知和情感取向；第三，促进人力资本和其他资产的发展；第四，增强专门化和专业化；第五，提供承担风险的基础；第六，增加个人的效能；第七，增加社会影响；第八，增加政治参与；第九，增进后代的福利。[④]

（四）建构以资产为基础的社会福利政策（Asset-Based Social Welfare Policy）

谢若登认为："在过去几年里，我一直在深入思考美国的社会政策，尤其是福利政策，并且产生了一个与众不同的想法。这个想法可以非常简单地概括为：我们应该更多地关注储蓄、投资和资产积累，而不是像以前那样将福利政策集中在收入和消费。

① 迈克尔·谢若登．资产与穷人：一项新的美国福利政策．高鉴国译．北京：商务印书馆，2005．118
② 迈克尔·谢若登．资产与穷人：一项新的美国福利政策．高鉴国译．北京：商务印书馆，2005．178
③ 迈克尔·谢若登．资产与穷人：一项新的美国福利政策．高鉴国译．北京：商务印书馆，2005．203
④ 迈克尔·谢若登．资产与穷人：一项新的美国福利政策．高鉴国译．北京：商务印书馆，2005．217

……我将这种新的观点称作‘以资产为基础的福利政策’。”①

第一，谢若登认为资产积累主要是制度化机制的结果。谢若登从 1984 年美国“收入和项目参与调查”分析中，对收入穷人和非收入穷人的家庭资产进行了对比，结果显示高收入及中产阶级是接受资产积累的群体。这是因为资产积累带有明显的制度化特征，而“某些筛选过程——特别是身份、就业类型和收入水平——决定了一个人是否有机会得益于制度化资产积累。一旦站在制度化资产积累的‘门口’，游戏规则便极大地影响到积累结果”②。

第二，谢若登认为制度影响资产积累和代际资产继承。以收入为基础的社会福利政策规定受助的穷人不能拥有一定数量的资产，否则将没有资格接受收入补贴，这表明现有的制度已经取消了穷人拥有继承性资产的可能性。再者，当穷人获得定期的收入补贴后，其后代很难继承到该笔收入，反之当非穷人获得资产时，其后代却可以顺理成章地继承这种资产，也就是说，穷人的后代永远继承不到资产，而非穷人的资产却可以代代享用。

第三，谢若登认为政府对于穷人的收入支持仅维持了他们最基本的生活需求，这种现状使得他们不可能依靠福利政策爬出陷阱。另外，福利国家对非穷人的资产性分配又加快了他们积累财富的速度，无形中再次拉大了穷人与非穷人的贫富差距。可见，当政府提供给穷人的福利转支仅以收入形式存在，将永远不能使穷人变富。此时穷人与非穷人的福利变得显而易见，即穷人的福利只有收入，非穷人的福利来自收入加资产。

第四，建出以资产为基础的福利模型。以资产为基础的社会福利模式将是通过资产增加收入。福利模型说明了穷人获得金融支持的来源、支持的形式和不同支持形式的短期与长期效应，如图 7—2 所示。③

其一，穷人获得的金融支持源自就业所得收入、家庭内部的支持和政府提供的福利转支，在传统福利政策的支持下，每一种金融支持形式只是收入。由于他们的收入仅够维持其较低的消费水平，再加上缺少现存资产的现状，所以很难像非穷人那样产生资产的福利效应。

其二，为穷人提出的福利模型：收入加资产。谢若登为穷人设计的福利模型方案从图 7—3 可以看到。④来自政府资源的资产将成为一种支持形式。一种资产积累结构将

---

① 迈克尔·谢若登．资产与穷人：一项新的美国福利政策（前言与致谢）．高鉴国译．北京：商务印书馆，2005

② 迈克尔·谢若登．资产与穷人：一项新的美国福利政策．高鉴国译．北京：商务印书馆，2005．139

③④ 迈克尔·谢若登．资产与穷人：一项新的美国福利政策．高鉴国译．北京：商务印书馆，2005．216

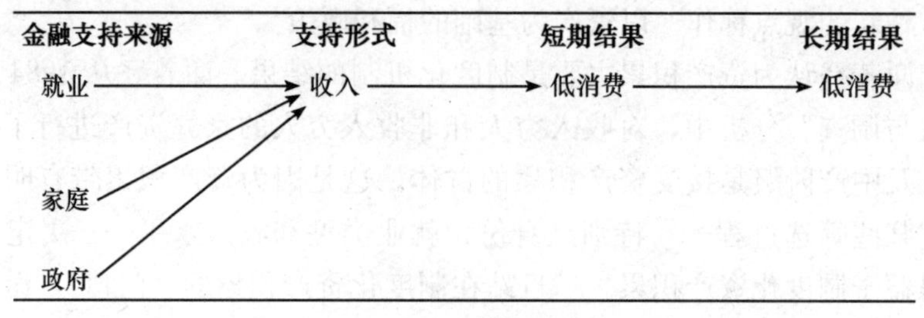

图 7—2　穷人的福利模型：只有收入

注：在这一模型中，消费保持低水平，并且没有资产，无法产生资产福利效应。

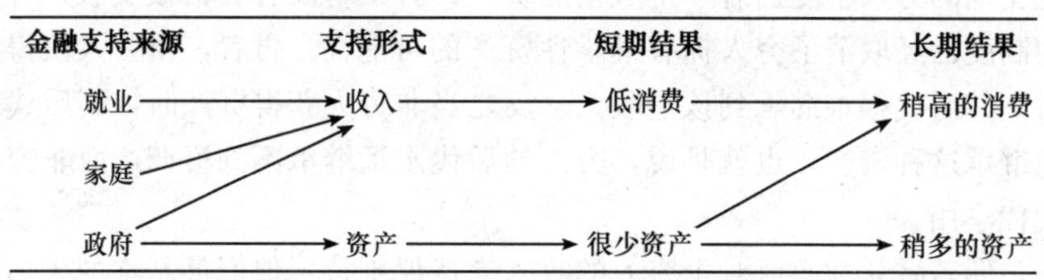

图 7—3　穷人的福利模型方案：收入加资产

注：在这一模型中，消费在较长时间内有所增加，而且资产的积累开始产生了资产的福利效应。

被建立，一部分政府转支将以资产形式而非收入形成。在短时期内，这种模式将产生同样的低消费，但是也积累了一些资产。

从长期来看，这种模式将产生更多一些资产和由于资产收入而产生更高的消费水平。总之，资产将终于第一次被引入穷人家庭的福利动态，由此调整他们的福祉和追求生活的目标。[①]

（五）以资产为基础的政策要成为国家的公共政策

谢若登通过对质疑资产为基础政策的多个问题的回答，表达了他提出以资产为基础政策的主要立场。

针对“为什么需要资产积累的特别计划”“虽然积累资产是一个好主意，但这种积累最好留给各个家庭而不是被公共政策所干预”的问题，谢若登则认为，资产积累不是传统意义上的剩余，它是一种制度化的过程。将储蓄解释为收入减去消费后的某种剩余的观点并不准确，这些资产是通过补贴机制所进行的积累，此时公共政策对限定

① 迈克尔·谢若登．资产与穷人：一项新的美国福利政策．高鉴国译．北京：商务印书馆，2005．216－217

性资产的重新分配便不再困难。[①] 同时，如果将福利政策重新定位于增长和发展，这种资产政策将会达到广泛的支持。

针对“穷人比收入更需要的不是资产吗”这一问题，典型的答案是穷人比资产更需要的是收入，那么显然福利国家的转支就应该倾向于以收入为主的福利政策。为此，谢若登指出以资产为基础的福利计划是自愿性的，更重要的是一种具备适当激励的有效制度结构将比收入水平对促进资产激励更重要。“应当尽可能将穷人的资产积累制度化，如同对非穷人那样。这意味着自愿的工资扣除和福利转支扣除计划，由联邦政府提供财政配款，并辅助有关信息和教育项目以宣传这些计划的存在和实惠。”[②]

针对“穷人会像其他人一样从行动上响应资产积累吗”这一问题，谢若登给出的答案是：对贫困人口进行经验研究是必要的，最好通过以资产为基础的示范工程来进行。针对“以资产为基础的福利建议是不是使所有人成为中产阶级”的问题，谢若登认为建构以资产为基础的福利在努力使参与者成为中产阶级，这个政策旨在促进财富积累、长期思维、积极的公民性等，资产政策将会促进这种心态。[③]

（六）以资产为基础的福利政策的基本原则

谢若登提出了以资产为基础的福利政策的十一条原则：第一，补充以收入为基础的政策。第二，具有普遍的可适用性。第三，对穷人提供更大的激励。第四，以自愿参与为基础。第五，避免将人定义为“接受福利”或“不接受福利”。第六，促进共同责任。第七，具有特定目的。第八，提供投资选择。第九，鼓励渐进积累。第十，促进经济信息和训练。第十一，提升个人发展。谢若登还对每一项原则进行了说明。[④]

（七）建立“个人发展账户”（Individual Development Accounts，IDAs）

谢若登认为个人发展账户应当是可选择的、有增值的和税收优惠的账户，立在个人名下，从一出生便开始启动，限定于指定用途。无论福利政策的类别（如住房、教育、自雇、退休等）如何，资产应当在这些长期限定性账户中积累。联邦政府应当对穷人的存款给予配给金或补贴，并通过私人部门或账户持有者自己的努力形成创造性金融的潜力。个人发展账户将被设计用于促进未来取向、长远计划、储蓄和投资、个人创新、个人选择和实现生活目标。[⑤] 个人发展账户将对美国最贫困的人群提供一种积

① 迈克尔·谢若登. 资产与穷人：一项新的美国福利政策. 高鉴国译. 北京：商务印书馆，2005. 248

② 迈克尔·谢若登. 资产与穷人：一项新的美国福利政策. 高鉴国译. 北京：商务印书馆，2005. 255—256

③ 迈克尔·谢若登. 资产与穷人：一项新的美国福利政策. 高鉴国译. 北京：商务印书馆，2005. 251

④ 迈克尔·谢若登. 资产与穷人：一项新的美国福利政策. 高鉴国译. 北京：商务印书馆，2005. 240—247

⑤ 迈克尔·谢若登. 资产与穷人：一项新的美国福利政策. 高鉴国译. 北京：商务印书馆，2005. 265

累和运筹资产，以满足个人和家庭目标的机制。

（八）个人发展账户——“美国梦”示范工程

该示范工被设计成为第一个对个人发展账户进行系统研究的项目。其主要目的是发现个人发展账户能否成功，哪些方面成功，以及对什么人有成效。在1997—2003年研究时间里，从多方面对示范工程进行调查了解，并收集了一系列数据。个人发展账户通过全美14个独立项目管理着2 364人。

“美国梦”示范工程项目的参与者能够就房产权（包括购买房屋和维修房屋）、启动（或支持）微小型企业、接受中等以上的教育（或工作培训）或退休（仅在这些情况下；《独立资产法》规定联邦资金不能被用于维修房屋或退休）等相关情况消费储蓄。此外，在14个机构里，有关账户结构、参与者的录用和教育项目等具体细节各略有不同。

“美国梦”示范工程中个人发展账户项目的研究结果表明，如果有正确的鼓励机制和支持，哪怕是最穷的人也会储蓄、积累资产、购买房子、开展生意并接受更高的教育。在这个过程中，他们提高了自己的经济期望值与参与性，获得了相应的知识，此外，他们与子女共同分享了拓展目标和被授权的感受。

“美国梦”示范工程对美国现行福利政策的启示为：任何鼓励储蓄、建设资产（或投资企业）、房产、高等教育或退休计划的政策应该同时含纳低收入的人们。正如“美国梦”示范工程一样，为低收入的人们提供机会、鼓励机制和大力支持。对穷人而言，储蓄不会是轻而易举的事。有一部分人不可避免地不能成为“储户”。但是，完善的政策和项目设计至少能够减少这种现象的发生。①

总之，传统的社会福利政策几乎都放在收入保障和实物及劳务福利上，而以资产为基础的社会福利政策表现为国家干预环节的前移，不仅从最终福利目标前移到实物及劳务产品，不仅前移到收入，还前移到资产环节。在这个基础上的社会福利政策，其重点不再放在传统的收入再分配上，而是强调促进资产的长期积累，推动个人、家庭社区的发展，并以这种发展形成社会作为一个整体的长期发展。

这种新理念下的社会福利政策，使人们尤其是穷人拥有资产具有多种积极的社会和经济效应，特别是由于持有资产增进了人们尤其是穷人的自信，培养了个人、家庭和社区自力更生的精神和能力，加之资产账户由于有更大的控制力、更多的个人选择，尤其是携带更方便，更适应全球一体化背景下的经济和劳动市场，从而被认为有望成为21世纪全球社会福利政策的主要工具。

---

① 迈克尔·史乐山，邹莉. 个人发展账户——“美国梦”示范工程. 江苏社会科学. 2005. 2

深度阅读

1. 詹姆斯·米奇利. 社会发展：社会福利视角下的发展观. 苗正民译. 上海：格致出版社，2009

2. 安东尼·哈尔，詹姆斯·梅志里. 发展型社会政策. 罗敏，范酉庆等译. 北京：社会科学文献出版社，2006

3. 邓广良，刘洲鸿. 社会发展主义. 载：王卓祺，邓广良，魏雁滨. 两岸三地社会政策：理论与实务. 香港：香港中文大学出版社，2007

4. 迈克尔·谢若登. 资产与穷人：一项新的美国福利政策. 高鉴国译. 北京：商务印书馆，2005

5. 迈克尔·史乐山，邹莉. 个人发展账户——“美国梦”示范工程. 江苏社会科学. 2005. 2

附录

东亚福利体制研究：缘起、争论和走向[①]

一、东亚福利体制研究的缘起

1990年，艾斯平-安德森（Gosta Esping-Anderson）使用“福利体制”（welfare regime）概念，提出了“福利资本主义的三个世界”：保守主义、自由主义和社会民主主义的福利国家[②]，从提出至今得到了学术界的强烈回应，引起了广泛的讨论，在近年有关福利制度的研究中，认为存在着一个“东亚群”（cluster），包括日本、韩国、新加坡等国家和台湾、香港地区。学者们起初的研究是试图将东亚福利体制纳入到艾斯平-安德森的三种福利体制类型中，但进一步的研究表明，东亚福利体制是不符合艾斯平-安德森三种体制之中的任何一种，并尝试为其界定与命名。[③] 从目前来看，有关东亚社会保障发展的研究，已成为当今比较社会政策的重要领域之一，而且逐渐与欧洲传统的福利国家研究呈现东、西辉映之势。[④]

经过多年的积累，东亚福利体制研究已是一个非常国际化的研究领域，已形成了丰硕的成果，其中获得广泛影响的研究成果有许多，如琼斯（C. Jones，1993）提出的“儒教福利国家”（Confucian welfare state）；古德曼和彭（R. Goodman and I.

---

① 本文最初发表于2011年10月15—16日在杭州举行的“中日韩三国东亚社会保障模式研究第六次会议”，并以林闽钢、刘璐婵：“东亚福利体制研究概述”，收入《东亚社会保障模式研究第六次会议论文集》。在该文基础上，刘璐婵进一步进行了补充，由林闽钢对全文进行了修改。

② 考斯塔·艾斯平-安德森. 福利资本主义的三个世界. 郑秉文译，北京：法律出版社，2003，3

③ 林闽钢. 东亚福利体制与社会政策发展. 浙江学刊. 2008（2）

④ 古允文. 东亚福利研究的发展与对台湾的启示. 台湾财团法人国家政策研究基金会国政研究报告，2008年10月14日，http://www.npf.org.tw/post/2/4813，2009-10-22

Peng，1996）提出的“日本型福利国家”（Japan-focused welfare states）；霍利德（Ian Holliday，2000）提出的“生产主义的福利资本主义”（Productivist Welfare Capitalism）等。纵观东亚福利体制已有研究文献，基本上沿着三个基本路径展开：

第一，从东西方文化的比较角度。这一视角的研究可追溯到罗斯（R. Rose）和白岛令（R. Shiratori）的《福利国家：东方和西方》一书①，这一研究超越了国别研究的范围，从而形成了从跨文化角度来讨论东亚福利体制的先例。从文化角度来研究福利体制最有影响的成果是琼斯（Jones，1993）的“儒家福利国家”。② 后来，沃克（A. Walker）和王卓祺（Chack-kie Wong）在对于东亚福利的研究中③，也十分强调东方文化因素对社会福利的影响。

第二，从东西方福利体制比较角度。怀特（G. White）及古德曼（R. Goodman）从福利开支、公民权利的概念和范围、采取选择性还是普及性福利等方面指出东西方福利体制的差异。④ 怀丁（P. Wilding）通过比较，进一步指出东亚福利体制在政府福利支出、以家庭为中心、政府在福利方面扮演的角色等九个方面共同的特性。⑤

第三，从东西方社会政策的比较角度。最为引人关注的是霍利德在艾斯平-安德森的非商品化程度、社会阶层化效果标准基础上，再引入社会与经济政策间的关系这个概念，提出东亚是生产主义的福利资本主义，认为东亚的福利体制是生产性的，社会政策是服务于经济发展的，社会政策是促进经济发展的。⑥ 主要的体制特点是：经济政策目标中压倒一切的是经济增长。国家的决策者借着辅助的手段追求经济成长，同时认为在生产主义的福利体制国家中，东亚国家占了1/4。

总之，随着东亚地区学术交流的日益活跃，已有更多的学者加入到东亚福利体制的研究之中，使东亚福利体制及其研究成为当前社会政策领域最引人注目的学术研究平台。

---

① Richard Rose and Rei Shiratori（eds.），*The Welfare State East and West*，New York：Oxford University Press，1986

② Catherine Jones，The Pacific Challenge：Confucian Welfare State. in C. Jones，(ed.). *New Perspectives on the Welfare State in Europe*，London：Routledge，1993，pp. 198－217，Catherine Jones与下文Catherine Jones Finer是同一人，只是因为她有时会冠夫姓Finer。

③ Alan Walker and Chack-kie Wong（eds.），*East Asian Welfare Regimes in Transition*：*From Confucianism to Globalization*. The Policy Press，2005

④ G. White and R. Goodman，Welfare Orientalism and the search for an East Asian welfare model，in：Goodman，White，G.，and Kwon，H.（eds.），*The East Asian Welfare Model*. London：Rutledge，1998，pp. 1－22

⑤ Paul Wilding，Social Policy and Social Development in Hong Kong，Public and Social Administration Working Paper Series，1996，Vol. 3

⑥ Ian Holliday，Productivist welfare capitalism：Social policy in East Asia，*Political Studies*，2000，Vol. 48：pp. 706－723

二、东亚福利体制研究的争论

近年来，韩国、日本、新加坡、中国台湾和香港地区有关东亚福利体制的研究论文和著作日渐丰硕，而学者间因不同观点而引发的争论也日趋激烈。目前学界的争论主要是围绕着三个问题展开的：第一，东亚地区到底是否存在“东亚模式”？第二，东亚福利体制能否被纳入埃斯平-安德森的“三个世界”？第三，能否跳出现有的理论框架来思考东亚福利体制？

（一）东亚地区到底是否存在“东亚模式”？

这个问题是一个“前置性”问题。作为开展讨论的第一个环节，对于该问题的回答将决定争论能否继续下去。很显然，学者们被划分为两派。

东亚地区不存在所谓的“东亚模式”。武川正吾认为，从概念上而言，“东亚福利模式”这种说法就存在问题。传统的“福利东方主义”观念使一些研究者把东亚社会视为同质的社会，从而建构了一个“均等齐一的东亚之像”，但事实上，由于这些国家或地区的历史传统及其现代化进程具有很大差异，因而所谓的“东亚模型”“东亚主义”等概念是缺乏研究基础的。① 拉梅什（M. Ramesh）也认为，“东亚福利模式”是一个无用的概念，因为东亚各国或地区原本就存在一定差异，而且这种差异自 20 世纪 90 年代后期以来表现得更为明显。② 林卡和赵怀娟则认为，根据什么标准确立福利类型或模式是在东亚福利研究中不能回避的关键问题，地理区域不能作为福利模式的划分依据。即便通过研究可以确认存在着某种意义上的东亚模式，但其形成基础也绝非是这些国家或地区所在的地理范围。③

此外，熊跃根从国家、社会结构与文化三个层面对中日韩三国进行比较分析后提出，东亚福利并不存在一个统一的模式，而福利体制更不是单一的形式，实际上表现出了明显的多样性④。他认为，由于历史传统与文化、国家政治结构与制度基础、社会结构等多重原因，中国、日本与韩国三国的福利体制既存在一些共性，但更具有显著的差异性。⑤ 中国独特的政治体制和政党制度以及改革开放的经验令其与日本、韩国等

① 武川正吾. 21 世纪初日本社会政策的动向. 社会保障研究. 2007（2）

② M. Ramesh, Social Policy in East and Southeast Asia. London: Routledge, 2004

③ 林卡，赵怀娟. 论“东亚福利模式”研究及其存在的问题. 浙江大学学报. 2010（1）

④ 熊跃根. 国家力量、社会结构与文化传统——中国、日本和韩国福利范式的理论探索与比较分析. 江苏社会科学. 2007（4）

⑤ 熊跃根. 如何从比较的视野来认识社会福利与福利体制. 社会保障研究. 2008（1）

东亚国家或地区在社会福利发展上具有明显的异质性。[①] 古允文等人认为"随着东亚政治经济环境日渐成熟和稳定，其福利模式已能独立成为一种理念类型，并能与艾斯平-安德森的'三个世界'相提并论"这样的说法存在谬误，因为不同的学者研究不同阶段的国家中相异的方面使之很难得到一致的结论，此外，即使在不同的东亚国家间找到了一些共同点，也很难说所发现的就真的是东亚模式。[②] 王卓祺也认为试图将东亚福利归类的努力是徒劳的，因为将整个东亚福利归类很容易出现漏洞，同样，通过个别政策的跨地区比较对东亚福利体制进行归类也较为复杂。这也就是说，尽管与西方福利模式相比，东亚的福利模式是有特色的，但是这并不意味着东亚地区的福利模式可以被归类为单一模式，这种整体一致的福利模式或体系是不存在的。[③] 这一点卡沙（G. J Kasza）也认为研究具体政策领域会减少误导，并避免将差异很大的实体聚合成为一个虚假的整体尺度。[④]

（二）东亚的确存在一个独特的"东亚模式"

与上述观点相反，有些学者认为这样一个独特的东亚福利体制的确是存在的，而且他们提供了相当充分的理由进行佐证。

龙天祥通过分析东亚五个国家的福利体系发现，尽管在建立社会保障体系时部分国家的主要负责机构是不同的，但是东亚的确存在一个独特的福利模式。作为一个"理念类型"，东亚福利模式在现实中存在或大或小的变形都是正常的。东亚的这种福利模式为西方发达国家在共同实现经济发展和社会可持续发展方面提供了很好的范例。[⑤]

从比较研究的角度，李易骏与古允文通过将台湾地区、日本和韩国与美国、德国和瑞典进行比较发现，东亚中的台湾地区和韩国共同性相当大，日本是混合型的，数据的分析大体上支持东亚是另一种福利体制这一命题。[⑥] 古德曼和彭认为，东亚发展中有其独特的社会福利制度，并列举了四个方面的特点，即国家保障支出少、国家对保

---

① 熊跃根．中国福利体制建构与发展的社会基础：一种比较的观点．经济社会体制比较．2010（5）

② Yeun-wen Ku，Catherine Jones Finer，"Developments in East Asian Welfare Studies"，Social Policy & Administration，2007，Vol. 41. pp. 115－131

③ 王卓祺．东亚国家和地区福利制度：全球化、文化与政府角色．北京：中国社会出版社，2011，4

④ G. J. Kasza，"The Illusion of Welfare Regimes"，Journal of Social Policy，31（2），2002，pp. 271－287

⑤ Christian Aspalter，"The East Asian welfare model"，*International Journal of Social Welfare*，2006，Vol. 15. pp. 290－301

⑥ 李易骏，古允文．另一个福利世界？东亚发展型福利体制初探．台湾社会学刊．2003（31）

障的干预多、把社会保障政策看作经济增长管理的一部分以及对公民权的忽视。① 韩克庆等人提到，判断东亚福利模式是否存在的关键在于探寻出其社会福利特征所蕴涵的深层次的规律，并推断这些规律是否完全不同于其他三种福利模式，进而认定东亚地区的福利体制能否称为一种模式。②

因此，本文进一步将赞成东亚的确存在一个独特的“东亚模式”的学者的观点，归纳如下：

1. 东亚地区的同质性。东亚地区看似是一个一个单独的国家和地区，但是这些表面上迥异的个体实际上拥有相当多的共性，正如埃斯平-安德森所开展的研究一样，一旦用这些共性来将之分类，很多国家和地区毫无疑问都是同一类别的。

怀丁认为，东亚福利体制的社会政策有九个共同的特性：第一，低的政府福利支出；第二，聚焦于经济成长的积极性福利政策；第三，政府对福利的敌视态度；第四，强烈的残补概念；第五，以家庭为中心；第六，政府扮演规范及激励的角色；第七，片段、零散方案的福利发展；第八，借助福利来支持及建立政权的稳定与合法性；第九，对福利权的有限承诺。③

同样的，李易骏与古允文认为，东亚福利体制的特性还包括：较大的性别差别待遇、高的家庭福利能力、偏低的社会安全支出、中高的福利阶层化、高的社会投资支出、高的个人福利承担责任和低的年金覆盖率。④ 全毅和张旭华还对此进行了补充，认为东亚国家和地区的家庭还具有高的储蓄率，人们可以通过储蓄来增强自我保障，并且由于东亚地区以家庭为核心的社会单元在社会保障中承担了较多责任，部分化解了社会保障机制不健全的弊端。⑤

此外，韩克庆、金炳彻和汪东方通过比较中韩两国的社会政策得出：中韩两国社会政策存在一些共同的特征，在某种程度上构成了支持东亚福利模式的理论依据。这些特征包括：第一，深受自由主义福利体制的影响；第二，普遍性福利持续扩大；第三，发展性福利特征。即社会政策发展以能够促进经济增长和社会发展为目标取向，力图通过社会投资使社会福利成为促进社会发展的因素，并为低收入和特殊群体增加就业和自我雇佣的机会，促进人力资本流动和社会资本形成；第四，学习西方发达国

---

① Roger Goodman and Ito Peng, *The East Asian Welfare States: Peripatetic Learning, Adaptive Change, and Nation Building* in Gosta Esping-Andersen (ed.), *Welfare States in Transition*, Sage, 1996

② 韩克庆，金炳彻，汪东方．东亚福利模式下的中韩社会政策比较．经济社会体制比较．2011（3）

③ Ian Holliday and Paul Wilding (eds.),. *Welfare Capitalism in East Asia: Social Policy in the Tiger Economics*. Basingstoke: Palgrave Macmillan, 2003

④ 李易骏，古允文．另一个福利世界？东亚发展型福利体制初探．台湾社会学刊．2003（31）

⑤ 全毅，张旭华．社会公平与经济增长：东亚和拉美地区的比较分析．经济评论．2008（4）

家已有的政策模式。[①]

2. 双向视角：内在统一性与外在独立性。自从“群集”（cluster）的概念被提出后，社会政策的研究就不再是分散的、个别的。学者们逐渐注意到，在多种多样的福利实践中，的确存在某些国家和地区比较类似的情况。因而在研究中，学者们通过不同的分类方法将相似的、某些方面存在共性的独立对象归纳成特定的一类。在比较研究领域，通过对比和归纳来了解某种类别的对象是有效率的。在这一点上，万国威等人不仅在群集内部提炼了令东亚福利体制具有整体性和统一性的因素，而且还在群集之间展开了对比，指出了东亚福利体制对外也具有相当高的辨识度。

万国威和刘梦云认为，“东亚福利体制”是指在东亚地区形成且普遍存在的，区别于西方福利体制的一种具有独特发展视角的新型福利供给类型。他们通过考察经济、政治体制对中日韩三国福利发展进程的影响发现，家庭互济的福利文化、民众的福利期待令东亚福利体制具有“内在统一性”，东亚地区内部存在的福利差异并不会从根本上影响东亚福利体制的整体性和统一性。[②] 类似地，黄晓燕和万国威采用了福利进程、福利取向、福利文化和福利期望四个维度，研究了东亚福利体制与“福利资本主义三个世界”的区别，证明了东亚福利体制具有“外在独立性”。[③]

目前，相当多的学者认为“东亚福利体制”这一概念基本上是可以接受的。这也就是说接下来的争论以承认“的确存在东亚模式”为前提。因此，讨论的焦点回到了研究的起点，即回归到埃斯平-安德森对福利体制的划分，看看东亚福利体制与福利资本主义的三个世界的关系。

（三）东亚模式能否被纳入埃斯平-安德森的福利体制的“三个世界”之中？

1. 东亚模式可以纳入埃斯平-安德森的福利体制的“三个世界”之中。埃斯平-安德森的福利体制论在最初是没有顾及东方世界的。他后来论述到：“东亚国家，看来是充满矛盾的，它既是全球独特的，又体现出现有福利体制特征的混合”。[④] 霍利德也认为，日本、韩国、香港、新加坡以及台湾地区都应当被纳入埃斯平-安德森的三个世界。

① 韩克庆，金炳彻，汪东方. 东亚福利模式下的中韩社会政策比较. 经济社会体制比较. 2011（3）

② 万国威，刘梦云. “东亚福利体制”的内在统一性——以东亚六个国家和地区为例. 人口与经济. 2011（1）

③ 黄晓燕，万国威. “东亚福利体制”的外在独立性研究. 学术界. 2010（12）

④ 戈斯塔·埃斯平-安德森. 转型中的福利国家——全球经济中的国家调整. 杨刚译，北京：商务印书馆，2010，第32页。

当然，它们应当被当做一个单独的群集添加进现存的体制里。①

接下来的争论是在中观层面上展开的，东亚各国和地区的学者纷纷以福利体制的三个世界为平台，讨论本国和地区的福利体制。

在韩国，针对金大中政府在1998—2002年施行的社会保障政策，学者间掀起了一场大讨论。这不仅是对金大中政府社会保障政策改革的评价，而且也是对这些政策所产生影响的深度分析。

曹永熏认为，金大中政府时期扩大的福利政策不是普遍主义的社会保障政策，而是混合了新自由主义要素的韩国福利国家向自由主义型福利国家的发展。他认为，金大中政府的“生产性福利”政策很明确地属于新自由主义理念之内，因而韩国社会福利体制会朝着自由主义福利国家的方向发展。相反，南灿燮认为从金大中政府社会福利改革中可以看到保守主义福利体制的特点。金荣范也有自己的判断，认为在改革中既存在保守主义的特点，又存在自由主义的特点，因而“金大中政府的社会福利改革的结果，会使韩国处在保守主义福利体制与自由主义福利体制相交叉的十字路口上”。

金渊明（Yeon-Myung Kim）则认为金大中政府的社会保障政策中没有新自由主义或保守主义的特点，其改革显然是国家保障的扩张，并混合了各种福利体制的特点。②金渊明提出，过去10年韩国福利体系变化的特点并不是维持所谓亚洲特有的福利供给体系，而是快速强化了现代福利国家普遍主义特点，这种变化是远远超越了亚洲福利模型的。这种趋势显然会随着人口家庭结构的变化和社会保障制度的成熟而持续下去，因此，韩国在经济危机以后已经超越了东亚生产主义福利体制。③杨载镇（Jae-jin Yang）提出了相反的看法认为：相较于“韩国已经超出了东亚福利体制”的说法，韩国仍然是较小的福利国家，它与成熟的福利国家有很大的差距，还是“一个正在快速发育的小孩子”。④

值得注意的是，韩国学者在讨论时，基本上采用的是埃斯平-安德森的分类方法。无论是认为韩国应当被划分为自由主义，还是具有保守主义的特征，抑或具有混合性色彩，关于韩国社会福利体制性质问题的讨论都是建立在埃斯平-安德森所构建的大平

---

① Ian Holliday，Productivist welfare capitalism：Social policy in East Asia，Political Studies，2000，Vol. 48，p. 720

② 金渊明. 韩国社会保障论争. 金炳彻，陈倩译. 北京：中国劳动社会保障出版社，2010，2—6

③ Yeon-Myung Kim，“Beyond East Asian Welfare Productivism in South Korea”，*Policy&Politics*，2008，Vol. 36. pp. 109—125

④ Jae-jin Yang，“Another Exceptionalism：Comparative Analysis of the Small Welfare State in Korea”，Paper Prepared for 61st Political Studies Association Annual Conference Transforming Politics：New Synergies，19—21 April，2011，Novotel London West，UK

台上的。之所以学者们产生不同的立场差异，郑武权指出，这是由于他们对埃斯平-安德森所提出的福利体制的理解各不相同，而且采用了不同的评价尺度。[①]

2. 东亚模式无法纳入到埃斯平-安德森的福利体制的"三个世界"之中。20世纪70年代至90年代，日本学界先后出现"日本型福祉理论"和"公司主导型社会理论"，其共同点在于，他们都认为日本福利国家是特殊并且唯一的模式，区别于欧洲的福利国家模式。[②] 广井良典认为，日本经验是一个具有欧美模式所没有的，并且和发展中国家有着很高共性的模型。[③] 同样，新加坡、中国香港地区虽然秉持"大社会、小政府"的自由主义理念，采取只向低收入者提供"满足基本人类需要"的保障模式，但这两个地区的住房保障和医疗保障制度相对健全，基本上缓和了社会收入分配差异所导致的社会问题。[④] 这就意味着新加坡、香港地区并不能被简单地划入自由主义福利体制的阵营。

因此，区别于"三个世界"，东亚福利模式的理念具有自己独特的历史积淀与文化基础，这些深层的福利思想和内在逻辑联系决定着福利模式的取向、形成过程和最终表现形式。但是，尽管学者们认为东亚福利体制不能被简单地纳入"三个世界"，他们的理由却各不相同。

第一，东方宗教：儒教思想。关于宗教在体制形成过程中的地位，高夫（I. Gough）有过明确的表述。他认为，在对差异较大世界各国的社会政策发展进行研究时，应该重视其他信仰和相关价值观的重要影响。[⑤] 王志凯也提到，宗教对亚洲的影响丝毫不亚于其对西方的影响。他认为，源于儒家学说的宗教文化其实是一种更关乎社会基本生活和秩序的宗教概念，远非仅仅是宗教生活的组织形式。宗教和文化的交融共同规定、制约和影响着东亚、东南亚福利经济发展，影响了亚洲社会价值观的形成，并通过政治体制文化直接关系生活文化的形成和发展。[⑥]

东方主义的倾向在迄今为止的福利国家比较研究中非常显著，儒教资本主义、儒

① 郑武权. 金大中政府社会福利改革与韩国福利制度特征的讨论：发展主义的遗产和社会福利改革的局限. 见：金渊明主编. 韩国社会保障论争. 金炳彻，陈倩译，北京：中国劳动社会保障出版社，2010，310

② 郑秉文. "福利模式"比较研究与福利改革实证分析——政治经济学的角度，学术界，2005（3）

③ 广井良典. 日本社会保障的经验——以不发达国家的社会保障制度整备过程为视角. 社会保障研究. 2005（1）

④ 全毅，张旭华. 社会公平与经济增长：东亚和拉美地区的比较分析. 经济评论. 2008（4）

⑤ 伊恩·高夫. 欧洲福利国家：阐释及发展中国家可借鉴的教训. 第二届社会政策国际论坛暨系列讲座论文集. 北京师范大学，2006年8月24—27日

⑥ 王志凯. 透视亚洲福利保障经济：一个东西方比较的视角. 浙江大学学报. 2005（1）

教福利国家等都是典型的东方主义概念。[①] 在社会福利政策领域，“福利东方主义”是指通过亚洲人所具有的强大纽带关系、儒教价值观、传统的政府非介入与非福利官僚制度，直接有效地承担了福利。[②] 儒教作为东方世界不可忽视的影响因素之一，深深地为福利体制打上了烙印。早在1993年，琼斯就基于儒家文化圈各个国家和地区对儒家思想的推崇与继承提出了“儒教福利国家”的概念。[③]

熊跃根看到，在儒教思想根深蒂固的东方三国中，儒家文化中的家族观念、秩序情结以及“给予—接受”与羞耻观都对社会福利体制的形成产生了明显的影响。其一，儒家文化中的家族观念对公民生活方式和观念还是有明显影响，这些影响在中国、韩国表现得更为突出。其二，儒家文化中的秩序情结，这一点在东亚文化里体现尤其明显，不仅是日常生活中，而且在政治文化里也是一个鲜明的特征，它最终稳固了以权威和服从为核心的政治文化，强化了集中化的权力控制。其三，儒家文化中的给予—接受与羞耻观对东亚三国公民和社会福利的发展仍有显著影响，它表现为东亚社会中接受救助和捐助者在心理上存在的羞耻感与消极意识，这种观念同儒家文化中一贯强调的自立、不受人恩惠和依靠自己人的观念紧密关联。[④]

第二，福利文化与家庭主义。回顾东亚地区的历史，儒家思想无一不是贯穿始终的。在儒家思想的支配下，东亚地区有其独特的福利文化。朴炳铉将儒家文化的核心概括为家庭中心主义、“孝”思想及共同体意识。与“独立的自我意识和自我负责”的西方社会不同，家庭中心主义强调成员间的纽带关系与家长的权威。同样，共同体意识更加强化了人与人之间的责任关系，诱导人们减少了对国家福利的期待。[⑤] 他认为韩国的孝文化可归类为等级主义文化，能够催生出国家主导型社会福利。[⑥] 另外，儒教福利文化是东亚福利模式的内在凝聚力，东亚社会文化受儒教影响深刻。这种“家国同构”的文化模式以家庭为中心，延续着尊老养老的传统。[⑦]

日本的家本位思想在其国内占据着举足轻重的地位。日本的家庭是日本民族的工具，其工业结构受“家”的组织方式的影响，人在工作中表现出的种种几乎是亲子式

① 武川正吾. 福利国家的社会学——全球化、个体化与社会政策. 李莲花，李永晶，朱珉译. 北京：商务印书馆，2011，164

② 曹兴植. 韩国社会的不平等、贫困和社会福利. 社会保障研究. 2007（1）

③ C. Jones，The Pacific Challenge：Confucian Welfare States，in Jones，C. （ed.），New Perspectives on the Welfare State in Europe，London，Routledge，1993

④ 熊跃根. 国家力量、社会结构与文化传统——中国、日本和韩国福利范式的理论探索与比较分析. 江苏社会科学. 2007（4）

⑤ 朴炳铉，高春兰. 儒家文化与东亚社会福利模式. 长白学刊. 2007（2）

⑥ 朴炳铉. 社会福利和文化——东亚社会福利模式的含义. 社会保障研究. 2012（1）

⑦ 丁茵，石梅华. 前制度时期东亚与西方国家社会保障之比较. 社会科学辑刊. 2009（4）

的忠诚。[①] 杨善华认为，中国传统的“家本位”文化有以下几个特点，首先，在家庭成员与作为整体的家庭的关系方面，强调家庭高于个人，个人利益应该服从家庭利益。其次，强调每个家庭成员对家庭所负有的责任，并且认为这种责任应该伴随家庭成员生命的始终。再次，“家本位”既包含了“家庭本位”，也包含了“家族本位”，即所有的家庭成员都负有对自己家庭所归属的家族的责任与义务。[②] 金渊明提出，韩国典型的家庭为男性在外工作，女性负责家务的“男性家长模型”，因此，由于“年轻的人口结构与家庭的相互援助能力维持得比较好，提供福利的责任较多地落在了家庭，而不是国家”。[③] 金荣范也认为，韩国女性经济活动参与率较低，同时家庭或老人的服务支出占福利支出的比重较低，由此可见亚洲类型中家庭福利责任实际上完全在全职主妇身上，女性的低经济活动参与率和福利国家不成熟共同起作用，使得家庭对福利的责任要大于保守主义国家。[④]

东亚国家、地区之所以未像西方国家那样建立起普遍的家庭津贴制度，正是由于强调家庭传统的赡养功能的结果。郑秉文和史寒冰认为，东方国家较多依赖于家庭纽带维系代际间的抚养和赡养责任，其家庭功能的延续降低了公众对社会的公共需求程度，也减弱了政府的福利供给压力。[⑤]

尽管保守主义福利体制也强调家庭主义，但是和东亚仍存在本质上的区别。保守主义福利国家是通过男性家长转达社会福利，而东亚国家中的家庭福利项目几乎都是专门性的，而且把对个人福利的首位责任转嫁给家庭。曹永薰认为造成这种差别的原因在于文化。相比于保守主义国家对国民生活的深层干预，儒家主义强调家庭对个人福利的责任，希望国家对个人经济生活的干预最小化。[⑥] 洪坰骏（Kyung-Zoon Hong）也认为，儒教主义福利国家的个人主义价值非常弱，集体主义程度非常高。在集体主义社会中非正式组织的持续性和强度较个人主义社会要强得多，因而大家庭或内部集团的作用受到重视。[⑦] 这个特点令东亚福利体制显得如此不同，艾斯平-安德森不得不

---

① 安德烈·比尔基埃等. 家庭史. 袁树仁等译. 北京：生活·读书·新知三联书店，1998，756

② 杨善华. 中国当代城市家庭变迁与家庭凝聚力. 北京大学学报. 2011（2）

③ 金渊明. 经济社会结构的变化与韩国社会福利政策的回应. 社会保障研究. 2007（2）

④ 金荣范. 对韩国福利国家体制化的批判性检讨：制度的不成熟及其局限. 见：金渊明. 韩国社会保障论争. 金炳彻，陈倩译. 北京：中国劳动社会保障出版社，2010，235

⑤ 郑秉文，史寒冰. 试论东亚地区福利国家的“国家中心主义”特征. 中国社会科学院研究生院学报. 2002（2）

⑥ 曹永薰. 韩国福利体制探讨：儒家主义、保守主义，抑或自由主义. 见：金渊明. 韩国社会保障论争. 金炳彻，陈倩译，北京：中国劳动社会保障出版社，2010，173

⑦ 洪坰骏. 福利国家体制的定性比较：干预主义、自由主义和儒教主义. 见：金渊明. 韩国社会保障论争. 金炳彻，陈倩译. 北京：中国劳动社会保障出版社，2010，133

发出其“全球独特的”的感叹。

第三，生产主义与生产性社会政策。第二次世界大战结束后，中日韩各国纷纷建立各自的社会保障制度，但是制度的建设以及保障水平受限于本国的经济条件，在制度建设的初期，三个国家都选择了倾一国之力优先发展经济，而与公民福祉相关的社会政策尚未被提上议事日程。国家把社会福利事务看作市民社会的事务，倡导人际互助、家庭照顾和邻里互助，将福利照顾的责任主要留给了市民社会。① 可以说这一时期的政策基本上都是生产主义导向的，建立的社会保障体系也带有生产性色彩。

2000 年，霍利德提出了生产主义福利体制之说。他提出东亚是生产主义的福利资本主义，认为东亚的福利体制是生产性的，社会政策用于促进经济发展。② 林卡和王卓祺分析了东亚社会的背景因素，包括稳定的社会秩序、国家建设过程中国家的领导作用、高度组织化的劳动力推进生产、工业化过程中较低的社会保障需求等。他们认为这些背景因素归纳起来使东亚的社会政策具有生产主义导向。③ 该视角把东亚福利研究的焦点从“儒教福利国家”所强调的非正式的、自愿性的福利，转移到国家在构筑亲发展型福利体系方面的作用，从而增进了对东亚经济政策与社会政策的亲和关系的理解。

综观中日韩三国，无一不是在二战结束后才建立本国的社会保障制度。新的政权往往希望通过建立社会保障来换取合法性地位，因而社会保障的建立从最初就带有极强的目的性。但是制度的建设受限于本国的经济条件，因此国家的决策者借着辅助的手段追求经济成长，经济政策压倒一切社会政策。无论是日本，还是中国和韩国，二战结束以后的发展政策基本上都是生产主义导向的，建立的社会保障体系也带有生产性色彩。从第二次世界大战前到战后初期，日本的社会政策甚至一直被理解为是“针对劳动问题的国家政策”。④ 由于社会保障的资源是有限的，政府倾向于先解决“吃饭”问题，很少考虑到分配和养老等福利性较强的保障项目。

第四，后发性与福利战略的制定。为何东亚各国制定的福利战略表现出了混合性色彩？为何东亚福利体制被贴上了“生产主义”的标签？针对这些问题，学者们提出了“后发性”的概念。

卡斯尔斯（F. Castles）在研究福利模式时，将时间的概念引入到分类法的研究

---

① 林卡．东亚生产主义社会政策模式的产生和衰落．江苏社会科学．2008（4）

② Ian Holliday，Productivity welfare Capitalism：Social Policy in East Asia，*Political Studies*，2000，Vol. 48，pp. 706—723

③ Ka Lin and Chack-kie Wong，“Norms，Institution and Social Policy in East Asia：An Evolutionary View”，Sino-Nordic Welfare Seminar，the Nordic Centre of Excellence Welfare Program，9—11，Oct，2011

④ 坂胁昭吉，中原弘二．现代日本的社会保障．杨河清等译．北京：中国劳动社会保障出版社，2005，26

中。他认为随着时间的推移，福利国家的类别归属不是静止不变的，不同时期的福利国家类别划分与归属是不同的。① 与此类似，埋桥孝文在比较福利体制理论中引入了“时间轴”的概念，认为东亚社会政策的主要特征是“后发性”，包括“经济意义上的后发性利益”和“社会意义上的后发性利益”。② 因此，由于各国经济发展具有阶段性，福利政策也会相应地呈现出阶段性特征，同时由于各国福利制度建设的起步时间不同，就会导致同一个时间段内出现处于各个发展阶段的福利形态。正是由于东亚国家社会福利起步较晚，所以各国可以参考已经成形的三个世界的福利模式，并根据本国的国情有选择地借鉴，就像杨载镇提到的韩国也是沿着日本和美国曾经的路径在发展。③

所以，东亚国家的福利模式带有融合、模仿的痕迹就是情理之中的事，东亚国家具有的“混合”色彩正是其特色之一。正因东亚福利倾向于将生产或经济目标作为基本的出发点，将福利政策视为经济发展的子项目，福利政策的选择服务于经济发展，所以“生产主义”的标签是适合当时的东亚的。当然，就像卡斯尔斯所指出的，一个国家的福利划分与归属是会随着时间的推移而改变的，那么这种“生产主义”的标签是否也会随着福利体制的进化而消除呢？我们将在下一个部分进一步讨论这个问题。

第五，威权主义与国家力量。同传统国家相比，现代国家在塑造福利制度的过程中扮演了更为重要的角色，起到了分配资源、调控社会关系和再生产特定价值观等一系列作用。④ 这一点在东亚地区体现得尤为明显。在东亚的福利供给中，国家是一种规范者的角色，意指国家着重社会福利的安排、规划，至于服务的供给则由自愿或私人组织负责。东亚各国偏向规范者模式，这种模式强调社会政策是附属于以经济成长为目标的政策之下，极小化非商品化社会权利的扩展，并且以联结生产性活动为主，强化社会生产性要素的地位为主。国家—劳动市场—家庭三者间的关系与组成是以有利于压低劳动成本，促进经济成长为考虑的。⑤ 在这种模式下，东亚各国和地区的人们认为由国家提供的或由国家保证的福利为“公民权”的观念很弱。相对而言，在鼓励人

---

① F. Castles, *Comparative Public Policy*. Cheltenham: Edward Elgar, 1998, p.152

② 埋桥孝文. 再论东亚社会政策. 社会保障研究. 2006 (2)

③ Jae-jin Yang, “Another Exceptionalism?: Comparative Analysis of the Small Welfare State in Korea”, Paper Prepared for 61st Political Studies Association Annual Conference Transforming Politics: New Synergies, 19—21, April, 2011, Novotel London West, UK

④ 熊跃根. 国家、市场与家庭关系中的性别与公民权利配置：如何理解女性在就业与家庭之间的选择自由. 学习与实践, 2012 (1)

⑤ 李易骏, 古允文. 另一个福利世界？东亚发展型福利体制初探. 台湾社会学刊. 2003 (31)

们“自助”和“互助”，反对和歧视对国家依赖的大意识形态的背景下，人们期望非国家机构，如社区、公司和家庭在资助和提供福利服务上发挥较大的作用。[①]

彼得·亚伯拉罕森认为，东亚国家刚刚摆脱过去的独裁统治，威权主义可以解释早期福利国家建设的努力较适度的原因。[②] 这种威权主义确认了政府对于经济和社会生活进行政策干预的合法性，使得国家得以采用以政府为主导的发展战略。[③] 因而相比于西方世界，东亚的政府在福利制度的建设中扮演了更加重要的角色。吕建德认为，日益增强的全球化不仅没有弱化国家的自主性，反而是强化了国家某些执行上的权力。[④] 当然，真正影响福利发展的是各个国家的政治整合能力。在福利制度发展的过程中，福利波动取决于政治体制的波动性。例如，韩国的威权政府与民主政府争端异常激烈，由于社会控制而引发的福利大战实际上已经影响到了韩国的福利转轨。在日本，政局动荡较韩国虽缓和，但是其受西方社会的影响深刻，也会对福利供给产生影响。相比之下，中国政局稳定，政策连贯性强，因而福利发展具有一致性。[⑤]

类似的观点还有国家中心主义理论，即强调国家结构和能力、官僚的利害关系以及过去政策的影响，认为这些因素在造成国家间福利偏差上起到了决定性的作用。郑秉文和史寒冰提出，东亚国家（地区）社会保障制度的发生和成长过程都带有国家中心主义的特征，其政府对社会公共事务的安排握有很大的主动权，占据着主导地位。[⑥] 日本也在政府主导下建立了社会保障制度，并通过增加国库支出来强化社会保障。此外，新制度主义在解释国家间的社会政策性质与差异时，也将国家的本质和政治制度置于中心位置。也就是说，尽管社会计划会被社会经济条件与参与者的权力资源所影响，但它们必须由国家的决策机构与决策过程来筹划。

（四）对上述观点的反驳

对于为何东亚福利体制不能被简单纳入埃斯平-安德森三个福利体制中，学者们从宗教、文化、经济、政治等方面进行了解释。但是尽管这些原因试图阐述东亚福利体制的独特性，但是仍有学者对之进行了必要的反驳。

① 尚晓援．“社会保障”和“社会福利”再认识．中国社会科学．2001（3）

② 彼得·亚伯拉罕森．论斯堪的纳维亚福利模式及对东亚的启示．社会保障研究．2010（1）

③ 林卡．东亚生产主义社会政策模式的产生和衰落．江苏社会科学．2008（4）

④ 吕建德．全球化、社会公民权与民主：一个初步的思考．台湾政治学刊．2003（2）

⑤ 万国威，刘梦云．“东亚福利体制”的内在统一性——以东亚六个国家和地区为例．人口与经济．2011（1）

⑥ 郑秉文，史寒冰．试论东亚地区福利国家的“国家中心主义”特征．中国社会科学院研究生院学报．2002（2）

1. 对儒家文化决定论的反驳。林卡和王卓祺指出，主张用文化来进行解释的学者面临以下问题：首先，在当代亚洲社会中文化观念的转变。其次，如何在文化因素的影响和政策演化的动力机制两者之间建立起直接的联系。最后，如何形成在这个区域中的各种体系所具有的统一的文化图景将会是一个挑战。[①] 郑武权也指出，以文化原因来说明社会现象存在“掉进文化根本主义陷阱”的可能。他认为福利制度会随着政治经济状况、劳动市场、国家职能、社会结构以及政治的变化而变化，而文化性因素无法对变化中的福利制度进行“静态说明”。[②] 对于琼斯提出的“儒教福利国家”，武川正吾认为，尽管韩国在引进社会保障制度时，在相关法律名称及条文、组织建设等方面参考了日本的做法，但由于两国福利国家的基础结构非常不同，因而不能将两国简单地统称为“儒教资本主义”。[③]

从另一个层面上而言，随着20世纪中叶以后亚洲经济的腾飞，如今作用于现代东亚社会的儒家思想恐怕已很难被看做是传统儒学。随着东亚社会由传统向现代的转进和西方文化的强力冲击下，传统儒学的整体价值系统已经解体。[④]

2. 对家庭主义因素有效性的质疑。家庭主义也不应当被视为区分福利体制的因素。曹永熏认为，福利国家的定义已经表明了国家应当代替家庭或共同体来提供福利，因此，很难把家庭和传统的社会集团在社会福利供给中发挥重要作用的社会贴上福利国家的名字。至于家庭依赖度和收入转移，他认为，家族依赖度高的社会并不只有东亚国家，这种现象在南美和伊斯兰文化圈普遍存在，因此并不能仅仅因为该特征而简单地将东亚国家划归为儒家主义福利类型。[⑤] 王卓祺提到了南欧，他认为东亚福利制度比欧盟较为依赖家庭及市场提供福利，但欧盟中的南欧，如西班牙及葡萄牙，家庭及市场两者较其他欧盟国家扮演远为重要的角色。[⑥] 曹永熏通过研究发现，韩国国民与西欧相比在抚养父母的意识更为浓厚，但其赡养能力的确有限，因而承受着巨大的负担。相反，当国家正式确立社会福利制度之后，老年人对家庭依赖的必然性降低了。[⑦] 曹兴

---

① Ka Lin and Chack-kie Wong，“Norms，Institution and Social Policy in East Asia：An Evolutionary View”，Sino-Nordic Welfare Seminar，the Nordic Centre of Excellence Welfare Program，9－11，Oct.，2011

② 郑武权. 金大中政府社会福利改革与韩国福利制度特征的讨论：发展主义的遗产和社会福利改革的局限. 见：金渊明. 韩国社会保障论争. 金炳彻，陈倩译. 北京：中国劳动社会保障出版社，2010，313

③ 武川正吾. 福利国家的社会学——全球化、个体化与社会政策. 李莲花，李永晶，朱珉译. 北京：商务印书馆，2011，166

④ 李翔海. 从“亚洲价值观”的兴起看儒家思想的当代意义. 学术月刊. 2006（2）

⑤ 曹永熏. 韩国福利体制探讨：儒家主义、保守主义，抑或自由主义. 见：金渊明. 韩国社会保障论争. 金炳彻，陈倩译. 北京：中国劳动社会保障出版社，2010，174

⑥ 王卓祺. 东亚国家和地区福利制度：全球化、文化与政府角色. 北京：中国社会出版社，2011，4

⑦ 曹永熏. 韩国福利体制探讨：儒家主义、保守主义，抑或自由主义. 见：金渊明. 韩国社会保障论争. 金炳彻，陈倩译. 北京：中国劳动社会保障出版社，2010，176

植也认为不能由家庭来解决一切问题，国家不可以推卸它对家庭的责任，而是应该通过家庭定位的福利政策来给予家庭支持和保护。没有国家福利援助和保障的“福利东方主义”毁坏了可以规避“社会危险”的基础。① 同样，杨载镇主张不应过度依赖该理论，因为家庭提供福利物品是公共福利缺失的结果，而不应该成为其原因。②

还有学者强调了中日韩三国在家庭因素方面的差异。李卓认为，日本的家是一个血缘亲属集团，家业繁荣昌盛、长久持续是家族成员奋斗的终极目标。与中国的家在血缘传承方面的封闭性相比，日本的家相对开放，家业的继承不受血缘和谱系关系的限制，但同胞兄弟之间存在着明显的上下尊卑之别。家族内一般长子继承家业，建立起单一的、纵向延续的家族序列。与中国的家庭伦理相比，日本家庭亲情淡薄，同胞间不平等，离心倾向明显，是一种超血缘的存在，而且长子继承制是对儒家“均平”观念的根本否定，是家族内部不平等的根源。③ 韩国的家庭价值观则呈现出利己主义的特点，过分强调家庭的地位、再生产功能与以消费为主的生活习惯。④ 而在中国，独生子女的政策在许多方面产生了重要的影响。唐灿认为，随着中青年群体的生存竞争压力加剧、跨地域的流动频繁、生活方式改变和独生子女政策的推行，中国城市家庭中的代际关系模式势必将受到深刻影响。⑤ 随着代际层次变少，纯老年户增多，独生子女家庭增多，子女赡养负担加重。⑥

3. 对国家力量的反驳。熊跃根认为，中日韩三国拥有不同的政治制度和民主实践，这就决定了他们在社会政策改革方面会面临不同的压力，并采取不同的反应机制。日本和韩国都经历了高速经济增长和政治民主化发展的历程，议会政治、选民压力和社会需要对政党的社会政策方针产生明显影响，而中国作为一个转型的经济国家和改革中的政党国家，社会福利和社会政策的改革与发展不仅是要回应社会需要和基层的压力，更多的是要保证经济发展的秩序和社会基本格局的稳定，对社会问题建立起反应性的社会控制机制是政府解决社会福利的一个重要考虑，而民主化的实践是让位于经

① 曹兴植．韩国社会的不平等、贫困和社会福利．社会保障研究．2007（1）

② Jae-jin Yang，“Another Exceptionalism?：Comparative Analysis of the Small Welfare State in Korea”，Paper Prepared for 61st Political Studies Association Annual Conference Transforming Politics：New Synergies，19—21，April，2011，Novotel London West，UK

③ 李卓．关于家庭制度与中日经济发展及社会结构的思考．见：南开大学日本研究院．日本研究论集 2004．天津：天津人民出版社，2004，387－391

④ 朴善姬．韩国社会的变化与家庭关系．当代韩国．2002（1）

⑤ 唐灿．中国城乡社会家庭结构与功能的变迁．浙江学刊．2005（2）

⑥ 史秉强．代际之间“责任伦理”的重建——解决目前中国家庭养老问题的切入点．河北学刊．2007（4）

济和社会发展之后的渐进发展的方向。[①] 同东亚福利体制相比，中国与日本、韩国等工业化国家在社会结构与文化传统上具有相似性，但在政治制度安排与社会政策决策机制等方面的差异却产生了不同的福利后果。[②]

从另一个角度上，林卡提出，东亚最初并没有把社会公正与福利权利理念作为其福利意识形态的核心理念，国家把社会福利事务看作市民社会的事务，倡导人际互助、家庭照顾和邻里互助，将福利照顾的责任主要留给了市民社会。[③] 与欧洲民族国家不同，历史上中国的国家能力建构与封建主义的集权管理体制限制了公民权概念与实践的发展，社会福利的制度化进程出现较晚，且某种程度上与市场经济和政治民主发展进程脱节，以家庭和社区为基础的照顾体系的重要性被广泛认可而深入人心，这点在其他东亚国家（如日本、韩国、新加坡等）也在一定程度上得到反映。[④] 所以，将福利体系的建设很大程度上归功于国家是有失偏颇的。

4. 生产主义淡化了吗？大约在 20 世纪 80 年代以后，东亚的社会政策才逐渐向关注民生，关注福利转变。尤其是在 1997 年金融危机之后，日本和韩国陷入经济困境，过去积累的深层次矛盾逐个浮现，而且就像怀丁所质疑的，人口和社会结构的变迁背景下人们不断提高的福利期望已经无法得到满足。这就迫使政府反思之前的重经济发展轻社会保障的生产主义导向。莫家豪以香港和澳门为例，分析了“生产主义福利体制”的可持续性。他认为，尽管生产主义为香港和澳门带来过繁荣，但是面对失业率的增加、收入不均的加剧、公民社会对保护社会经济权利的呼唤以及经济结构调整带来的问题，现有的社会发展政策和福利策略已经难以满足的社会福利需求。因此，尽管政府在不断“调试”以便应对不断变迁的现状，但现有的福利体制已经很难为其维持同等水平的政治支持。[⑤]

陈锦华和詹姆斯·李指出，随着环境的变化，霍利德所提出的“生产主义福利体制”所依赖的基础都发生了变化，包括快速的经济增长、年轻化的人口结构、稳定的民主进程等。[⑥] 同样，金渊明认为，生产主义福利体制的视角过度强调东亚各国的增长志向型发展主义国家的性格，对这些国家向再分配型、连带主义型福利国家体制转型

①② 熊跃根．国家力量、社会结构与文化传统——中国、日本和韩国福利范式的理论探索与比较分析，江苏社会科学，2007（4）

③ 林卡．东亚生产主义社会政策模式的产生和衰落．江苏社会科学．2008（4）

④ 熊跃根．如何从比较的视野来认识社会福利与福利体制．社会保障研究．2008（1）

⑤ 莫家豪．金融危机后的东亚“生产主义福利体制”——基于我国香港和澳门地区的个案研究．浙江大学学报．2011（2）

⑥ Chan Kam Wah and James Lee，“Rethinking the Social Development Approach in the Context of East Asian Social Welfare”，China Journal of Social Work，2010，Vol. 3，pp. 19—33

持怀疑态度，没有认识到、或者轻视亲福利型市民组织和劳动运动主导的社会福利运动的重要性。此外，该视角没有提供能够测定社会政策对经济的“从属程度”的一贯性指标，而且把东亚个别国家的现实单纯化忽视了福利制度的阶层化效果。因此，生产主义福利体制的观点已经不能有效地解释新的发展趋势。① 杨载镇也认为“生产主义福利体制”过多地考虑经济发展而限制了福利的多样性。②

林卡和王卓祺认为，随着生产主义的消失，东亚逐渐向扩展福利国家的方向推进。③ 林闽钢和吴小芳通过研究发现，在老龄化的背景下，东亚福利体制开始回应老龄人口的福利需求，有关老龄人口的社会福利项目大大扩张，逐步介入老龄社会福利的领域。他们通过研究社会保障资源的分配情况发现，日本、韩国、台湾地区的代际分配年龄倾向性较为明显，生产主义色彩已经淡化。④

关于东亚福利体制是否应当被纳入埃斯平-安德森的三种福利体制，学者们无论是支持的一方，还是反对的一方，其讨论都是以承认埃斯平-安德森的三分法的有效性为前提的。但是下面的讨论将矛头对准了埃斯平-安德森的分类法，这令讨论更激烈。

（五）能否跳出现有的理论框架来思考东亚福利体制？

除了上述原因造成了关于东亚福利体制的争论外，还有一个原因非常重要，那就是并非所有的学者都赞成埃斯平-安德森的福利体制三个世界的划分，毕竟这不是一种一劳永逸的分类法。对于埃斯平-安德森提供的分类方法及东亚福利体制的定位，不同的学者提出了不同的见解。

曹永熏认为，现有的大部分关于东亚福利体制论的研究，只是在埃斯平-安德森提出的福利类型上加上家族主义的特征，从而得出东亚福利类型的结论。这就是说，相对于西欧国家按照埃斯平-安德森提出的统一标准而进行的分类，东亚国家只是在此基础上依据家族依赖性这一独特标准构成了单独的类型，这是存在问题的。⑤ 同样，朴炳铉认为，西方学者对东亚国家福利制度性质和特点的研究具有局限性。因为这些研究

① Yeon-Myung Kim，“Beyond East Asian Welfare Productivism in South Korea”，*Policy&Politics*，2008，Vol. 36，pp. 109－125

② Jae-jin Yang，“Another Exceptionalism?：Comparative Analysis of the Small Welfare State in Korea”，Paper Prepared for 61st Political Studies Association Annual Conference Transforming Politics：New Synergies，19－21，April，2011，Novotel London West，UK

③ Ka Lin and Chack-kie Wong，“Norms，Institution and Social Policy in East Asia：An Evolutionary View”，Sino-Nordic Welfare Seminar，the Nordic Centres of Excellence Welfare Program，9－11，Oct，2011

④ 林闽钢，吴小芳．代际分化视角下的东亚福利体制．中国社会科学．2010（5）

⑤ 曹永熏．韩国福利体制探讨：儒家主义、保守主义，抑或自由主义．见：金渊明．韩国社会保障论争．金炳彻，陈倩译．北京：中国劳动社会保障出版社，2010，175

并非以东亚国家的福利现实作为研究的出发点，而是套用固有的西方的概念框架和类型模式，因此所得出的结论就是将东亚国家的福利模式看做是西方某种原则的例外，并不承认其新类型的地位。此外，对东亚个别国家和地区的研究并不能全面把握整个东亚福利制度的特征。①

宫本太郎也批评"三分法"没有注意和考虑到福利国家在经济发展过程中所处的不同起点问题。他从另一个角度提出，东亚国家社会支出规模小、对市场提供福利的干预和管制严格、精英主义与严重的家庭化倾向这四个特征说明东亚福利模式不是真正意义上的"福利性国家"，而应称之为"发展型国家"，不属于艾斯平-安德森"三分法"中的任何一种。此外，洪埛骏既否定了用现存的福利体制来解释东亚福利模式，又否定了采用新的福利体制理论，他认为应该超越传统的路径，采用中观的非正式模式，既把民主化、全球化进程考虑在内，又将空间限制在东亚地区，但不强调这些国家的具体现象与细微差别。② 李惠炅也提出应当结合东亚的特殊性对福利体制的框架进行再构成。她认为有必要改变以埃斯平-安德森的理论体系为讨论前提，毕竟该理论的时间窗是20世纪，对21世纪的现实适用时会存在局限性，因而有必要追加其他理论。此外，埃斯平-安德森的体制论没有考虑到后工业化、资本主义全球化等因素，因此需要在这方面进行修正。③

三、东亚福利体制研究的走向

（一）研究背景的变化

1. 全球化的影响。学者们曾在全球化趋势出现的早期有过悲观的预测。主流的假设认为经济的日益开放对西方福利国家的作用是消极的，它削弱了缺少竞争的福利国家，在税收、管制、政府责任、社会权利和再分配等方面陷入了"逐底竞争"，而且经济全球化会迫使经济衰退和下滑。但是随着进一步的研究发现结果并非如此。

洪埛骏认为，关于全球化对福利国家的影响的评价有两方面，其一，支持者认为全球化能够治愈政府失败，激发市场机能，有利于经济增长和收入稳定。其二，反对者认为全球化到来的经济增长只被少数国家享受到了，而大多数国家的工薪者仍然面

① 朴炳铉，高春兰．儒家文化与东亚社会福利模式．长白学刊．2007（2）

② Kyung-Zoon Hong，"Neither Hybrid nor Unique：A Reinterpretation of the East Asian Welfare Regime"，Asian Social Work and Policy Review，2008，Vol. 2，pp. 159－180

③ 李惠炅．韩国福利国家特征争论的意义和研究方向．见：金渊明．韩国社会保障论争．金炳彻，陈倩译．北京：中国劳动社会保障出版社，2010，347

临着贫困、就业和收入不稳定，结果会造成社会混乱和分裂。[①] 高夫认为，经济全球化改变了福利体系的实施背景，但是其影响却被福利体制以及社会管理等因素削弱甚至抵消了，而且它对每个国家的影响是不同的。[②] 王永平（Joseph Wong）认为，东亚发展型国家和地区对经济全球化带来的压力日益敏感。[③]

2. 人口与家庭结构变迁。在如今的东亚地区，老龄化已是一个不争的事实，而且相对于老龄化，少子化的趋势日益明显。王跃生认为，在少子女和独生子女生育已经基本形成的当代，家庭养老的承担者急剧萎缩。在流动就业的时代，父母年老之后缺少能照料生活的后辈。[④]

王伟认为，在日本，随着子女数的减少、代际居住方式的变化以及劳动力社会参与率的提高和社会竞争因素的介入，日本的家庭功能逐步弱化。[⑤] 在女性经济活动参与水平方面，武川正吾认为，在日本以传统的性别分工为前提的家庭形态正逐渐发生变化。[⑥] 金荣范也看到，在韩国女性越来越多地参与到经济活动中，未来女性的经济活动参与人口增加的可能性较大，家庭负担很有可能随着女性经济活动参与率的增长和福利国家日渐成熟而逐步减轻。[⑦] 朴善姬认为，韩国妇女参加经济活动使包括夫妻关系和父母—子女关系在内的整个家庭关系都发生了变化。[⑧] 李建新认为，随着中国工业化、现代化进程的加快，随着中国人口老龄化加速，家庭结构迅速核心化，一方面传统家庭观念将会受到社会变迁的冲击，另一方面由于家庭子女越来越少而老年人口不断增多，对社会支持的需求也会不断增大，这样一个变化将导致社会支持结构发生较大的变化，传统“差序格局”中的以家庭成员为核心的社会支持将会面临挑战。可以预料，未来来自子女支持的资源会随着家庭子女数的减少而减少，而朋友邻里、社区以及其他社会组织的支持作用会日显重要。[⑨]

家庭结构的小型化、核心化以及新的居住形式的出现，在一定程度上对家庭的功

---

① 洪坰骏. 全球化与韩国社会福利的发展. 中国人民大学学报. 2010 (1)

② Ian Gough, “Globalization and Regional Welfare Regimes: The East Asian Case”, Global Social Policy, 2001, Vol. 1, p. 163

③ Joseph Wong, “The Adaptive Developmental State in East Asia”, *Journal of East Asian Studies*, 2004, Vol. 4, pp. 345－362

④ 王跃生. 制度变革、社会转型与中国家庭变动——以农村经验为基础的分析. 开放时代. 2009 (3)

⑤ 王伟. 日本家庭养老模式的转变. 日本学刊. 2004 (3)

⑥ 武川正吾. 福利国家的社会学——全球化、个体化与社会政策. 李莲花，李永晶，朱珉译. 北京：商务印书馆，2011，157

⑦ 金荣范. 对韩国福利国家体制化的批判性检讨：制度的不成熟及其局限. 见：金渊明. 韩国社会保障论争. 金炳彻，陈倩译. 北京：中国劳动社会保障出版社，2010，235

⑧ 朴善姬. 韩国社会的变化与家庭关系. 当代韩国. 2002 (1)

⑨ 李建新. 老年人口生活质量与社会支持的关系研究. 人口研究. 2007 (3)

能产生了影响。家庭功能转型基本上来说是不利于代际关系和谐的，因而代际关系变得不公平，代际关系的亲密性被削弱，产生了负向的影响。[①] 东亚各国已先后迈入老龄化社会，人口结构、家庭结构、家庭价值观念与代际关系也发生了变迁，因此，东亚国家的家本位思想和家庭责任主义曾具有的举足轻重的地位将受到质疑。

郑功成进一步认为，以家为单位实行家庭成员之间的互助，是亚洲传统文化的重要组成部分，这种文化还会继续在国家发展与福利制度的建构中发挥影响力。然而，社会福利作为公民权的一部分在亚洲国家正在被日益广泛地接受，全球化带来的独立、自由价值观日益深入人心，而传统的家庭保障功能也因为家庭规模日益小型化、家庭结构多样化和少子高龄化而持续弱化。[②] 在这种背景下，东亚福利体制的研究无疑会面临新的挑战。

（二）研究思路的变化

朴炳铉认为，应以21世纪东亚社会福利体制的性质或发展方向为研究基点，开发出自己的分析框架，在该框架下研究各国家与地区的特殊性。[③]

在这一点上，洪坰骏做出了进一步的努力。他重新按照“福利提供的主体是谁”这一统一标准做出了干预主义、自由主义和儒家主义的分类。[④] 郑武权主张在“三个世界”之外引入新的福利体制类型，即“发展主义性社会福利制度”。他认为，在考察社会福利改革的特征时，不但要重视制度的形态变化，而且有必要一起考虑改革的内容和结果对国家和市场产生的影响。[⑤] 彼得·亚伯拉罕森提出“将南欧和东亚福利体制合并，命名为非正式照顾体制”，他指出“家庭主义和非正式保障都是落伍的”，认为应当强调照顾而非所有的社会保障供给，因此用“非正式的照顾体制”概括东亚福利模式是更为恰当的。[⑥] 李惠炅则将视角投向了能够从宏观角度剖析20世纪末以来全球性、范式转换和韩国社会结构性变迁的理论。她提到了吉登斯的第三条道路、杰索普的劳动国家论和吉尔伯特的能促型国家论，认为这些理论能够弥补埃斯平-安德森对后工业

---

① 孙灵敏．转型期家庭功能对代际关系的影响．法制与社会．2012（1）

② 郑功成．从高增长低福利到国民经济与国民福利同步发展——亚洲国家福利制度的历史与未来．天津社会科学．2010（1）

③ 朴炳铉，高春兰．儒家文化与东亚社会福利模式．长白学刊．2007（2）

④ 洪坰骏．福利国家体制的定性比较：干预主义、自由主义和儒教主义．见：金渊明．韩国社会保障论争．金炳彻，陈倩译．北京：中国劳动社会保障出版社，2010，113－135

⑤ 郑武权．金大中政府社会福利改革与韩国福利制度特征的讨论：发展主义的遗产和社会福利改革的局限．见：金渊明．韩国社会保障论争．金炳彻，陈倩译．北京：中国劳动社会保障出版社，2010，315－317

⑥ 彼得·亚伯拉罕森．论斯堪的纳维亚福利模式及对东亚的启示．社会保障研究．2010（1）

化、资本主义全球化等宏观倾向性变量的忽视。[①]

（三）研究方法的变化

在研究方法上，古允文和琼斯提出了新的看法。他们对现有的研究进行了划分，划分标准包括规模和层次。规模包括对具体某个国家的单个研究、对东亚作为一个地区的研究、将东亚与世界其他地区相比较的研究。层次是指政策研究、福利系统研究，以及福利体制研究。[②] 在这两个维度下，东亚福利研究可用下表来表示。

双重维度下的东亚福利研究

层次	规模		
	单个国家	东亚地区	跨地区比较
政策	古德曼、怀特、权赫俊，1998	邓广良，2000	琼斯，2001
系统	龙天祥，2002	霍利德、怀丁，2003 拉梅什，2004	埃斯平-安德森，1996 阿尔柯克、克雷格，2001
体制	古允文，1997 权赫俊，1999	琼斯，1990 霍利德，2000 龙天祥，2001	高夫、伍德，2004

资料来源：Yeun-wen Ku and Catherine Jones Finer，"Developments in East Asian Welfare Studies"，*Social Policy & Administration*，2007，Vol. 41，p. 120

古允文和琼斯认为，不同学者适用的是不同的研究规模和研究层次，这就导致其研究结果五花八门。因此，对于后期的研究，古允文和琼斯主张在同一个层面上对话。[③]

在比较政策研究方面，林卡和王卓祺也有新的观点。他们指出，进行比较研究的方法包括平行叙述和制度分析。前者侧重于反映体系的变化，而后者倾向于描述一个区域内的各种福利体系，但是这两种研究方法也有各自的缺陷。平行叙述方法在进行比较和评估时会显得过于强调各体系的特殊性，并且不善于描述体系间的共性。制度分析比较方法会导致研究者在评估不同体系时做出过于概括性的抽象，在反映体系的变化方面也存在困难。因此，他们提出第三种研究方法，即背景分析的方法，通过背

① 李惠炅．韩国福利国家特征争论的意义和研究方向．见：金渊明．韩国社会保障论争．金炳彻，陈倩译．北京：中国劳动社会保障出版社，2010，342—347

② Yeun-wen Ku and Catherine Jones Finer，"Developments in East Asian Welfare Studies"，*Social Policy & Administration*，2007，Vol. 41，pp. 115—131

③ Yeun-wen Ku and Catherine Jones Finer，"Developments in East Asian Welfare Studies"，*Social Policy & Administration*，2007，Vol. 41，No. 2，pp. 115—131

景分析来解释社会政策的演进。对于东亚福利体制的研究，林卡和王卓祺认为可以把东亚福利体系看成是一组具有共同的历史文化经济政治因素的体系，通过选取对社会体制有重大影响的背景因素来分析其对东亚社会政策的发展造成的影响。①

此外，反观埃斯平-安德森的研究，他选取的研究对象都是具有相似经济政治发展水平的 OECD 国家。古允文和琼斯认为，目前的研究多是不同国家的学者对本国福利体制的研究，还没有上升到持续的、长期的跨国研究，也因没有为未来的研究积累数据，因而限制了福利模式分类的可能性。② 朴光俊也认为，埃斯平-安德森的研究是对性质基本相同的国家进行的比较，是只要有基础数据就可以进行的研究。若是在没有积累基础研究的状态下去寻求东亚模式的话，就有可能出现因肆意引用无视逻辑的信息从而导致事实被歪曲。③ 为此，埋桥孝文提出，为保证东亚各国间的交流，应当构筑一个亚洲社会政策统计数据库，并实施定点观察型的调查项目。该数据库组织的调查项目的设计与数据统计的标准应该适用于东亚国家，能够充分反映东亚地区国家的情况，而且应当保持研究的持续性。④

（四）研究方向的转变

1. 东亚福利体制的发展主义趋势。自从梅志里提出“发展型社会福利”之后，霍利德又提出了“生产性社会福利”。从某种意义上，“发展性社会福利”和“生产性社会福利”都表明东亚各国和地区为了推动经济发展而将社会政策放在重要位置。但是李健正认为两者在意识形态层面上存在根本差异，因为霍利德的“生产性社会福利”观点以“社会政策从属于经济政策”这一假设为前提，而梅志里则认为二者是并行的。⑤

较之于经济政策，社会政策更接近于一种社会投资，而非支出或消费。⑥ 李健正认为，若仅将社会政策简单地视为经济政策的附属，则无法真正把握东亚发展主义的实

① Ka Lin and Chack-kie Wong，“Norms，Institution and Social Policy in East Asia：An Evolutionary View”，Sino-Nordic Welfare Seminar，the Nordic Centre of Excellence Welfare Program，9—11，Oct，2011

② Yeun-wen Ku and Catherine Jones Finer，“Developments in East Asian Welfare Studies”，*Social Policy & Administration*，2007，Vol. 41，pp. 115—131

③ 朴光俊. 东亚地区社会保障比较研究的意义和课题：有关养老保险的问题. 社会保障研究. 2005（2）

④ 埋桥孝文. 再论东亚社会政策. 社会保障研究. 2006（2）

⑤ 李健正. 从新加坡住房与社会保障的融合案例论东亚发展主义、社会福利和国家能力的关系. 见：王卓祺. 东亚国家和地区福利制度：全球化、文化与政府角色. 北京：中国社会出版社，2011，291

⑥ 熊跃根. 社会政策：理论与分析方法. 北京：中国人民大学出版社，2009，167

质。[①] 随着社会政策从经济政策中相剥离，社会福利事业有了相对广阔的政策空间，其背后的政策支持的生产性意味明显减弱了。但是陈锦华和詹姆斯·李也指出，梅志里的"积极福利"和社会福利投资功能的概念被新自由主义者用于支持"工作第一"政策，因而退化成"资本主义化的生产主义"。他们认为，东亚国家对于工作和生产力的过分强调会使得缺乏竞争力的群体变得更加弱势。[②]

如今，社会政策与经济政策两者并行且相互融合的政策逻辑才更接近梅志里提出的发展型社会福利。李健正通过研究新加坡的住房政策和社会保障的融合发现，在政策体系中保持合理的社会政策水平和经济政策并列发展不但可以帮助国家积累财富，而且可以营造出有利于生产力发展的社会环境。[③] 政府通过恰当的制度安排而制定出的社会政策不但能推动经济发展，而且还有助于长远满足社会需求，增强国家能力。[④] 熊跃根认为，对发展中国家而言，发展型社会政策可以改变政府长期忽视社会政策的价值与作用的倾向性，促使政府在政策决策中更多地考虑经济与社会发展之间的内在联系并从政策实践上强化这一联系。[⑤] 因此，我们可以说东亚的生产主义色彩淡化，发展主义逐步成其未来的发展方向。

2. 东亚福利体制的持续性：分化还是超越？高夫指出，东亚福利体制的持续性仍值得怀疑。其地理位置和经济开放性令其在面对外部因素时较为脆弱，商品化、城市化以及人口结构的变化会导致家庭优势受到威胁。这些都会破坏该福利体制的长期持续性。[⑥]

林闽钢和吴小芳通过研究后得出，东亚国家在代际分化的角度下可以被划分为两个集群，即代际分配年龄倾向性明显的日本、台湾地区以及韩国。马来西亚等还维持着生产主义的核心特质。这意味着在东亚国家和地区内部将出现模式的分流。正如金渊明所观察到的，在经历民主化过程与经济危机的过程中，东亚四国/地区的（韩国、

① 李健正．从新加坡住房与社会保障的融合案例论东亚发展主义、社会福利和国家能力的关系．见：王卓祺主编．东亚国家和地区福利制度：全球化、文化与政府角色．北京：中国社会出版社，2011，301－302

② Chan Kam Wah and James Lee，"Rethinking the social development approach in the context of East Asian social welfare"，*China Journal of Social Work*，2010，Vol. 3，pp. 19－33

③ 李健正．从新加坡住房与社会保障的融合案例论东亚发展主义、社会福利和国家能力的关系．见：王卓祺．东亚国家和地区福利制度：全球化、文化与政府角色．北京：中国社会出版社，2011，291－292

④ 李健正．从新加坡住房与社会保障的融合案例论东亚发展主义、社会福利和国家能力的关系．见：王卓祺．东亚国家和地区福利制度：全球化、文化与政府角色．北京：中国社会出版社，2011，301－302

⑤ 熊跃根．社会政策：理论与分析方法．北京：中国人民大学出版社，2009，167

⑥ Ian Gough，"East Asia：the limits of Productivist Regimes"，in Gough，I. Wood，G. *Insecurity and Welfare Regime in Asia*，*Africa and Latin American*：*Social Policy in Development Context*. Cambridge. 2004

台湾地区、新加坡、香港地区）两种类型之间的区别变得越来越明显。[①] 权赫周也认为，东亚发展型福利国家中至少有两条发展轨迹：香港和新加坡维持了选择性特征，台湾地区和韩国（包括日本和泰国）则向着包容性特征发展，后者证明了在扩大社会包容性的同时维持发展主义社会政策的可能性。[②]

学者中还存在一种超国家的观点。野口定久在其著作中提出了建立东亚共同体（EAC：East Asian Community）的构想，认为需要分析东亚各国各自的经济发展阶段，国内外政策环境、文化特性、地域特性、社会问题的表现形式，形成东亚福祉社会模式的具体印象。特别是从东亚各国和地区所拥有的家庭、地域社会的多样性出发，建立由多元化的部门来共同经营和运营下的公共政策（广义的社会安全网），最终得出把政府责任作为首位的社会和社会福祉（狭义的社会安全网）的共同性。[③] 广井良典也倡导在考虑亚洲社会保障时，应当以超越国家的理念去构想未来，寻求东亚国家间的经济合作与利益再分配，构建亚洲福利网络，进而建立超越国家范围的福利圈。[④]

3. 国家和地区之间的相互学习。还有一点也是我们无法忽视的，就是东亚福利体制的发展才刚刚开始，因此，国家和地区之间的相互模仿和借鉴是必然的。早在1991年，阿特金森（A. Atkinson）和希尔斯（J. Hills）就开展了关于发达国家的社会保障对发展中国家的借鉴意义的研究。他们发现国家间可以相互借鉴的是社会政策的分析方法，而具体的政策建议则没有太多的借鉴意义。[⑤] 高夫和伍德则指出，政策规划是能够推广的，但必须与当地的环境相适应，这是效仿福利国家的基本前提。[⑥]

朴光俊从"国家间学习"的视角出发，考察了韩国和中国公共年金制度的建立和发展情况。他认为尽管全球化是不可忽视的因素，但是一个国家在吸收引进社会保障计划的同时，都会学习相关国家的经验。[⑦] 广井良典在对日本经验进行总结时评价道，

---

① Yeon-Myung Kim，"Beyond East Asian Welfare Productivism in South Korea"，*Policy&Politics*，2008，Vol. 36，pp. 109－125

② Huck-ju Kwon，"The reform of the developmental welfare state in East Asia"，*International Journal of Social Welfare*，2009，Vol. 18，pp. 12－21

③ 野口定久．建设东亚福祉社会的观点——日本的地域福祉和中国的社区福利．社会保障研究．2007（1）

④ 广井良典．日本社会保障的经验——以不发达国家的社会保障制度整备过程为视角．社会保障研究．2005（1）

⑤ Anthony B. Atkinson and John Hills，Social Security in Developed Countries：Are There Lessons for Developing Countries? Suntory and Toyota International Centre for Economics and Related Disciplines，London School of Economics and Political Science，London，UK，1990

⑥ Ian Gough，Geof Wood，Armando Barrientos，Philippa Bevan，P. David，R. Room，*Insecurity and Welfare Regimes in Asia，Africa and Latin America：Social Policy in Development Contexts*，UK：Cambridge University Press，2004

⑦ 朴光俊．公共年金制度建立的国家间学习：以东亚为例．社会保障研究．2008（2）

日本经验是一个具有欧洲模型所没有的，并且和发展中国家有着很高共性的模型，对发展中国家有着重要意义。针对"农业和个体经营业等非正规就业群体占有很大比重的社会保障制度制定"问题，日本是最早积极应对的国家，而且针对正规工薪职员群体，国家作为保险人，日本建立了国家主导型的社会保障体系，这些对发展中国家而言有着欧美诸国的制度体系不具备的特殊意义。①

当然，东亚各国和地区的福利重构一定不会是西方福利国家的翻版。我们既要克服福利国家暴露出来的弊端，也要克服企业保障的不足，还要重视家庭作用的发挥，吸取西方福利国家注重普惠性、平等性的优点。②

4. 东亚福利体制转型。东亚福利体制作为研究对象，并非是一成不变的。林卡认为，目前有关东亚福利争论的主题正从生产主义转向一些与再分配机制相关的"经典"的社会政策议题，如福利权利和社会服务体系的发展等问题。③ 林闽钢提出，"福利体制"并不是仅仅从公共支出的规模、范围或福利资格权对资本主义国家的福利进行比较，而是进一步从福利国家的决策模式、过程和阶层形成的潜在模式与政治结构来剖析福利国家。④ 所以，将东亚地区福利模式的内在逻辑从表象中剥离出来，才能更有说服力。林义在文章中指出，尽管东亚的社会保障改革模式在运行机制方面吸收了欧美社会保障制度的某些成分，呈现出较大的趋同性，但并不能由此认定东亚社会保障与西方社会保障模式的差异性在逐步消失。相反，由于东亚特定的社会、经济和文化背景，社会保障制度的改革与发展必然呈现出有别于欧美现行模式的发展走势，而呈现出多元的发展格局。⑤

与自由主义、保守主义和社会民主主义福利体制类似，东亚福利体制有其独特的研究价值。正是由于东亚福利模式拥有区别于其他福利模式的高度识别性以及地区内部丰富的多样性，因此，该地区的相关研究才会如此活跃，充满了生命力。

① 广井良典. 日本社会保障的经验——以不发达国家的社会保障制度整备过程为视角. 社会保障研究. 2005 (1)

② 林闽钢，吴小芳. 代际分化视角下的东亚福利体制. 中国社会科学. 2010 (5)

③ 林卡. 东亚生产主义社会政策模式的产生和衰落. 江苏社会科学. 2008 (4)

④ 林闽钢. 东亚福利体制与社会政策发展. 浙江学刊. 2008 (2)

⑤ 林义. 东亚社会保障模式初探. 财经科学. 2000 (1)

参考文献

A. Forder, T. Caslin, G. Ponton and S. Walklate, Theories of Welfare, London: Routledge & Kegan Paul, 1984

Fiona Williams, Social Policy: A Critical Introduction: Issues of Race, Gender and Class, Polity Press/Basil Blackwell, Cambridge, 1989

G. Room, The Sociology of Welfare: Social Policy, Stratification and Political Order. Oxford: Martin Robertson, 1979

Harold L. Wilensky, Charles Nathan Lebeaux. Industrial society and social welfare: the impact of industrialization on the supply and organization of social welfare services in the United States, Free Press, 1965

James Midgley, Michelle Livermore (eds.), The Handbook of Social Policy (2nd), Thousand Oaks, Calif.: Sage Publications, 2009

James Midgley, Social welfare in global context, Sage Publications, 1997

Joes Harris, William Beveridge: A Biography. Oxford, 1977

John Brown, The British Welfare State: A Critical History. Blackwell, 1995

M. O'Brien and S. Penna, Theorising Welfare: Enlightenment and Modern Society, Sage, London, 1998

Peter Taylor-Gooby and Jennifer Dale, Social theory and social welfare, London: E. Arnold, 1981

R. H. Tawney, Equality, London: George Allen and Unwin, 1931

R. Pinker, The Idea of Welfare, London: Heinemann, 1979

Ramesh Mishra, Society and Social Policy: Theories and Practice of Welfare, London: Macmilla, 1977

Richard M. Titmuss, Problems of Social Policy, London: Allen & Unwin, 1950

Richard M. Titmuss, Social Policy: An Introduction, Edited by Abel-Smith and Kay Titmuss, Allen and Unwin: London, 1974

Richard M. Titmuss, The Gift Relationship: From Human Blood to Social Policy，New York：Vintage Books，1972

Richard M. Titmuss，The Philosophy of Welfare：Selected Writings of Richard M. Titmuss，Edit by S. M. Miller，Allen and Unwin：London，1987

T. H. Marshall，Citizenship and Social Class and Other Essays. Cambridge：Cambridge University Press，1950

T. H. Marshall，Sociology at the Crossroads. London：Heninemann，1963

T. H. Marshall，T. Bottomore，Citizenship and Social Class. London：Pluto Press，1992

T. H. Marshall，The Right to Welfare and Other Essays. London：Heninemann，1981

V. George and N. Manning，Socialism，Social Welfare and the Soviet Union，London：Routledge and Kegan Paul，1980

V. George and P. Wilding，Ideology and Social Welfare，London：Routledge & Kegan Paul，1985

V. George and P. Wilding，Welfare and Ideology，New York：Harvester Wheatsheaf，1994

V. George and R. Page，Modern Thinkers on Welfare，Hemel Hempstead：Harvester Wheatsheaf，1995

William Temple，Christianity and Social Order. London：Pelican Books，1942

William Temple，The Citizen and Churchman. London：Eyre And Spottiswoode，1941

马克思，恩格斯．马克思恩格斯全集（第二十四卷）．中央编译局译．北京：人民出版社，1972

马克思，恩格斯．马克思恩格斯全集（第二十五卷）．中央编译局译．北京：人民出版社，1974

马克思，恩格斯．马克思恩格斯全集（第三十四卷）．中央编译局译．北京：人民出版社，1972

马克思，恩格斯．马克思恩格斯全集（第十九卷）．中央编译局译．北京：人民出版社，1963

马克思，恩格斯．马克思恩格斯全集（第四卷）．中央编译局译．北京：人民出版社，1995

马克思，恩格斯．马克思恩格斯全集（第四十六卷下）．中央编译局译．北京：人民出版社，1980

马克思，恩格斯．马克思恩格斯选集（第三卷）．中央编译局译．北京：人民出版社，1972

列宁．列宁全集（第二十九卷）．中央编译局译．北京：人民出版社，1985

列宁．列宁全集（第三十六卷）．中央编译局译．北京：人民出版社，1985

列宁．列宁全集（第十七卷）．中央编译局译．北京：人民出版社，1959

列宁．列宁选集（第三卷）．中央编译局译．北京：人民出版社，1972

斯大林．斯大林全集（第六卷）．中央编译局译．北京：人民出版社，1956

Franz-Xaver Kaufmann．比较福利国家——国际比较中的德国社会国．施世骏译．台北：巨流图书公司，2006

Paul Barker．福利国家的创建者：十六个英国社会改革先驱的故事．张世雄，洪惠芬等译．台北：唐山出版社，1999

Pete Alcock，Angus Erskine，Margaret May．解读社会政策．李易骏等译．台北：群学出版有限公司，2006

Peter Taylor-Gooby 等．压力下的福利国家变革与展望．刘育廷等译．台北：松慧有限公司，2006

R．米什拉．资本主义社会的福利国家．郑秉文译．北京：法律出版社，2003

Richard．M．Titmuss．社会政策十讲．江绍康译．台北：台湾商务印书馆，1991

T·H·马歇尔．公民身份与社会阶级．郭忠华，刘训练编．南京：江苏人民出版社，2008

阿兰·艾伯斯坦．哈耶克传．秋风译．北京：中国社会科学出版社，2003

阿瑟·马威克．一九四五年以来的英国社会．马传禧等译．北京：商务印书馆，1992

艾伦·迪肯．福利视角——思潮、意识形态及政策争论．周薇等译．林闽钢校．上海：上海人民出版社，2011

爱德华·伯恩斯坦．社会主义的前提和社会民主党的任务．殷叙彝译．北京：生活·读书·新知三联书店，1965

安德鲁·甘布尔．自由的铁笼：哈耶克传．王晓冬等译．南京：江苏人民出版社，2005

安东尼·吉登斯．第三条道路及其批评．孙相东译．北京：中共中央党校出版社，2002

安东尼·哈尔，詹姆斯·梅志里．发展型社会政策．罗敏，范西庆等译．北京：社会科学文献出版社，2006

安东尼·吉登斯．超越左与右——激进政治的未来．李惠斌，杨雪冬译．北京：

社会科学文献出版社，2003

安东尼·吉登斯. 第三条道路——社会民主主义的复兴. 郑戈译. 北京：北京大学出版社，2000

安东尼·吉登斯. 失控的世界：全球化如何塑造我们的生活. 周红云译. 南昌：江西人民出版社，2001

巴巴利特（J. M. Barbalet）. 公民资格. 谈谷铮译. 台北：桂冠图书股份有限公司，1991

保罗·皮尔逊. 拆散福利国家：里根、撒切尔和紧缩政治学. 舒绍福译. 长春：吉林出版集团有限责任公司，2007

边沁. 道德与立法原理导论. 时殷弘译. 北京：商务印书馆，2000

边沁. 政府片论. 沈叔平等译. 北京：商务印书馆，1997

查尔斯·泰勒. 自我的根源：现代认同的形成. 韩震等译. 南京：译林出版社，2001

丹尼尔·贝尔. 社群主义及其批评者. 李琨译. 北京：生活·读书·新知三联书店，2002

德里克·希特. 何为公民身份. 郭忠华译. 长春：吉林出版集团有限责任公司，2007

菲利普·斯蒂芬斯. 托尼·布莱尔——一位世界级领导人的成长经历. 刘欣，毕素珍译. 北京：东方出版社，2006

弗兰茨-克萨韦尔·考夫曼. 社会福利国家面临的挑战. 王学东译. 北京：商务印书馆，2004

弗里德里希·奥古斯特·哈耶克. 通往奴役之路. 王明毅等译. 北京：中国社会科学出版社，1997

弗里德利希·冯· 哈耶克. 个人主义与经济秩序. 邓正来译. 北京：生活·读书·新知三联出版社，2003

弗里德利希·冯·哈耶克. 法律、立法与自由（第2卷）. 邓正来等译. 北京：中国大百科全书出版社，2000

弗里德利希·冯·哈耶克. 自由秩序原理（上、下）. 邓正来译. 北京：生活·读书·新知三联书店，1997

哥斯塔·埃斯平-安德森. 转变中的福利国家. 周晓亮译. 重庆：重庆出版社，2003

哈特利·迪安. 社会政策学十讲. 岳经纶，温卓毅，庄文嘉译. 上海：格致出版社，2009

霍布斯．利维坦．黎思复等译．北京：商务印书馆，1986

霍华德·格伦内斯特．英国社会政策论文集．苗正民译．北京：商务印书馆，2003

经济合作与发展组织秘书处编．危机中的福利国家．梁向阳等译．北京：华夏出版社，1990

考斯塔·艾斯平-安德森．福利资本主义的三个世界．郑秉文译．北京：法律出版社，2003

肯·布莱克默．社会政策导论．王宏亮等译．北京：中国人民大学出版社，2009

莱恩·多亚尔，伊恩·高夫．人的需要理论．汪淳波等译．北京：商务印书馆，2008

卢梭．论人类不平等的起源和基础．李常山译．北京：商务印书馆，1962

卢梭．社会契约论．何兆武译．北京：商务印书馆，2005

罗伯特·诺齐克．无政府、国家与乌托邦．何怀宏等译．北京：中国社会科学出版社，1991

罗尔斯．政治自由主义．万俊人译．南京：译林出版社，2000

罗兰德·斯哥．地球村的社会保障——全球化和社会保障面临的挑战．华迎放等译．北京：中国劳动社会保障出版社，2004

罗纳德·德沃金．至上的美德——平等的理论与实践．冯克利译．南京：江苏人民出版社，2003

洛克．政府论（下篇）．瞿菊农，叶启芳译．北京：商务印书馆，1964

玛格丽特·柯尔．费边社史．杜安夏等译．北京：商务印书馆，1984

迈克尔·J·桑德尔．自由主义与正义的局限．万俊人译．南京：译林出版社，2001

迈克尔·沃尔泽．正义诸领域——为多元主义与平等一辩．褚松燕译．南京：译林出版社，2002

迈克尔·希尔．理解社会政策．刘升华译．北京：商务印书馆，2003

迈克尔·谢若登．资产与穷人：一项新的美国福利政策．高鉴国译．北京：商务印书馆，2005

米尔顿·弗里德曼，罗斯·弗里德曼．两个幸运的人：弗里德曼回忆录．韩丽等译．北京：中信出版社，2003

米尔顿·弗里德曼，罗斯·弗里德曼．自由选择：个人声明．胡骑等译．北京，商务印书馆，1982

米尔顿·弗里德曼．弗里德曼文萃．胡雪峰等译．北京：首都经济贸易大学出版

社，2001

米尔顿·弗里德曼. 资本主义与自由. 张瑞玉译. 北京：商务印书馆，1988

密尔顿·弗里德曼. 弗里德曼文萃. 高榕等译. 北京：北京经济学院出版社，1991

尼尔·吉尔伯特，特雷尔. 社会福利政策导论. 黄晨熹，周烨，刘红译. 上海：华东理工大学出版社，2003

尼尔·吉尔伯特. 社会福利的目标定位：全球发展趋势与展望. 郑秉文等译. 北京：中国劳动社会保障出版社，2004

尼古拉斯·巴尔，大卫·怀恩特. 福利经济学前沿问题. 贺晓波，王艺译. 北京：中国税务出版社，2000

尼古拉斯·巴尔. 福利国家经济学. 郑秉文，穆怀中等译. 北京：中国劳动社会保障出版社，2003

诺尔曼·金斯伯格. 福利分化：比较社会政策批判导论. 姚俊，张丽译. 杭州：浙江大学出版社，2010

诺曼·巴里. 福利. 储建国译. 长春：吉林人民出版社，2005

诺姆·乔姆斯基. 新自由主义与全球秩序. 徐海铭等译. 南京：江苏人民出版社，2001

托马斯·迈尔. 社会民主主义导论. 殷叙彝译. 北京：中央编译出版社，1996

托马斯等. 福利国家的比较政治经济学. 姜辉，于海青，沈根犬译. 重庆：重庆出版社，2003

托马斯·迈尔. 社会民主主义的转型——走向21世纪的社会民主党. 殷叙彝译. 北京：北京大学出版社，2001

托尼·布莱尔. 新英国：我对一个年轻国家的展望. 曹振寰等译. 北京：世界知识出版社，1995

威廉·E·佩特森，阿拉斯泰尔·H·托马斯. 西欧社会民主党. 林幼琪等译. 上海：上海译文出版社，1982

威廉姆·H·怀特，科罗纳德·C·费德里科. 当今世界的社会福利. 解俊杰译. 北京：法律出版社，2003

威廉姆·贝弗里奇. 贝弗里奇报告——社会保险和相关服务. 劳动和社会保障部社会保险研究所组织译. 北京：中国劳动社会保障出版社，2008

武川正吾. 福利国家的社会学：全球化、个体化与社会政策. 李莲花，李永晶，朱珉译. 北京：商务印书馆，2011

萧伯纳等. 费边论丛. 袁积藩等译. 北京：生活·读书·新知三联书店，1958

约翰·罗尔斯．正义论．何怀宏等译．北京：中国社会科学出版社，1988

约翰·穆勒．功用主义．唐钺译．北京：商务印书馆，1936

詹姆斯·米奇利．社会发展：社会福利视角下的发展观．苗正民译．上海：格致出版社，2009

蔡文辉．社会福利．台北：五南图书出版公司，2002

陈晓律．英国福利制度的由来与发展．南京：南京大学出版社，1996

邓广良，魏雁滨，王卓祺．两岸三地社会政策——理论与实务．香港：香港中文大学出版社，2007

丁建定，杨凤娟．英国社会保障制度的发展．北京：中国劳动社会保障出版社，2004

丁建定．社会福利思想．武汉：华中科技大学出版社，2009

丁开杰，林义．后福利国家．上海：上海三联书店，2004

范斌．福利社会学．北京：社会科学文献出版社，2006

胡昌宇．英国新工党政府经济与社会政策研究．合肥：中国科学技术大学出版社，2008

黄晨熹．社会福利．上海，上海人民出版社，2009

景天魁等．福利社会学．北京：北京师范大学出版社，2010

李琮．西欧社会保障制度．中国社会科学出版社，1989

李强．自由主义．北京：中国社会科学出版社，1998

林卡，陈梦雅．社会政策的理论和研究范式．北京：中国劳动社会保障出版社，2008

林闽钢．社会保障国际比较．北京：科学出版社，2007

林闽钢．社会政策：全球本地化视角的研究．北京：中国劳动社会保障出版社，2007

林闽钢．现代社会保障．北京：中国商业出版社，1997

林闽钢等．走向全球化的中国社会保障制度改革．北京：中国商业出版社，2001

林万亿．福利国家——历史比较分析．台北：巨流图书公司，2000

钱宁．社会正义、公民权利和集体主义：论社会福利的政治与道德基础．北京：中国社会科学出版社，2007

钱宁．现代社会福利思想．北京：高等教育出版社，2006

孙洁．英国的政党政治与福利制度．北京：商务印书馆，2008

田德文．欧盟社会政策与欧洲一体化．北京：社会科学文献出版社，2005

熊跃根．社会政策：理论与分析方法．北京，中国人民大学出版社，2009

张秀兰，徐月宾，梅志里. 中国发展型社会政策论纲. 北京：中国劳动社会保障出版社，2007

周弘. 福利的解析. 上海：上海远东出版社，1998

周永新. 社会福利的观念和制度. 香港：香港中华书局，1991

丁建定.《贝弗里奇报告》及其评价. 社会保障研究，2007（1）

关信平. 西方“福利国家之父”——贝弗里奇. 社会学研究，1993（6）

郭忠华. 当代公民身份的理论轮廓——新范式的探索. 公共行政评论，2008（6）

郭忠华. 公民资格的解释范式与分析走向. 浙江学刊，2009（3）

郭忠华. 全球化背景下多元公民身份体系的建构. 武汉大学学报，2010（1）

林闽钢. 从福利国家到社会投资：社会民主主义的公共政策转型. 二十一世纪（香港），2008年8月号，总第108期

林闽钢. 福利多元主义的兴起及其政策实践. 社会，2002（7）

林闽钢. 回到蒂特马斯——社会政策的蒂特马斯立场辨析. 中国公共政策评论，2011年第5卷

刘继同. 个人主义与集体主义之争——欧美社会福利理论主要流派与核心争论. 欧洲研究，2004（1）

迈克尔·谢若登，邹莉. 个人发展账户“美国梦”示范工程. 江苏社会科学，2005（2）

梅哲. 列宁的社会保障思想研究. 马克思主义研究. 2007（8）

钱宁. 社会福利中的政治道德问题与集体主义价值观. 思想战线，2003（4）

任保平. 马克思主义的社会保障经济理论及其现实性. 当代经济研究，1999（4）

尚晓援.“社会福利和社会保障的再认识”. 中国社会科学，2001（3）

王燕滨. 论福利国家产生的思想基础. 政治学研究. 1986（1）

王卓祺，艾伦·沃克. 西方社会政策理念对二十一世纪中国发展福利的启示. 社会学研究，1998（5）

谢松明. 民主社会主义基本价值观的分析与思考. 科学社会主义，2008（1）

熊跃根. 论国家、市场与福利之间的关系：西方社会政策理念发展及其反思. 社会学研究，1999（3）

徐孝明. 英国费边社会主义产生的历史背景与思想渊源. 杭州师范学院学报，1997（5）

杨团. 社会政策研究范式的演化及其启示. 中国社会科学，2002（4）

张国强，厉光通. 威廉·坦普尔与英国福利国家的产生. 文教资料，2011（7）

张秀兰. 发展型社会政策：实现科学发展观的一个操作化模式. 中国社会科学，

2004 (6)

郑秉文. “福利模式”比较研究与福利改革实证分析——政治经济学的角度. 学术界，2005 (3)

郑秉文. 经济理论中的福利国家. 中国社会科学，2003 (1)

周弘. 福利国家向何处去. 中国社会科学，2001 (3)

周沛. 论社会保障的阶级属性、资金来源及建立原则——马克思主义社会保障观初析. 南京大学学报，1999 (2)

后　记

从 1998 年开始，我陆续为硕士和博士研究生开设了《社会福利行政》《社会保障理论与制度》《社会政策理论与方法》等课程。面对积累多年的讲义，我一直有把它们整理成书的打算，今天兑现了我的承诺。

本书的部分章节在教学中曾作为学生阅读和讨论的资料，还有一部分章节发表在期刊上。起初写作提纲除了读者现在看到的七章内容之外，还有女权主义、绿色和平主义和反种族主义的社会福利思想、社会市场经济的福利思想（路德维希·艾哈德为代表）等内容。但由于这些资料还不很全，最后没有得以完成，留有的这些遗憾，等到有机会修订本书时会再补足。

本书在写作过程中，阅读和使用了大量著作和论文，这从文中和书后参考文献可以看到。可以说，多年来，国内同行大量的中文翻译书籍和研究性论文是本书能得以完成的前提和基础。同时，还要感谢从境外给我带来英文资料的朋友和学生。阅读这些资料是我写作过程中最大的快乐。

最后，我要表达的是，现代西方社会福利理论庞杂而深邃，本书仅仅是做了一次尝试性的梳理，力图反映现代西方社会福利理论的最新进展。在本书付梓之际，我希望本书的出版，可以让读者换一个角度，更深刻地理解中国社会保障面临的复杂性，更积极地看待中国社会保障所面临的挑战，从而进一步形成中国社会保障改革的共识，共同推动中国社会保障事业的发展。

林闽钢

2012 年 4 月 22 日于南京仙林大学城